JINRONG FUNENG JINGJI GAOZHILIANG FAZHAN DE DUOWEI SHIJIAO YANJIU

金融赋能经济高质量发展的多维视角研究

武英芝 ◎著

图书在版编目（CIP）数据

金融赋能经济高质量发展的多维视角研究 / 武英芝著. -- 北京 : 中国书籍出版社, 2024. 12. -- ISBN 978-7-5241-0188-8

Ⅰ. F124

中国国家版本馆CIP数据核字第20244SB906号

金融赋能经济高质量发展的多维视角研究

武英芝　著

图书策划	尹　浩　李若冰
责任编辑	李　新
责任印制	孙马飞　马　芝
出版发行	中国书籍出版社
地　　址	北京市丰台区三路居路 97 号（邮编：100073）
电　　话	（010）52257143（总编室）（010）52257140（发行部）
电子邮箱	eo@chinabp.com.cn
经　　销	全国新华书店
印　　刷	天津和萱印刷有限公司
开　　本	710 毫米 ×1000 毫米　1/16
字　　数	225千字
印　　张	12.5
版　　次	2025 年 1月第 1 版
印　　次	2025 年 1月第 1 次印刷
书　　号	ISBN 978-7-5241-0188-8
定　　价	73.00 元

前　言

在当今快速发展的全球经济体系中，金融作为经济发展的重要引擎，其地位日益凸显。金融不仅是现代经济的血脉，为各类经济活动提供资金支持，也是风险管理和财富增值的重要手段。

金融是经济的助推器，更是经济高质量发展的关键赋能者。2017 年，党的第十九次全国代表大会首次提出高质量发展的表述，标志着中国经济由高速增长阶段转向高质量发展阶段。在这一转型过程中，金融的作用愈发关键。2023 年 10 月底的中央金融工作会议上，习近平总书记明确指出，金融系统要着力做好科技金融、绿色金融、普惠金融、养老金融、数字金融这五篇大文章，为新时代金融工作指明了方向。2023 年 9 月，习近平总书记在黑龙江考察调研时首次提出了新质生产力的概念，随后被正式写入中央文件。新质生产力代表了新时代下生产力发展的新方向和新要求，是习近平经济思想的最新成果，具有重大理论实践意义。

本书的研究内容主要包括金融与经济发展的内在逻辑，经济高质量发展的逻辑理路，五篇大文章中的科技金融、绿色金融、普惠金融、数字金融四类金融赋能经济高质量发展，金融赋能新质生产力推动经济高质量发展。其中，融合了作者近年来的研究课题“深化山西省科技金融融合发展路径研究（山西省科技厅 2017 软科学项目）”“山西省小微企业融合大数据金融发展研究（山西省社科联 2017 重点课题）”“金融科技提升山西省小微企业融资效率的机制研究（山西省 2021 年社会经济统计科研课题）”中的部分观点。

本书开篇章节详细梳理了金融与经济发展的内在逻辑与相关理论，揭示了金融业的发展与经济增长之间的相互促进关系，探讨了金融市场与实体经济如何协调发展，共同推动社会经济的繁荣。随后，对经济高质量发展的逻辑进行了分析，明确了其内涵、特征、基本要求和实现途径，为读者提供一个清晰、全面的理论框架。本书的重点在于深入研究科技金融、绿色金融、普惠金融、数字金融如何有效赋能经济高质量发展。高质量发展要求经济结构优化、创新驱动，这与科技金融的理念不谋而合。科技金融则通过创新的金融产品和服务，为经济发展注入了新的活力。绿色金融致力于推动经济的可持续发展，实现了经济与环境的和谐共生，符合高质量发展的绿色低碳要求。普惠金融为小微企业和农村经济提供了强大的金融支持，推动了经济的均衡和包容性增长，体现了高质量发展的共享理念。数字金融以其高效、便捷的特点，为数字经济发展提供了强有力的支撑，促进了金融与实体经济的深度融合。最后，本书以新质生产力为视角，深入分析金融如何作为关键驱动力，破解经济发展中的难题，赋能新质生产力促进经济持续、健康、高质量发展。

本书结构布局及内容特色鲜明，从金融与经济的内在逻辑出发，逐步深入到不同类型的金融赋能方式，再到新质生产力的探讨，层层递进，逻辑严密。本书既保持了学术著作的严谨性，又注重文字表达的流畅与通俗易懂，使得深奥的金融与经济理论变得易于理解和接受。无论是对于金融从业者、经济学者，还是对经济发展感兴趣的普通读者，本书都可以作为学习参考用书。

作者在本书的书写过程中，得到许多专家、学者的帮助和指导，在此表示诚挚的谢意。由于作者水平有限，加之时间仓促，书中所涉及的内容难免有疏漏之处，希望各位读者多提宝贵意见，以便作者进一步修改，使之更加完善。

目 录

第一章　金融与经济发展的内在逻辑探究

第一节　从经济视角看金融业的发展

在当今全球经济一体化的背景下，金融业作为经济体系的核心组成部分，其发展与变革对经济整体运行具有深远影响。从经济视角审视金融业的发展，不仅能够揭示金融活动与经济增长之间的内在联系，还能为理解金融市场的运作机制、金融机构的创新实践以及金融政策的制定与执行提供独特的洞察力。

一、金融业的发展历程

金融业作为现代经济体系中的核心组成部分，发展历程源远流长，见证了人类文明与经济的共同进步。从古老的货币交换到现代复杂的金融体系，金融业在不断地演变与创新中，为全球经济发展提供了强大的动力。

（一）早期金融业的起源与演变

1. 货币与金融的初步形态

金融业的起源深深植根于古代社会的货币交换活动之中。在远古时期，由于物品交换的需要，人们开始探索使用各种形式的货币作为交易媒介。这些早期的货币形式五花八门，包括贝壳、兽皮、金属等，它们在当时都充当了重要的交换工具。这种以货币为媒介的交换行为，不仅简化了交易过程，还为金融活动的初步形态奠定了基础。

随着时间的推移，人们对货币的认识逐渐加深，货币的形式也开始逐渐统一。例如，金属货币因其稀缺性和耐久性而逐渐受到人们的青睐；交换规则也日益完善，形成了初步的金融市场。在这个市场中，人们可以进行货币的买卖、借贷等金融活动，从而进一步促进了商品交换和经济的发展。

在这一阶段，金融活动虽然还比较简单和原始，但已经显示出其对于经济发展的重要作用。货币的出现和金融市场的初步形成，为后来金融业的发展奠定了坚实的基础。

2. 早期金融机构的出现

随着经济的持续发展和商品交换的日益频繁，人们开始寻求更加高效和安全的交易方式。为了满足这一需求，在古希腊、古罗马等地，逐渐出现了早期的金融机构。这些机构最初可能只是简单的货币兑换点，但随着时间的推移，它们的业务范围逐渐扩大。中世纪时，在交通便利的商业贸易中心意大利，一些商人专门从事货币汇兑、存款、贷款等业务，因而出现了世界上最早的银行，这些银行以更加专业的方式为商业贸易提供金融服务。在中国，也产生了类似的早期银行类机构，如晋商创设的票号和徽商开设的钱庄，不仅提供货币兑换、汇兑服务，还涉足贷款和存款业务，山西票号的业务更是随着商人商业贸易的足迹遍布全国横跨欧亚，被称为中国现代银行业的鼻祖。早期银行这些业务的开展使得金融机构开始承担起资金融通的重要角色，为经济的发展提供了有力的支持。

纵观中外早期金融机构的产生与发展脉络，发现有着共同的规律，即金融业产生于商业贸易的货币媒介、结算、资金余缺调之需，一些商人看到了商机便演化为专门从事为商业贸易服务的货币经营商，分享繁荣的商业贸易之利。用现代语言总结，那就是实体经济孕育催生了金融业，服务实体经济是金融业之本、盈利之源，实体经济也因有了专门的金融服务而效率大增得到发展，二者相辅相成、相互依存、相互促进。

早期金融机构的形成发展标志着金融业开始从简单的货币交换向更加复杂和专业的方向发展，也推动了金融业开始走向规范化与规模化，成为后来现代银行业发展的奠基石。

（二）现代金融业的形成与发展

1. 现代金融业的形成

现代金融业的形成标志着从传统金融业到更为复杂、多元化金融服务体系的转变。这一过程是随着工业革命的到来，以及随后全球化和技术革新的推动而逐渐实现的。早期金融业的演化主要体现在几个方面：首先是金融机构的多样化，从单一的银行逐渐发展为包括投资银行、保险公司、证券公司等多种类型的金融机构；其次是金融工具和产品的创新，例如股票、债券、期货等金融衍生品的出现，极大地丰富了金融市场的交易品种；最后是金融服务的普及化，随着经济的发展和人民生活水平的提高，金融服务开始渗透到社会的各个角落，成为现代经济生活中不可或缺的一部分。

在这一转变过程中，有几个关键的里程碑。首先是中央银行制度的建立，它为国家提供了宏观调控的工具，同时也为金融市场提供了稳定性和流动性。其次是金融市场的国际化，随着全球化的推进，金融市场逐渐跨越国界，形成了全球一体的金融市场体系。最后是金融科技的发展，尤其是近年来数字化、互联网等技术的应用，使得金融业的服务效率和质量得到显著提升。

2. 现代金融业的发展

现代金融业的发展可以分为几个明显的阶段。

首先是金融自由化阶段，这一阶段的主要特征是金融市场的开放和竞争的加剧，各国政府逐渐放宽对金融市场的管制，使得金融市场更加活跃和多元。

其次是金融全球化阶段，随着全球化的深入发展，金融市场开始跨越国界，形成了全球金融市场网络。在这一阶段，跨国金融机构和国际金融中心开始崛起，金融资本在全球范围内流动和配置。

进入 21 世纪后，金融业迎来一个新的发展阶段——金融科技阶段。这一阶段的主要特征是科技与金融的深度融合，以互联网、大数据、人工智能等为代表的先进技术广泛应用于金融领域，极大地改变了传统金融业的运营模式和服务方式。移动支付、网络借贷、智能投顾等新兴金融业态的出现，使得金融服务更加便捷、高效和个性化。

目前，我们正处于数字金融的时代。数字金融是金融科技发展的高级阶段，它利用数字技术对传统金融进行深度改造和创新，形成了全新的金融服务模式和业务流程。数字金融不仅提高了金融服务的效率和便捷性，还降低了金融服务的成本和风险。数字金融也为普惠金融、绿色金融等新兴金融领域提供了强大的支持。

二、经济视角下的现代金融业发展动因

（一）经济增长对金融服务的需求驱动

随着全球经济的持续增长，各类经济活动对金融服务的需求也日益增强，这成为金融业发展的重要动因。经济增长意味着更多的商业机会、更高的投资回报以及更复杂的资金运作，这些都对金融服务提出了更高的要求。

首先，经济增长促进了企业的扩张和创新，进而增加了对融资、投资和风险管理等金融服务的需求。企业需要资金来支持其运营、研发和市场拓展，

而金融机构则能够提供贷款、股权融资等多样化的金融服务，满足企业的不同需求。随着企业规模的扩大和业务的复杂化，风险管理也变得尤为重要。金融机构通过提供专业的风险管理服务，帮助企业规避潜在风险，确保其稳健发展。

其次，经济增长显著带动了个人财富水平的提升，这一变化进而催生了更为多元化和深层次的个人金融服务需求。随着居民个人收入的不断增加，其对于理财规划、投资渠道选择、风险管理及保险保障等金融服务的需求亦呈现出日益增长的态势。在此背景下，金融机构积极响应市场需求，通过提供个性化、差异化的金融产品和服务，旨在帮助个人实现财富的保值增值目标，满足其日益多样化的财务规划需求。

最后，近年来经济的增长推动了金融市场的创新与深入发展。为了有效满足不断扩张的金融服务需求，金融机构不断创新和优化其产品和服务体系，不仅在传统的银行信贷业务领域，更广泛涉及证券市场、基金管理、保险业务以及新兴金融科技等多个领域。金融市场的持续创新与发展，丰富了金融服务的内涵与外延，也为经济增长提供了更为稳健的动力和支持，一定程度上促进了经济与金融的深度融合与协同发展。

然而，经济增长和金融创新并非总是带来积极的影响。2008 年的全球金融危机便是一个深刻的例证，它凸显了无节制的金融创新与膨胀所潜在的巨大风险。在这场危机中，过度复杂的金融产品和缺乏透明度的市场操作导致了金融体系的脆弱性急剧上升，最终引发了市场的崩溃。危机过后，各国政府和国际金融机构开始深刻反思，并加强了对金融创新的监管。他们意识到，虽然金融创新能够推动金融市场的繁荣和经济增长，但过度创新也可能导致市场的失控和对实体经济的严重冲击。因此，平衡金融创新和风险防控之间的关系变得尤为重要。以中国和美国为例，这两个全球最大的经济体在金融危机后都显著加强了对金融市场的监管力度。中国政府推出了一系列金融改革措施，旨在加强金融监管、防范金融风险，并确保金融服务能够更好地支持实体经济的发展。美国政府通过颁布如《多德 – 弗兰克法案》等法律，对金融市场进行了更为严格的监管，特别是对那些具有系统重要性的金融机构和复杂的金融产品。这些监管措施的实施，不仅限制了金融市场的过度投机和不合理创新，还提高了金融体系的稳健性和透明度。通过加强对金融创新的监管，各国政府试图确保金融服务能够在风险可控的前提下，有效地服务于实体经济，从而推动可持续的经济增长。

（二）全球化与金融市场开放的推动

全球化和金融市场开放是推动金融业发展的另一重要动因。随着全球化的深入推进，各国之间的经济联系日益紧密，金融市场也逐渐开放和融合。这为金融业的发展提供了更广阔的空间和更多的机遇。

首先，全球化作为不可逆转的时代趋势，极大地促进了跨国贸易与投资的蓬勃发展，这一进程不可避免地增加了对跨境金融服务的迫切需求。在全球化背景下，企业为了拓展国际市场、优化资源配置，亟须金融机构提供跨境支付、结算、融资等一系列专业化服务，以全面支持其全球业务的稳健发展与战略扩张。个人投资者亦不甘落后，他们寻求通过金融机构提供的跨境投资、理财等渠道，实现资产的全球化配置，以期获得更为丰富的投资回报与风险分散效应。这些日益增长且多样化的跨境金融服务需求，无疑成为推动金融业国际化与全球化发展的重要驱动力。

其次，金融市场的开放政策为金融机构开辟了更为广阔的市场与业务拓展空间。随着金融市场的逐步开放与深化，外资金融机构纷纷涌入国内市场，与本土金融机构展开激烈的竞争与合作，这一态势不仅极大地丰富了金融市场的产品线与服务内容，还有效提升了金融市场的运作效率与透明度，为消费者带来更多选择与便利。国内金融机构亦积极响应全球化号召，积极拓展海外市场，通过提升服务质量与创新能力，努力增强其在国际金融市场上的核心竞争力与品牌影响力，力求在全球金融版图中占据更加重要的位置。

三、我国金融业当前的发展现状

随着我国经济的快速发展和金融改革的不断深化，我国金融业呈现出蓬勃发展的态势。目前，我国已经形成了一个多层次、多元化的金融市场体系，包括银行、证券、保险、基金等各类金融机构和种类齐全的金融产品。我国金融市场的国际化程度也在不断提高，自 2017 年开始，中国金融业就加速对外开放，银行、证券、保险、基金等外资金融机构快速进入中国市场。越来越多的国际金融机构进入中国市场，为中国金融业的发展注入了新的活力。

在金融科技方面，我国也取得了显著的进展。移动支付、网络借贷、智能投顾等新兴金融业态在我国得到快速发展，为消费者提供了更加便捷、高效的金融服务。我国政府也积极推动金融科技的发展，出台了一系列政策措施来支持金融科技创新和应用。

从总体规模来看，当前，我国已经拥有全球最大的银行体系，截至 2023 年末，我国银行业机构总资产为 417.3 万亿元，已经居于全球第一；第二大保险、股票和债券市场，外汇储备规模稳居世界第一，普惠金融走在世界前列；中国金融业增加值占 GDP 比例逐年增长，至 2023 年达 8% 左右，已经和美国等金融业比较发达的国家基本持平。金融已经成为推动经济社会发展的重要力量。

但我们也应该看到，中国金融体系仍然存在行业结构不够均衡、基础设施建设有待完善、经济金融风险隐患较多，金融服务实体经济的质效不高，市场机制不够成熟等问题。为此，我国应将继续深化金融改革，加强金融监管，推动金融业的高质量发展。

第二节　金融与经济增长的内在逻辑文献梳理

关于金融与经济增长的研究，可追溯至格利（Gurley）、肖（Shaw）及戈德史密斯（Goldsmith）等先驱者的理论贡献。自那时起，该议题在国内外学术界引发了广泛的讨论，涵盖金融市场的作用机制、深度维度以及结构配置等多个层面。伴随着金融发展理论体系的日臻完善，采用数学模型对跨国别、跨地区数据进行实证分析的方法，在学界获得了愈发广泛的应用。霍诺汉（Honohan）指出，过去 10 年，金融发展与经济增长之间的关系研究已成为宏观经济关系中最为重要的实证研究方向。

一、早期的金融发展理论

早期的金融发展理论主要有以下方面（图 1–1）。

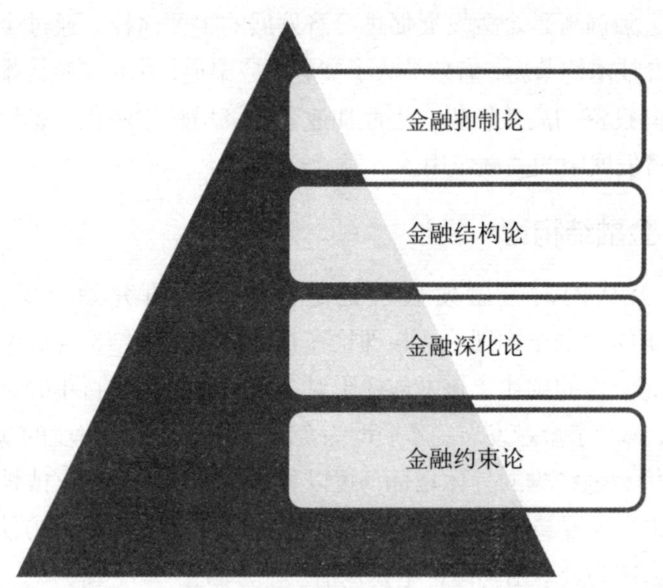

图 1-1　早期的金融发展理论

（一）金融抑制论

格利和肖（Gurley and Shaw）在其发表的《金融理论中的货币》《经济发展中的金融方面》和《金融结构与经济发展》三篇文章中对金融抑制理论进行了详细的阐述。

金融抑制论是指由于政府采取扭曲利率、汇率等金融价格的金融政策，对金融市场和金融活动过度干预，抑制了金融体系的发展；金融体系发展的滞后又阻碍了一国经济的发展，最终造成金融抑制与经济落后的恶性循环。

该理论的主要内容是：

第一，金融资产可细分为货币性金融资产与非货币性金融资产两大类，而融资活动则依据资金流动的直接性，划分为直接融资与间接融资。金融结构进一步囊括了以银行为主导的间接融资体系及非银行金融机构的直接融资市场，金融中介不仅涉及货币系统内的各类机构，还广泛覆盖非货币金融中介，这些中介在特定条件下展现出相互替代的灵活性。

第二，金融发展和经济发展之间相互作用。经济发展构成了金融发展的坚实基础，为金融市场的繁荣提供了必要的环境与条件；反之，金融发展通过提高资源配置效率、降低交易成本等途径，有力地推动了经济的持续增长，二者相辅相成，形成了互为因果的良性循环。

第三，金融创新是金融发展促进经济发展的主要途径。通过金融分配机制与金融中介技术的革新，有效扩大了资金供应渠道，优化了资源配置结构，促进了储蓄向投资的高效转化，进而加速了经济增长的步伐，彰显了金融创新在促进经济发展中的关键作用。

（二）金融结构论

学术界公认的对金融发展理论比较系统的研究始于戈德史密斯（Goldsmith）的金融结构理论。该理论在其著作《金融结构与金融发展》中得到了全面而深入的阐述。该书依托于对多个国家跨越数百年的金融资料进行深入剖析，揭示了金融发展的本质即为金融结构随时间而发生的演变过程。通过量化分析金融结构的具体指标，可以科学地评判一个国家或地区的金融发展水平及未来发展趋势，为金融研究提供了重要的理论支撑和方法论指导。

戈德史密斯的金融结构理论主要包括三个方面：

第一，定义了金融发展并构建了金融结构指标体系。他认为金融发展就是金融结构的演变过程。他深入阐述了金融结构的内涵，将其界定为金融机构与金融工具在形式、性质以及相对规模上的综合体现，这一界定为后续研究提供了坚实的理论基础。为了系统地描绘并分析金融结构，戈德史密斯构建了一套详尽的指标体系，该体系囊括了八个关键性指标，包括：金融相关比率、金融资产（金融工具）总额在各个组成部分中的分布、金融机构与非金融单位的金融工具发行额之比率、所有金融中介机构以及其中的各类主要金融机构在非金融单位发行的各种主要金融工具的未清偿总额中所占有的份额、各类主要金融中介机构的相对规模、金融机构相互之间往来资产的总额在金融机构汇总的资产总额中所占的比重、主要非金融部门进行的内部融资和外部融资的相对规模、外部融资中各种金融工具所占的比重。在这八个指标中，尤为引人注目的是金融相关比率（FIR），该比率通过计算金融资产总额与国民财富之间的比例关系，直观地反映了金融深化程度及金融体系与实体经济之间的紧密联系，成为衡量金融发展水平的重要标尺。

第二，在建立指标体系的基础上，他又通过对数十个国家跨越百年的金融数据进行了深入的统计分析，旨在全面描绘并比较各国的金融发展水平。研究揭示，这些国家的金融发展水平呈现出显著的差异性，据此，他将金融结构科学地划分为低、中、高三个层次，并进一步分析指出金融结构由低层次向高层次的演进是金融发展不可逾越的必然路径。

第三，论证了金融结构与经济增长的关系。发达的金融结构对经济增长与经济发展具有积极的促进作用。注重金融工具供给和强调金融机制的正常运行是金融结构理论的核心，也是金融自我发展及促进经济增长的关键所在，这一观点被后来的金融发展理论所继承。

（三）金融深化论

麦金农和肖（McKinnon and Shaw）提出了金融深化理论，即通过金融自由化的途径来促进欠发达国家的经济增长。其核心要义在于摒弃过度的金融干预，确保汇率与利率能够真实反映市场供求关系，从而有效控制通货膨胀。这一理论的提出在金融学与经济学界引发了深远的反响，并对发展中国家的货币政策制定与金融改革实践产生了显著影响。鉴于发展中国家普遍存在的经济分割现象、市场不完全性以及价格与资本价格的扭曲，其金融市场展现出独特的特殊性，包括货币化程度低下、金融二元结构显著、金融市场发育不完善以及政府金融管制的严苛性。而传统的金融理论框架难以充分阐释这些发展中国家金融市场的特殊现象。

金融深化包括三个层次：金融增长，表现为金融规模的扩大，通常以广义货币与国民收入之比作为衡量指标；金融工具种类的丰富以及金融机构结构的优化；金融市场秩序与机制的逐步完善，这有助于实现资源的优化配置。三个层次相互影响、相互作用。金融深化对经济发展具有显著的促进作用，主要体现在投资效应、储蓄效应、收入分配效应及就业效应四个方面。

值得注意的是，金融深化的核心在于解决利率抑制问题。对于发展中国家而言，金融改革的途径在于放松金融管制，实施金融自由化，以此使实际利率趋于市场均衡，进而提升投资率和储蓄率，最终推动经济的持续增长。该理论认为金融深化对经济增长有正向促进作用。

（四）金融约束论

20 世纪 80 年代，许多发展中国家进行了金融自由化改革，但是其结果让人失望，引起了学术界的广泛讨论。斯蒂格利茨（Stiglitz）在凯恩斯理论的基础上提出了金融约束理论。他认为，发展中国家形成金融抑制的原因在于，金融自由化是在实际经济条件下作出的内生性选择，如果不改变金融抑制因素，只改变金融政策，金融自由化难以奏效。

金融约束理论深刻揭示了落后经济体中金融市场运作的特有困境，尤其是道德风险与逆向选择问题的普遍存在。在这一理论框架下，利率水平的上升往往会引发一系列不良后果，具体表现为低风险项目因难以承受高融资成本而被迫退出市场，进而限制了信贷市场的有效出清。鉴于此，政府被赋予了重要的角色，即通过实施间接监管策略，有效控制贷款利率并严格限制金融市场的准入条件。此举旨在缓解信息不对称问题，为经济增长和金融发展创造有利条件。政府部门的干预措施需根据经济实际动态调整，逐步放松金融约束，以期在保障金融稳定的前提下，稳步推进经济的自由化与可持续发展。

综上可知，金融深化理论和金融抑制理论把利率价格纳入金融发展理论中，从资源配置的角度来衡量市场效率，认为金融市场也像其他市场一样，通过市场机制就能实现帕累托最优。但是它们没有深入探讨金融抑制的根源，也没有考虑金融抑制的内生性问题。

戈德史密斯（Goldsmith）的金融结构理论开创了量化金融发展的研究先河，通过系统地收集与分析历史数据，揭示了金融发展的整体趋势及其演变路径。然而，其研究亦存在若干局限性。首先是未能明确判断金融发展与经济增长之间的因果关系，导致结论的解释力受限。其次是由于样本数量有限且未对其他潜在的经济增长因素进行有效控制，该研究未能深入考察金融发展对生产效率提升及资本积累的具体影响，从而留下了进一步探索的空间。

金融约束理论虽然在理论层面可以证明，但是现实中，政府如何处理金融抑制和金融约束的边界是一个极大的考验。

二、近期的金融发展理论

20世纪90年代以后，学者对金融发展理论的讨论集中在何种金融安排才有利于经济增长，其代表性观点主要有银行主导论、市场主导论、法律主导论和金融服务论等（图1-2）。随着研究的深入以及金融系统自身的复杂性与多样性，学术界认为金融发展与经济发展相适应才是根本。

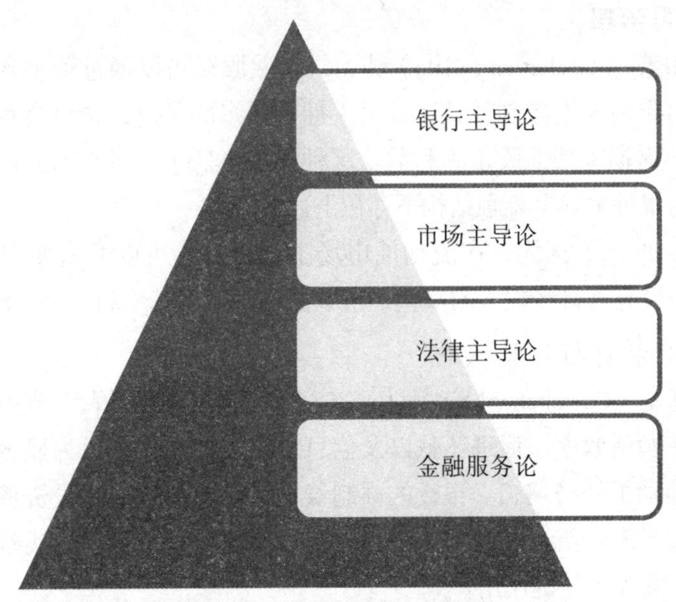

图 1-2　近期的金融发展理论

（一）银行主导论

银行主导论强调银行在甄别项目、动员资源、监督管理层等方面具有积极作用，该观点还强调银行主导的金融结构更有利于经济增长，主要表现在以下几个方面。

1. 信息获取

戴蒙德（Diamond）认为，银行作为金融中介的核心作用，在于集中储蓄并进行有效投资，此过程显著降低了分散监管所带来的高昂成本。

斯蒂格利茨（Stiglitz）认为，尽管有效市场理论预设能高效地向广泛投资者传播信息，但此机制却无意中催生了搭便车现象。此现象导致个体投资者难以从信息中获取独特优势，进而削弱了其深入调研企业状况的动机。因此，这一动态过程阻碍了那些具有经济增长潜力的创新型项目被有效识别与资助，从而对整体经济进步构成了制约。

拉詹和津加莱斯（Rajan and Zingales）认为，相较于分散的市场，与公司有着紧密关系的强势银行能够通过对公司施压促使其偿还债务。

此外，非上市企业因面临更为复杂的代理成本等问题，金融中介的存在对其成长与发展显得尤为重要，成为缓解融资约束、促进经济效率的关键环节。

2. 公司治理

艾伦和盖尔（Allen and Gale）认为，虽然股东可以通过董事会来控制管理层，但由于内部人控制并且比外部人拥有更多的信息，董事会和管理层有可能通过共谋损害其他股东的利益。这种共谋降低了市场作为公司控制手段的效力，而银行主导型金融结构不存在上述缺陷。

巴德（Bhide）认为，在流动性市场上，投资者可以非常便利地卖掉股份，因此他没有监管经理人的欲望，市场流动性越高越不利于公司治理。

3. 资金动员与分配

格申克龙（Gerashchenko）认为，在经济发展的早期阶段，银行相较于市场而言，在融资效率、促进还款以及信息披露方面展现出更为显著的优势，进而有力推动了经济增长。银行的强制偿还机制不仅增强了投资者的信心，还吸引了大量资金流入。特别是国有银行，在引导储蓄资金向战略性投资领域流动方面发挥了关键作用。

布塔和塔科尔（Boot and Thakor）认为，大多数国家在经济发展早期，银行系统能够忽略不同产业的风险结构和技术创新特征，给所有的产业提供融资，只有金融发展和经济发展得逐步成熟，金融市场的作用才逐渐凸显。

斯图兹（Stulz）指出，银行通过承诺追加投资，为需要分阶段融资的创新项目提供了重要的支持。

徐高和林毅夫指出，银行主导型的金融结构能够显著提升资源配置效率，进而对经济增长产生积极的促进作用。

（二）市场主导论

市场主导论认为，市场在鼓励创新、资源配置、风险管理及公司治理等方面具有积极作用，更有利于经济发展。该观点还强调了银行导向型金融结构的不足。市场主导型金融结构的优势主要体现在以下几个方面。

1. 企业创新

银行主导型金融结构中，权利银行往往通过榨取企业租金来获取利益，这一行为导致企业因资源被剥夺而缺乏进行创新的内在动力。同时，银行倾向于保守投资策略，偏好资助成熟、大规模的企业，进一步加剧了该金融结构对企业创新活动的不利影响。

艾伦和盖尔（Allen and Gale）认为，在市场体系中，投资者需承担高昂成本以搜集信息，进而决定其投资行为；相比之下，在金融体系中，银行作为信息搜集的代理机构而存在。因此，针对数据稀缺的新兴产业，依赖投资者自主决策的市场体系对其发展更为有利；而对于发展成熟的产业，则由银行代理决策的银行体系更能促进其进步。

宾和帕克（Binh and Park）基于对26个经济合作与发展组织（OECD）成员国的数据进行深入实证分析，揭示出市场主导型金融结构对高创新性、高风险性产业的促进作用更为显著，而银行主导型金融结构则更有利于传统、低风险产业的稳定发展。

2. 配置效率

艾伦（Allen）认为，国有银行在资金配置过程中往往倾向于融资劳动密集型产业，而对于创新和研发密集型产业则表现出明显的无偏好性。相比之下，市场导向型的金融结构则更能够有效促进创新与研发活动，为新兴产业的成长提供必要的资金支持。

莱文（Levine）认为，一个运转良好的资本市场更倾向于投资高技术含量、长周期回报的项目，这种投资偏好不仅促进了资本的积累，还加速了技术的进步，从而提高了整个社会的资源配置效率。

邵平等发现，商业银行能够催化产业的作用主要取决于信贷市场结构，而银行集中度上升导致大银行获得更大的市场，但是大银行更倾向于关注大企业，导致小企业的重要性被相对降低。信贷供给的减少和贷款利率的提高对小企业的生存与发展造成了显著的负面影响。

王艳芳发现，金融发展对第一产业的经济增长具有显著影响，然而对于第二、三产业的促进作用则相对不明显，这反映了金融发展与产业结构优化之间存在的复杂关系。

3. 风险管理

赫尔维格（Hellwig）、温斯坦和亚菲（Weinstein and Yafeh）、布塔和塔科尔（Boot and Thakor）认为，尽管银行仅提供最基础的风险管理工具，但它们对企业的过度影响可能产生不利影响，阻碍创新与经济增长。相比之下，市场能够提供更多样化的风险管理手段，以实现风险的降低与规避。

莱文（Levine）认为，市场主导型金融结构具备分散与管理风险的功能。投资者通过构建投资组合的方式分散风险，并借助二级市场交易来降低流动性风险。

艾伦和桑托内罗（Allen and Santo Nero）认为金融市场能够为投资者提供横向的风险分担。

4. 信息不对称、公司治理

在市场导向型金融结构中，公司可以通过把企业的经营业绩与管理层薪酬挂钩达到有效约束企业管理层的目标，因此市场导向型比银行导向型更有利于改进公司治理结构。

霍姆斯特伦和蒂罗尔（Holmstrom and Tirole）认为，流动性市场机制有效激励了投资者积极获取相关信息。投资者凭借信息优势实现利润最大化，这一行为也构成了对企业的一种监督与约束力量。但需注意的是，若实力强大的银行未受适当限制，其有可能与企业管理层形成共谋，进而损害债权人利益，对有效的公司治理结构构成阻碍。

艾伦和盖尔（Allen and Gale）认为，竞争性的资本市场更有利于收集和传递信息。

（三）法律主导论

法律主导论思想认为，一个国家的法律体系决定了这个国家的金融结构安排，运转良好的法律制度有助于金融发展，能够促进经济增长，因此，法律系统比金融结构更重要。

拉波尔塔、洛佩兹、施莱弗和维什尼（La Porta、Lopez-de -Silanes、Shleifer and Vishny）认为，国家法律制度是决定金融体系效率与金融结构的关键因素。他们通过对全球 49 个国家的深入分析，依据法律起源将这些国家划分为四大法律体系。研究发现，在那些产权保护机制健全且合约执行效率高的国家，股票市场往往更为发达，企业倾向于通过资本市场进行融资。相反，在法律保护较弱的环境中，银行体系则占据主导地位。不同法律起源国家间股东与债权人利益的保护存在显著差异，普通法系（如英国和美国）倾向于维护股东利益，而德国法系（如日本和德国）则更注重平衡利益相关者的权益。

昆塔和莱文（Kunt and Levine）通过控制人均收入变量考察法律、管制、税收及宏观经济与金融结构之间的关系，发现在控制了收入以后，具有普通法传统、会计准则良好、对股东保护较强、腐败程度低、无外部存款保险的国家仍倾向于市场导向型金融结构；具有法国民法传统、会计准则差、对股东和债权人保护不力、通货膨胀高以及严格限制银行业的国家，仍更倾向于银行主导型金融结构。

塔德塞（Tadesse）分析了 36 个国家的行业数据，发现在法律体系尚不健全的国家，间接融资体制下的企业表现通常更为优异，这暗示了金融结构的设计应当与当地的法律环境相契合，以达到最优的资源配置效率。

莫内和昆廷（Monnet and Quintin）认为，德国法律体系对金融市场的严格限制导致了其对银行融资的高度依赖，而美国法律对银行的制约则促成了其市场融资的主导地位。

马君潞等通过对我国上市公司的数据进行研究，认为良好的法律制度环境能够显著降低银行的代理成本，进而提升整体金融运作的效率，这进一步验证了法律制度对金融结构优化与效率提升的重要作用。

但是，艾伦（Allen）对中国的法律环境与经济增长之间的关系进行研究后发现，正规企业（指国企和上市公司）的法律环境比较完善，非正规企业（其他企业）的法律环境不完善，主要依赖人际关系等因素维系，但非正规企业具有更快的增长速度，因此，法律制度对经济增长没有解释力。

（四）金融服务论

金融服务论强调金融系统整体提供的金融服务对经济增长很重要，而金融结构对经济发展没有实质上的影响。

默顿（Merton）认为，尽管金融结构会随着时间推移而发生变化，但其核心金融功能却保持着相对的稳定性。金融市场与金融中介之间存在着复杂的互动关系，它们既相互竞争又相互替代，同时还在某种程度上互补，共同作用于提升金融体系的整体功能。

白钦先以金融的本质为出发点，将金融体系划分为三个层次：核心层包括货币与资金等基本金融资源；中间层涵盖金融工具与组织等较为复杂的金融资源；而高层则涉及制度与政策等更高维度的金融资源。金融功能的发挥，从根本上取决于这三个层次资源的配置效率。

莱文（Levine）认为，无论是银行主导型还是市场主导型的金融结构，其本身并无绝对的优劣之分。他通过实证研究发现，活跃的股市与发达的银行系统均能对国家经济增长产生积极的推动作用。关键在于金融服务的质量，而非金融结构的特定安排。金融发展的总体水平才是影响经济增长的重要因素。

博伊德和史密斯（Boyd and Smith）认为，不同的金融结构对经济增长的作用机制虽有所不同，但关键在于构建一个整体高效的金融服务体系。金融市场与金融中介相互依赖、互为补充，共同促进经济的持续健康发展。

莱文（Levine）从信息经济学角度考察金融市场与金融中介解决信息不对

称问题的功能，把金融功能归纳为套期保值、便利交易、分配资源、分散风险、储蓄动员、监督经理人和服务交易等。

李健和范祚军借助计量研究模型对区域经济进行研究，发现市场主导型金融结构与银行主导型金融结构之间存在交叉耦合效应，认为两种金融结构能够相互渗透，两者相互合作能够促进经济发展。

因此，金融服务论把金融体系作为一个整体进行，不再局限于何种金融结构安排更优的思路，其考察更为全面，视角更为开阔，金融结构研究发展到了一个新阶段。

然而，在探讨何种金融安排最能促进经济发展的议题上，学术界至今尚未达成统一共识。林毅夫提出了最优金融结构理论，该理论强调金融安排的设计应充分考虑产业特性和经济发展的具体阶段，以期实现金融与实体经济的最优匹配。张成思认为，最优金融结构实际上是内生于一国的要素禀赋结构之中，因此，并不存在绝对的“银行主导型”与“市场主导型”之优劣区分。易信认为，加速金融体系的发展步伐对于推动产业结构转型具有积极作用，并建议我国的金融政策应着重于提升金融体系的整体效率，同时辅以适度的结构调整，以更好地服务于实体经济的转型升级需求。

以上研究各有所长，但存在以下两方面缺陷：第一，盲目区分银行主导型观点和市场主导型观点的两分法观念，忽略了金融结构随时间推移而发生的动态变迁，错误地将金融安排视为静态不变，且未能充分考虑经济发展对金融体系结构及其功能演进的深刻影响。第二，尽管法律主导论与金融服务论从制度层面对金融发展进行了有益探索，但两者均面临一个核心难题：法律起源作为同时作用于金融与经济发展的常量，使得准确剥离并界定金融发展自身的独立贡献变得异常复杂且充满挑战。因此，这些理论框架在全面揭释金融发展的内在逻辑与外在表现上存在一定的局限性。

三、金融发展与经济增长研究

关于金融发展与经济增长之间的联系，帕特里克（Patrick）提出了两种模式：一是需求追随模式（或称金融深化路径），该模式主张经济增长激发融资需求，进而催生金融服务体系以满足这些需求并提供相应的金融资源，表明金融发展是经济增长的后续效应；二是供给领先模式（或称金融促进经济模式），此模式指出金融服务的提供先于实际需求，意味着金融发展占据主导地位并具有前瞻性，通过金融发展来驱动实体经济的增长。

（一）金融发展与经济增长的关系研究

金和莱文（King and Levine）在戈德史密斯已有工作的基础上通过对 80 个国家 1960—1989 年的数据进行分析来考察金融结构与经济增长之间的关系，发现金融发展对经济增长有显著的促进作用。此后，关于金融发展与经济增长关系的实证研究纷纷涌现，由于采取的方法和研究指标、范围等存在差异，主要存在以下几种观点。

1. 金融发展促进经济增长

鲁索和瓦克特尔采用向量误差修正模型及格兰杰因果检验，针对五个国家的数据进行了深入分析，揭示出金融发展对经济增长具有显著的促进作用，而经济增长则未对金融发展产生反向影响。贝克和莱文利用更为广泛的面板 GMM 方法，对 77 个国家 1960—1995 年的数据进行了考察，发现金融发展通过提高全要素生产率对经济增长产生了显著的正向效应。贝克和莱文通过面板数据检验，探讨了银行与股票市场发展与经济增长之间的关系，强调金融发展是经济增长的最关键因素。克里斯托普洛斯和乔纳斯则运用面板单位根检验与协整检验，对 10 个发展中国家 30 年的数据进行了分析，证实了金融发展与经济增长之间存在长期的因果关系，但这种关系并非双向的，从而深化了我们对金融与经济互动机制的理解。

曹旭华和袁云峰采用金融边界模型，分析了中国金融发展与经济增长之间的关系，发现金融发展能够促进资本积累，却不能促进技术效率的全面提升。孙立军对中国 28 个省份面板数据进行研究后发现，我国金融发展可以通过增强对外资的吸引力及优化对外企的服务，为经济增长注入了新活力。齐俊妍发现，金融发展能有效缓解逆向选择问题，进而促进高技术产品的生产与出口复杂度提升，强调了金融体系在推动产业升级中的关键作用。王宇鹏通过对 214 个国家宏观数据的研究，发现金融发展将抑制宏观经济波动，金融发展程度越高，越有助于稳定宏观经济。易信发现，金融发展能通过技术创新的“水平效应”与“结构效应”，加速产业结构转型与促进经济增长。唐松以金融科技创新为切入点，考察其能否通过直接效应和空间溢出效应提升全要素生产率，发现金融科技创新能有效提高周边地区全要素生产率。

2. 金融发展抑制经济增长

帕加诺（Pagano）和毛罗（Mauro）认为，引进允许个人避险金融工具可能会减少预防性储蓄，一定程度上阻碍长期经济增长。卢卡斯（Lucas）认为，金融发展可能加剧经济波动，从而降低投资者的信心与兴趣，对经济增长过程构成中断风险。阿雷斯蒂斯（Arestis）认为，由于股票市场的多变性会传导至实体经济，增加不确定性，进而削弱经济增长的动力。哈里斯、戴得和法图（Harris，Deidda and Fattouh）认为，在经济发展水平较低时，金融发展与经济增长之间的相关性较弱，甚至可能呈现负相关关系。伊萨尔（Isard）发现，在所有受经济危机影响的国家中，其前危机时代都加速了金融自由化进程，导致金融部门易受攻击而蒙受损失，金融发展对经济增长的作用可能被夸大了。黄旭平和杨新松对亚洲地区的面板数据进行研究，银行部门的发展并未如预期促进经济增长，反而可能产生阻碍作用。张成思指出，中国的金融发展与经济增长之间存在显著的负相关关系，这主要归因于银行主导型金融体系的效率低下，金融服务与经济发展的需求不匹配，导致金融发展对经济增长呈现抑制效应。王爱萍通过构建数理模型分析金融和实体经济部门之间的关系，研究发现当金融过度膨胀时，会抑制经济增长。

3. 经济增长促进金融发展

阿雷斯蒂斯（Arestis）采用向量自回归（VAR）模型进行研究，揭示出银行主导型金融结构对经济增长具有显著的促进作用，相比之下，市场主导型金融结构对经济增长的影响则显得较为微弱。麦基宾（McKibbin）等通过对马来西亚1960—2000年的数据进行深入分析，发现经济增长是金融发展的驱动力，而金融发展本身并不直接导致经济增长。傅蕴英、陈邦强和张宗益建立了我国1978—2005年间的金融市场化数据库，研究金融发展与经济增长之间的关系，认为在短期内金融市场化并未对经济增长产生明显的推动作用，反而是经济增长促进了金融的发展。陈怡考察了我国1993—2007年间股票市场发展与经济增长的关系，发现宏观经济的发展对证券市场有显著的促进作用，而证券市场对经济增长的作用则相对不显著。

4. 金融发展与经济增长呈双向因果关系

世界银行研究报告小组于2001年指出，金融发展对长期经济增长具有显著的正面效应，两者间存在正向的一阶相关性，表明金融发展水平的提升能够直接促进经济增长。进一步地，该小组强调了金融发展与经济增长之间的双向因果关系，即它们相互作用、互为因果。孙刚和王志强运用格兰杰因果检验与误差修正模型，从中国金融发展的总体规模、结构调整与效率变化方面，对金融发展与经济增长的关系进行了深入研究，发现自20世纪90年代以来，金融发展与经济增长之间的双向因果关系尤为显著。苏李和臧日宏从新地理经济学的视角出发，通过实证研究再次证实了金融发展与经济增长之间的相互促进关系，进一步丰富了该领域的理论成果。

5. 金融发展与经济增长的关系不确定

荣格（Jung）通过格兰杰因果检验法考察了 56 个国家金融发展与经济增长的关系，发现欠发达国家可能更倾向于遵循供给导向型的金融发展模式，而发达国家两者间的关系则显得较为不确定，这一观点与帕特里克（Patrick）的早期研究存在部分一致性。阿尔塔马姆（Al-Tammam）采用格兰杰因果检验方法验证海湾三国的金融发展与经济增长之间的关系，发现金融发展与经济增长之间的关系因国情差异而展现出不同的特征。戴得（Deidda）发现，金融发展与经济增长之间的关联性并不清晰，存在诸多模糊地带。贝克、伦德伯格和马伊诺尼（Beck、Lundberg and Majnoni）运用面板数据模型对 63 个国家 1960—1967 年的数据进行检验，发现金融发展对经济增长并未产生显著的推动作用。纳克和加佐阿尼（Naccur and Ghazouani）对中东 11 国近 20 年的数据进行分析，同样得出金融发展与经济增长之间无显著关系的结论。贾俊生研究发现，不同金融指标对企业创新和经济增长的不同作用，其中信贷市场被视为促进创新的重要因素，而资本市场则可能起到一定的限制作用。

（二）制约金融发展、促进经济增长的因素

综合现有研究发现，制约金融发展、促进经济增长的因素包括以下几点（图 1-3）。

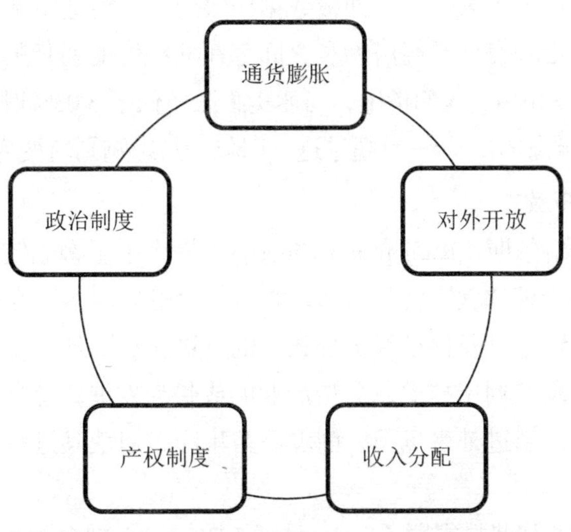

图 1-3　制约金融发展、促进经济增长的因素

1. 通货膨胀

鲁索和瓦克特尔（Rousseau and Wachtel）通过构建面板模型回归，对涵盖 84 个国家、跨度 35 年的数据进行了深入分析，考察通货膨胀率对金融发展与经济增长之间关系的影响，发现二者存在通货膨胀门限效应，当通货膨胀率超过 13%—15% 的临界值时，金融发展对经济增长的促进作用会显著减弱乃至消失。

李和黄（Lee and Chang，2005）聚焦中国台湾地区和日本，采用门限回归模型进一步验证了金融发展与经济增长关系的非线性特征，指出低于特定阈值时，金融发展对经济有显著正向影响，而高于阈值则负向影响变得不显著。

黄（Huang）基于 59 个国家 1960—1995 年的广泛数据，以通货膨胀率为门限变量，再次确认了金融发展与经济增长之间存在非线性的通货膨胀门限效应，并精确计算出在充分条件信息集下该门限值为 7.69%，在政策条件信息集下则为 7.31%，为相关政策制定提供了重要的理论参考。

孔东民使用门槛回归模型，深入探讨了通货膨胀作为外生门槛变量在金融发展与经济增长关系中的作用。研究发现，金融发展对经济增长的促进作用并非始终显著，而是受到通货膨胀水平的调节。具体而言，当通货膨胀率超过 3.9% 的门槛值时，金融发展显著影响经济增长；反之，当通货膨胀率低于此门槛时，其影响则不显著。

黄志淋、董志勇采用动态面板数据门限模型，将通货膨胀率设定为门限变量，揭示了金融发展与经济增长之间存在非线性的通货膨胀率门限效应，且该门限值为 5.05%。他们指出，当通货膨胀率低于 5.05% 时，金融发展对经济增长产生正向影响；而一旦超过这一门限，其影响则转变为负向。

2. 对外开放

兰詹和津格尔斯（Ranjan and Zingales）提出了金融比较学说，该理论将金融体系视为一种“软”要素禀赋，强调了金融发展水平在塑造国家比较优势、推动对外贸易以及促进经济增长中的关键作用。他们指出，市场主导型的金融结构特别有利于技术密集型产业的成长与发展。此外，对外开放，尤其是金融开放，引进外来竞争，削弱利益集团，迫使其进行改革，进而促进经济发展。

斯瓦莱里德和弗拉霍斯（Svaleryd and Vlachos）把金融体系视为一种生产要素，并分析了金融市场信息不对称如何导致金融部门间的禀赋差异。他们的研究揭示，在 OECD 国家中，金融发展水平的差异对专业化模式的影响超越了人力资本的作用，并且金融发展对净贸易具有显著的正面效应。

戈罗德尼琴科和施尼策（Gorodnichenko and Schnitzer）认为金融发展水平较高的国家在服务业上存在比较优势，因此，一国可以通过加快金融发展来创造新的比较优势，进而促进经济发展。

克莱因（Klein）、钦（Chinn）也指出，一国开放资本账户对其经济增长的影响主要取决于其制度的好坏，制度越好的国家从资本账户开放中得到的好处也越多。克莱因（Klein）还认为，只有在制度良好的情况下开放资本账户，才可以避免金融危机。梁莉认为，贸易开放会促进股票市场等金融中介规模的发展，并且有助于分散股票市场的风险，从而促进金融整体发展。张成思、朱越腾、芦哲从金融开放和贸易开放两个方面来度量对外开放程度，发现由于我国金融开放和贸易开放不协调，金融结构与贸易结构不匹配，使得对外开放抑制了金融发展。朱洁西发现，新兴经济体对外直接投资逆向技术溢出对产业结构的影响存在金融发展的双门槛特征。

3. 收入分配

里奥和瓦列夫（Rioja and Valev）认为，人均收入水平作为核心变量，显著调节着金融发展对经济增长的正向作用。这一影响并非一成不变，而是随着金融发展水平的不同而呈现出动态变化的特征。在金融发展水平较低的国家，金融发展对经济增长的影响是不确定的：金融发展水平中等的国家，金融发展对经济增长具有显著的正向促进作用；金融发展水平较高的国家，金融发展对经济增长有微弱的促进作用。佩罗蒂和萨登则进一步强调了财富分散化的重要性，他们认为，财富的广泛分布有助于提升金融体系的稳定性和市场化程度，从而为经济增长提供坚实的支撑。罗和西格尔从收入分配和政治稳定性的角度出发，揭示了收入分配不均和政局动荡对个人投资者利益的潜在威胁，这些因素进而制约了金融发展的步伐和经济增长的潜力。邵汉华的研究则聚焦于地区发展水平，指出只有当地区发展水平跨越某一特定门槛后，金融结构的市场导向增强才能显著推动经济增长，且这一过程受到地区经济发展水平、市场化程度以及法治环境的综合影响。杜佳毅在此基础上进一步提出了金融发展与经济增长之间存在地区收入水平的双重门槛效应，强调只有当地区收入水平突破第二门槛值后，金融发展对经济增长的促进作用才变得尤为显著。这些研究共同构成了理解金融发展与经济增长关系的多维度框架。

4. 产权制度

昆塔和莱文（Kunt and Levine）认为，一个国家的产权制度的严格性对金融体系的稳健运行具有显著正向影响，其强化有助于加快融资速度，提升金融效率。莫克（Morck）认为，法律对产权保护程度的不同是解释各国股票市场同步差异的主要原因，由于产权制度不发达的国家和地区，其国内股票价格往往表现为趋同，很难获得与单支股票价格相关的信息，影响股票市场的资源配置效率。洛和朗西耶（Loayza and Ranciere）对 75 个国家 40 年的数据进行实证分析发现，强调了产权制度对金融发展与经济增长间关系的调节作用，指出缺乏合理产权制度会阻碍金融对经济的积极作用，而合理的产权制度则能促进金融发展，进而推动经济增长。瞿和魏（Ju and Wei）发现，即便在金融体系尚不完善和经济相对落后的情境下，良好的产权制度也能使国家从资本账户开放和经济全球化中获益，且产权保护的严格程度与所获利益呈正相关。

5. 政治制度

特雷塞尔和德特拉盖耶（Tressel and Detragiache）认为，当存在势力强大的既得利益集团时，商业银行往往偏向于将有限的贷款资源分配给这些集团，而非投向效率最高的投资项目，因此，金融发展在推动经济增长方面难以达到预期效果。沈和李（Shen and Lee）在分析了 48 个国家的相关数据后得出结论，一个国家的腐败程度与其金融发展对经济增长产生的负面影响成正比。于文超基于 2004—2009 年间中国民营上市公司的数据，探究了投资者保护与资源配置效率之间的联系，指出加强投资者保护能够提升企业投资效率，进而减轻融资约束。

四、金融发展与经济增长研究文献的评述

综上所述，可以看到学术界对于金融发展和经济增长之间的关系研究视角多样化且不断深化，其观点有相互印证也有存在不一致甚至相冲突的情形。这种局面的形成应该很大程度上与金融发展和经济增长的复杂关系以及现有计量方法的局限性有关。

从已有的相关文献来看，金融发展与经济增长之间的关联性呈现出一种错综复杂的双向因果关系，这一特性在学术文献中引发了内生性问题的广泛讨论。尽管现有研究尝试通过引入工具变量来剥离这种内生性影响，但鉴于经济增长内涵的广泛性和多维度性，寻找一个既合适又有效的工具变量仍是

一项艰巨任务。部分文献所采用的计量经济学模型，例如门限回归模型，虽有其独特优势，但仍需进行更为深入和细致的分析，以确保结论的稳健性。尤为值得注意的是，一些研究仅依据通货膨胀这一单一指标来界定经济区制，并据此探讨金融发展与经济增长的关系，这种做法的经验结果客观性备受质疑。毕竟，金融发展对经济增长的促进作用还受到包括制度环境、市场结构在内的多种因素的共同影响。这样狭隘地引入一个指标来区分经济区制，得到的经验结果是否客观是值得怀疑的。

上述研究文献从不同的角度对金融发展与经济增长之间的关系、制约金融与经济增长的因素做了研究，由于研究背景、使用方法的差异，虽然有些观点结论不一，但总体而言丰富了金融与经济发展内在逻辑的理论与实践研究体系，为我国在不同时期不同经济发展阶段，制定金融与经济发展的方针政策提供了多角度多层面的借鉴参考价值。

第三节　金融与实体经济的协调发展

近年来，金融与实体经济之间的关系呈现出日益紧密的态势。金融市场不仅为实体经济提供了重要的资金支持与资源配置渠道，显著推动了实体经济的发展；同时，实体经济的运行状况亦反作用于金融市场，影响其稳定与繁荣。鉴于全球金融危机频发，如何促进金融与实体经济的协调发展已成为学术界与实践界共同关注的焦点。对于我国而言，实现金融与实体经济的良性互动，对于促进经济高质量可持续发展具有重要意义。

一、金融与实体经济的关系

（一）金融市场对实体经济的影响

金融服务实体经济的核心载体为多元化金融市场，其在我国展现出复杂而精细的结构特征，主要包括银行间市场、交易所市场及期货市场三大板块。银行间市场作为金融市场的主体，汇聚众多金融机构，参与广泛的金融业务活动；交易所市场细分为股票市场与债券市场，分别由不同监管机构负责，确保市场规范运作。期货市场则专注于商品期货与金融期货的交易，为市场参与者提供风险管理工具。

货币政策作为调控金融市场的重要手段，由中央银行通过调整货币供应量和利率水平，实现对金融市场的有效影响。我国金融市场监管体系正逐步完善，由国家金融监督管理总局、证监会等机构共同担当，致力于维护市场稳定与公平竞争，保障金融市场健康发展。

我国金融市场对实体经济的影响主要体现在以下几个方面：首先，金融市场为企业提供了多样化的融资渠道，极大地促进了经济的增长与发展。通过有效的资金融通机制，金融市场不仅加速了资本的形成与流动，还优化了资源的配置，推动了产业结构的调整与升级。其次，金融市场具备显著的风险管理功能，它为企业提供了多种风险管理工具，有助于降低企业在经营过程中面临的不确定性风险，从而增强其经营的稳健性与可持续性。最后，我国金融市场的国际化进程加速，为实体经济带来机遇与挑战。一方面，国际化推动了市场竞争的加剧，激发了企业的创新活力；另一方面，它也为企业提供了更为广阔的融资平台，使其能够充分利用国际资本市场，实现跨国经营与资本运作。因此，金融市场的国际化对于提升企业的国际竞争力具有不可忽视的重要作用。

然而，我国金融市场还存在一些问题和挑战。例如，我国金融市场的结构不够均衡，银行间市场和交易所市场的互联互通程度还有待提高；我国金融市场的监管体系还存在不完善之处，容易引发风险和波动；我国金融市场的国际化进程还需要进一步加快，以更好地服务于实体经济的需求。

（二）我国实体经济对金融市场的影响

自改革开放以来，我国实体经济经历了从计划经济向市场经济的深刻转型，实现了显著的快速发展与转型升级历程。在 20 世纪 80 年代至 90 年代初，我国实体经济主要依赖于农业与轻工业的双轮驱动，以此促进经济增长。进入 90 年代中期后，伴随着工业化的深入，重工业与高端制造业开始迅速崛起，成为经济增长的新引擎。步入 21 世纪，我国更加注重产业结构的优化调整，大力发展高新技术产业、现代服务业及绿色产业。

当前，产业结构中第一产业的比重逐渐下降，而第二、三产业，尤其是第三产业的比重显著提升，且呈现出快速发展的态势。实体经济增长方式也由过去的粗放型逐步转向集约型，更加重视技术创新、节能环保与可持续发展。

我国实体经济对金融市场的影响主要体现在以下几个方面：首先，实体经济的内在需求是推动金融市场发展的重要动力源泉。随着实体经济规模的不断扩大和产业升级的持续推进，其对金融服务的需求日益多样化与复杂化，这直接促进了金融市场产品与服务的创新与丰富。其次，产业结构的调整与优化对金融市场提出了更高的创新要求。实体经济中新兴产业的崛起和传统产业的转型升级，迫切需要金融市场提供更为灵活与高效的融资与投资渠道。最后，实体经济的稳健增长为金融市场提供了坚实的稳定基础与丰富的投资机会。实体经济的健康发展不仅增强了金融市场的抗风险能力，还通过企业盈利能力的提升为投资者创造了更多价值，从而实现了实体经济与金融市场的良性互动与共同发展。

值得注意的是，我国实体经济的产业结构仍然存在不合理之处，部分行业存在产能过剩问题；实体经济在技术创新、环保和可持续发展等方面还有很大提升空间。这些问题在一定程度上也会对金融市场产生影响。

（三）金融市场与实体经济的互动关系

金融市场与实体经济之间存在着密切且复杂的互动关系。实体经济的稳健增长为金融市场的发展提供了坚实的基础和支撑，确保了金融市场的稳定运行与持续发展；反之，金融市场的繁荣为实体经济提供了多样化的融资渠道和其他金融支持，有效降低了企业的融资成本，减少了经济活动中的不确定性。这种相互促进、相辅相成的机制，对于维护经济体系的整体稳定和推动经济增长具有重要意义。

在金融市场与实体经济的互动关系中，还需要关注以下几点：首先，金融市场与实体经济的脱离会导致经济泡沫的产生。当金融市场的运行逻辑过度偏离实体经济的基本面时，资金的无序流动和投机行为的泛滥，极易推动资产价格的非理性暴涨，进而营造出一种虚假的经济繁荣景象。然而，这种泡沫化的增长模式缺乏可持续性，一旦泡沫破裂，将引发连锁反应，导致经济危机的爆发。其次，金融市场与实体经济的紧密联系也要求双方在政策协调上保持一致。在货币政策、财政政策等宏观经济政策的制定和实施过程中，需要充分考虑到对金融市场和实体经济的影响，确保政策措施能够协同发力，实现经济的平稳增长。

二、我国金融业与实体经济发展的协调度有待提高

改革开放 40 多年来，我国经济实现了飞跃式发展，积累了雄厚的经济实

力、科技能力及综合国力。当前，中国经济总量稳居全球第二，经济增速在全球主要经济体中名列前茅，对全球经济增长的贡献率超越了30%的门槛。2023年中国制造业规模已占据全球市场35%的份额，这一数字相当于排名第2至第10位国家的总和。中国的制造业不仅实现了全面覆盖，而且技术水平达到了国际领先。多年来，中国出口总额保持全球首位，当前约占全球市场的14%。在吸引外资与对外投资方面，中国近年来均位居世界第二。2023年，中国银行业总资产规模达到417.3万亿元，构建了全球最大的银行系统，其中，全球最大的10家银行中有5家来自中国，前20大银行中中国占据10席。中国的保险、股票与债券市场均已达到全球第二大市场的规模。至2023年底，中国金融业增加值占GDP的比重达到8%，已与金融发达的美国等国家相当，标志着中国金融规模已迈入“金融大国”的行列。中国在金融实践、理论及制度创新方面持续取得进展，为实体经济发展提供了坚实支撑，为构建金融强国奠定了牢固基础。

但我们也应该看到，中国金融体系仍然存在行业结构不够均衡、基础设施建设有待完善、经济金融风险隐患较多，金融服务实体经济的质效不高，市场机制不够成熟等问题。金融“大而不强”的状况和全球第二大经济体的发展规模不相匹配。为此，2023年10月召开的中央金融工作会议，首次提出了“加快建设金融强国”的目标。

三、新时期我国金融业与实体经济协调发展的路径

面对当前我国金融业发展存在的结构不合理、制度不完善等问题，金融体制改革任重而道远，需要不断深化金融体制改革，走中国特色金融发展之路，实现金融与实体经济的协调发展。

（一）建设现代中央银行制度，完善宏观审慎调控框架

中央银行作为金融体系的中枢机构，在金融体系中扮演着至关重要的角色。推进金融体制改革的过程中，建设现代中央银行制度被视为其中的核心任务之一。中央银行的职责广泛而复杂，涵盖了货币管理、宏观调控以及金融监管等多个方面。现代中央银行制度的建立，旨在通过优化决策机制与提升执行效率，进一步强化中央银行的职能。现代中央银行还特别注重维护币值的稳定，采用市场化调控手段，确保财务独立性，并加强预期与宏观审慎管理，以有效防范金融风险，保障金融体系的稳健运行。为此，一方面要重

点强化中央银行的独立性和专业性。中央银行应遵循市场经济规律，通过确保货币政策的稳健性和连续性，来有效应对经济波动；不断完善货币调控机制，建立健全科学合理的利率体系，以提升政策传导效率。另一方面，面对金融市场的复杂性和风险挑战，中央银行需具备及时发现并有效应对金融风险的能力，同时完善内部治理结构，加强信息披露，以增强政策透明度，提升市场信心。

在当前经济形势下，中央银行加强宏观审慎调控，既要保持经济增长的稳定性，又要防范金融风险的发生，实现经济长期可持续发展。为此，中央银行一方面要根据宏观经济金融形势的变化，加强跨周期、跨行业、跨市场和跨境风险分析，制定宏观审慎政策，健全政策工具箱，维护金融活动、金融机构、金融市场和金融基础设施的整体稳健运行；另一方面要加强对国际经济金融风险外溢影响监测，健全全口径跨境资金流动监测预警响应机制。推动宏观审慎政策与货币政策、信贷政策、微观监管政策等的协调配合和联动。

（二）做好金融发展五篇大文章，提升金融服务实体经济承载力

科技金融作为金融创新与现代科技深度融合的产物，正逐步成为推动实体经济转型升级的重要驱动力。它通过优化资源配置，为科技企业提供强有力的金融支持，加速技术研发与创新进程，进而催生出一系列新质生产力，为经济增长注入新的活力。

绿色金融作为应对生态环境挑战、实现可持续发展目标的关键途径，通过支持绿色项目、促进低碳技术与产业的发展，有效降低碳排放，改善环境质量，为构建生态文明社会贡献力量。

普惠金融的推广与实践，旨在解决收入分配不平衡问题，通过为弱势群体提供便捷、可负担的金融服务，有效缩小贫富差距，促进社会公平与和谐。这三者相辅相成，共同构成了现代金融体系促进经济社会全面发展的重要支柱。

养老金融作为应对人口老龄化挑战的重要举措，旨在通过建立健全养老金体系来稳定社会预期。为此，需开发组合型、智能化及具有特殊性的金融产品和服务，以实现资产的分散投资、风险降低及保值增值，从而保障老年人的生活质量并提升其幸福指数。

数字金融的发展正推动着金融体系的全面数字化转型，要求金融机构不

断提升其金融科技水平。通过引入区块链、人工智能、大数据等新技术，数字金融不仅打破了信息共享的壁垒，还显著提升了服务效率与质量，进一步强化了金融服务实体经济的能力。

（三）健全多层次资本市场体系，提高直接融资的比重

多年来，我国银行系统长期占据主导地位，金融资产中超过 90% 属于银行资产，而新增社会融资规模中超过 65% 左右来自间接投资。这显然是不适合当前我国经济转型升级高质量发展的融资结构。因此，要健全多层次资本市场体系，为各类不同特点的企业提供便捷的直接融资获得长期资本的渠道，提高全社会直接融资的比例。

加强多层次资本市场建设，要为不同规模、不同生命周期阶段的企业提供特色鲜明的多样化灵活性直接的融资渠道，促进各类企业尤其是创新创业企业的发展。在此过程中，应严格坚守各市场板块的功能定位，通过打造错位发展与功能互补的市场结构，以实现资源的优化配置。建立健全市场基础设施，完善发行、交易及监管制度，确保市场运作的规范性与高效性。充分考虑生产要素与企业生命周期的匹配性，综合多方面因素，构建完善的证券发行与上市交易制度，并打造高效结算与信息披露平台。在此基础上，加强资本市场监管制度的创新，以保障资本市场的健康融资与投资功能，推动资本市场的可持续发展。

（四）推进金融高水平对外开放，提高国际规则制定权和影响力

加强与国际金融市场的互动与合作，促进我国金融业国际化程度的提升。一方面，积极推动本土金融机构的“走出去”战略，同时吸引国际金融机构“引进来”，以此双向互动拓展海外市场，增强国际金融竞争力。另一方面，促进人民币在国际贸易和投资中的广泛使用，这不仅能够有效降低外汇储备依赖，还能显著提升我国金融体系的稳定性和自主性。此外，需审慎推进资本项目的有序开放，通过优化资本开放路径，确保在风险可控的前提下，实现金融市场的深度国际化与融合发展。

积极参与国际金融规则的制定和改革，提升我国国际规则影响力。通过参与国际金融组织和机制，为全球金融治理提供更多中国智慧和中国方案，推动国际金融规则更加公正、合理地反映各国利益和发展需求，维护国际金融秩序的稳定和可持续发展。通过积极参与国际金融治理体系的建设和完善，

争取更多的话语权和决策权，更好地维护我国金融安全和发展利益。

（五）打造有效金融监管体系，提高现代化金融治理能力

金融监管体系是国家治理体系和治理能力现代化建设的重要组成部分，经济社会高质量发展离不开金融的高质量发展，金融高质量发展离不开完善有效的金融监管体系。

构建现代金融监管体系，需要强化法治保障。建立和完善金融法律法规是构建有效金融监管体系的基础。为此，需加速推进金融重点领域及新兴领域的立法进程，以确保监管的全面覆盖；着力提升金融立法的包容性与匹配性，旨在消除监管盲区，有效保护投资者权益，并严厉遏制金融违法行为；将金融风险化解的实践经验提炼升华为法律法规的长效机制，通过完善审慎监管规则，切实补齐制度短板，从而稳固金融体系的安全与稳定。

构建现代金融监管体系，需要统筹协调金融监管体制改革。新一轮金融监管机构改革的核心特征，体现在对职能、机构及编制的明确界定上，旨在通过精细化设计提升监管效能。改革举措包括恢复中央金融工作委员会、组建国家金融监督管理总局等，这些措施深刻反映了提升监管效率与统一监管标准的底层逻辑。为确保监管体系的高效运作，中央与地方监管机构需明确各自职责，并形成紧密的分工协作机制。其中，中央金融管理部门应专注于宏观指导与政策制定，而地方金融监管机构则负责具体执行与日常监管；适时重构监管格局，优化监管模式，以消除监管竞争与套利行为，确保监管政策的一致性，从而维护金融市场的稳健运行。

构建现代金融监管体系，需要强化科技支撑。通过增强监管科技的应用，旨在提升监管的穿透力，确保监管效能的深入与透彻。积极探索监管的数字化转型路径，着手建设大数据平台，以数据驱动监管创新。在此基础上，提供“一站式”工作平台，实现监管的全周期、全过程、全链条覆盖。推动监管流程的标准化，实施线上运行评级预警机制，并统一同类业务的监管标准，强化硬性约束。为进一步提升监管效率，开发智能辅助工具，促进人机协同作业，并建设稽查检查智能平台，以期在提高监管效率的同时，也确保监管的精准度与有效性。

第二章　经济高质量发展的逻辑理路

第一节　经济高质量发展的内涵及特征

在当今全球经济一体化与复杂多变的国际环境下，经济高质量发展已成为各国追求的核心目标。中国作为全球第二大经济体，经济高质量发展不仅是应对外部挑战、增强国家实力的关键路径，也是解决内部矛盾、实现均衡发展的内在要求，更是破解发展瓶颈、推动新旧动能转换的必然选择。

一、经济高质量发展的多重内涵

一是从发展目标来看，高质量发展致力于实现“更高质量、更有效率、更加公平、更可持续”的发展，以此满足人民日益增长的美好生活需要和推动人的全面发展。高质量发展的提出与落实，全面体现了将人民置于发展核心的根本原则，着重强调发展的目的是服务于人民，发展的动力源自人民，发展的成果应由全体人民共同享有。高质量发展代表了一种经济发展模式、结构体系及动力机制，它旨在更有效地回应并满足人民日益增长的实际需求。

二是从发展方式来看，高质量发展本质上体现为集约型增长模式，标志着经济体从传统的粗放型高速增长路径向更为精细的集约型增长转变。这一转型不仅涉及从单纯的数量追赶向质量追赶的跃升，还伴随着经济活动的重心从规模扩张向结构优化的升级，以及增长动力从依赖传统要素驱动向创新驱动的根本性转换。

三是从发展内容来看，高质量发展涵盖了经济、民生、生态及安全等多个关键领域。在其内涵中，经济效率的提升、社会公平的保障以及绿色发展的实现均被视为核心目标。面对当前复杂多变的国内外局势与诸多风险挑战，我们必须统筹兼顾发展与安全两大方面，通过强化安全保障来推动经济社会的持续健康发展，同时以发展成果来进一步巩固和提升国家安全水平，实现发展与安全的良性循环。

四是从发展结构来看，高质量发展具有宏观、中观和微观三重视角。从宏观视角来看，高质量发展强调供需关系的动态平衡，旨在实现经济增长的稳定性、发展的均衡性、环境的协调性以及社会的公平性。从中观视角来看，高质量发展聚焦于产业结构的优化升级与区域间的协调发展，注重产业与区域经济的融合与互动。从微观视角来看，高质量发展关注产品种类、数量与质量的提升，重视一流企业的培育、品牌影响力的增强以及人民幸福感的提升，从而实现经济社会的全面进步。

五是从发展要素来看，高质量发展对提高要素质量和配置效率、增加新的生产要素提出了新的要求。以往经济发展主要依赖要素的大量投入。高质量发展，强调了诸如人力资本要素质量提升的重要性，即要提高全要素生产率，实现新旧动能转换，将“数据要素”等新的生产要素纳入高质量发展之中。

综上而言，从我国经济发展历程来看，经济高质量发展意味着经济体系的变革，特别是现代化经济体系的建设，实现了在广义上对发展问题的概括。

二、经济高质量发展的特征表现

一是创新成为第一动力。科技是第一生产力，创新是推动科技发展的不竭动力。在追求经济高质量发展的征途中，坚持创新的核心地位显得尤为重要，而科技自立自强则构成了这一战略目标的坚实支撑。科技创新不仅能够深刻改变经济结构，引领产业向更高层次变革，还通过提升经济效率，实现资源的高效利用与污染的显著降低，为可持续发展奠定坚实基础。进一步地，科技创新通过改变经济发展方式，为经济增长注入了源源不断的动力。在此过程中，国家、企业及个人应共同发挥作用，形成协同创新的强大合力，以科技创新为引擎，推动经济社会全面进步与发展，共创繁荣未来。

二是协调成为内生特点。经济高质量发展不仅是一个目标，更是一个动态演进的过程，其核心在于推动经济结构的转型升级。这一转型过程要求经济结构的协调与优化，具体表现为多元经济体系的深度融合与均衡发展。通过促进经济要素间的有机联系与合理配置，可以有效激发经济发展的内生动力，进而推动经济体系向高效、可持续的方向演进，实现经济高质量发展的长远目标。

三是绿色成为普遍形态。经济高质量发展在追求经济效益的同时，对生产方式提出了更为严格的环保与生态要求，旨在实现经济发展与环境保护的双赢。绿色发展作为高质量发展的重要基石，其核心在于减少环境污染、节约资源利用以及推动技术创新。此过程不仅是经济增长模式的转变，更是生态文明体系构建的系统性工程，需从多维度进行综合性建设。为实现这一目标，必须扎实推动碳达峰与碳中和工作，全面促进绿色转型，进而构建一个和谐共生的现代化社会。

四是开放成为必由之路。经济高质量发展应构建一个全面且深入的对外开放格局。此格局通过促进国际专业化分工协作，加速科技知识的共享与共同进步，优化全球资源的流动与配置，并有效利用外资，进而推动形成高水平的开放型经济体系。这一过程还伴随着贸易与投资自由化、便利化的深化，以及贸易模式的创新，共同为经济的高质量发展奠定坚实基础。

五是共享成为根本目的。经济建设的过程依赖于人民的广泛参与，而其成果理应惠及全民，体现社会主义制度的优越性。实现经济高质量发展，核心在于以人为本，将人民利益作为一切经济活动的出发点与最终归宿。为此，必须充分调动人民群众的积极性，激发其内在的创造力与开拓精神，为经济发展注入不竭动力；着力提升公共服务供给水平，建立健全服务体系，以增进民生福祉为目标。在此基础上，推动共同富裕成为现实，构建公平合理的收入分配格局，确保全体人民能够共享发展成果，促进社会和谐与进步。

第二节　经济高质量发展的基本要求

依据发展、经济发展、高质量发展的内涵分析与界定，本书认为经济高质量发展的基本要求主要包括以下方面。

一、以高水平开放提升经济发展的抗风险能力与稳定性

（一）以高水平开放提升经济发展的抗风险能力

经济的高质量发展对于我国经济运行来说，应当把高开放水平同经济的抗风险能力联系起来，任何一个经济运行体都存在封闭状态和开放状态，系统性风险是相对于整个国民经济来说的，封闭的经济运行体不一定是安全的，开放的经济运行体必然要提高自身的抗风险能力。

从我国经济发展运行状态来看，改革开放40多年来，我国已经充分融入世界经济中，是世界经济重要的组成部分，并且改革开放依然成为我国社会主

义市场经济的本质特征的一个方面，在国际经济社会、国内高质量发展的新形势下，面临经济运行的各种风险，就需要提高经济抗风险能力，不但不能封闭经济发展，还要高水平地开放，同世界一起抗击系统风险。虽然面临系统风险，仍然要在经济高质量发展的领域进行开放合作、协作对话、共赢共享来化解风险，同时我们完全有可能引领全球经济在新型基础设施建设领域、先进科技产业领域、先进通信领域、战略性新兴产业领域的发展。

经济高质量发展要求我们在高水平开放的情况下提升国家综合治理水平，对世界经济的贡献从管人、管物转向管规则，在保证高质量发展的前提下，提高开放水平，提升经济的抗风险能力，其中的根本要求就是把我国庞大的国民经济运行体系看作是一个包含政治、经济、社会、文化、民生等的复杂系统。这个庞大的复杂系统能够吸引全世界的各种行业、各个企业都来进行竞争，从而激发我国国民经济的活力，打开更大更多的财富源泉。因此，我们要努力提升我国经济发展的抗风险能力，增强经济发展的免疫系统，在面临全世界一个大市场的时候不再受制于人，即使出现贸易摩擦，甚至直接的贸易战我们也能从容应对，对国内经济的平稳运行和国内、国际双循环体系的经济体系顺畅运行，高开放性不是畏惧风险而是努力提升经济抗风险能力。

（二）以高水平开放提升经济发展的稳定性

稳定性是国民经济运行的重要指标，一个国家的经济运行越平稳，经济发展体系越健康，经济发展质量就越高。进入新时代，我国国民经济发展运行提出了新的要求，高质量发展的经济运行就是在保持经济总量增长的基础之上维持经济发展质量的要求。

从经济学角度来看，国民经济运行的平稳性的评价指标之一是经济波动幅度。经济发展过程中，经济波动幅度越小，表明经济发展的稳定性越好。改革开放 40 多年来的实践经验表明，过于追求经济的增长速度不一定有利于我国国民经济的发展，过高的经济增长速度由于受到投资过热、忽视稳定等各种因素的影响给经济带来不稳定性。经济的高质量发展实际就是在保持经济增长速度中高速的基础上，提升产业结构等方面。经济的中高速增长是指实际增长速度能达到国民经济内在的增长速度，经济整体稳定运行的前提条件是经济发展的实际增长率等于潜在的增长率，当经济发展的潜在增长率长期处于下行，就会出现产业产能过剩、企业之间债务违约等各种风险，所以保持好潜在的经济增长率对于保持国民经济在高增长的同时又保持稳定性具有非常重要的意义。潜在的国民经济增长率与实际的经济增长率之间呈正相关关系，全要素生产力提高的速度每年增加 1 个百分点，相应的潜在增长速度将每年增加近 1 个百分点。因此，应该在推动全要素生产力上给予大力支持。

从我国经济发展的长远目标来看，保持经济高质量发展的同时保持稳定性的意义十分重大，避免国民经济运行出现大起大落的现象，能够使经济增长率保持在合理的区间，这也是我国国民经济保持高质量增长的保障机制。合理的财政政策、货币政策等宏观调控手段和我国经济的金融环境的稳定性同样重要，不能只注重追求过快的经济增长速度，也不能只是过度地追求投资和过大的社会经济发展规划，这些都容易出现经济发展的不稳定，在我国经济增长率由追求高速度增长转向中高速增长、高质量发展的背景下，宏观调整的经济政策更应该追求能够保持经济平稳的宏观调整政策，只有这样我国经济的发展才能更多地聚焦于能够促进结构调整与保持稳定的关键领域。

二、保持经济运行的高效性和创新力

高质量经济发展的一个重要特点是对于各种生产要素在制造生产、产品分配、交易交换、最终消费的各个环节都能够实现资源的高效配置，达到资源的高效使用。传统的粗放型的经济发展都是对资本、土地、生产劳动等生产要素大量的重复性的投入，不利于环境保护，对环境造成一定程度的污染，就势必会浪费掉很多有限且稀缺的生产要素资源，相比而言，高质量的经济发展模式下，生产要素投入与产出的比值（即投入产出比）处于较高水平，这意味着单位生产要素投入能够带来更多的产出，经济运行效率显著提升。经过几十年的发展，我国在不断优化和调整经济增长方式，在不断转变和调整生产方式，优化经济结构，即通过生产要素的重新优化组合、提高生产要素的生产方式来提高经济的发展质量，推动经济向前发展，逐步形成高质量的产品和实现物价稳定的、高效的市场经济目标。具体表现是各种生产要素的投入量低、资源产出效益高、经济发展的效益好、资源优化配置效率高、资源集约利用程度高、产品的价值和附加值高，不断通过提高效率用更少的资源产出更多的社会财富，来实现经济的高质量、高效率的运行。

在经济发展的高质量、高效率阶段，我国经济发展的生产要素集约率的提高，不只是一个劳动者、一个企业或者一个行业产业的单独行为，高质量、高效率经济运行的实现是一个国家各个部门的整体组合的行为。在宏观经济运行中，生产力的进步不再是简单地从数量上增加资本、土地、劳动力和自然资源的投入，而是更多地从生产要素配置率比较低的部门向生产要素配置率比较高、投入产出比比较高的部门流转，激发生产要素配置率的企业通过科技创新、工艺改进来提高自身的生产要素配置率，甚至会淘汰生产要素配置率低的企业，使得整个国民经济的资源配置效率得到提高。在生产资料分配过程中，任何一种生产资料的分配都不是通过生产条件自身分配的结果，虽然生产条件的分配表现出来的是生产方式自身的分配，那么在产品分配之前本身是资本、土地、劳动力等生产要素的分配，通过提高生产要素的质量和集约投入来优化调整配置生产要素的比例，从而提升经济生产效益，这种高质量、高效率的经济运行中生产要素投入和产出的比例是较高的，带来的是高投资高回报，企业的员工劳动收入高、企业的经营净利润高、企业为政府贡献更高的税收。在生产资料的交换中，包括土地、资本、劳动力等生产要素的流入流出更加顺畅、更加高效和自由，在交换过程中，通过市场经济自由交换的生产要素的价格能够反映出本身真实的价值。在最终消费环节，高质量、高效率的经济运行不但能够提高人们的综合收入水平，增加了市场的购买力，而且市场经济中的供给体系会随着市场需求的变化而不断进行优化和调整，在每次的生产要素组合中，能够不断适应市场对多样性、高质量、高效率产品的生产和供给，提高了市场流通中的产品质量、提高了产品服务水平，从而直接推动人们生活水平质量的提高和购买力的提升，形成市场经济运行的良性循环。

经济运行的创新力是通过引进新的生产要素，包括新的科学技术、新的企业管理方式、新的生产工艺、新的市场推广途径等来改变市场的生产方式和结构格局。创新力不能仅仅有一个想法、一个专利、一个方法，只有让这种创新真正应用到企业的生产中，提高了产品质量和服务水平，提高了经济运行效率，这才叫创新。创新的本质意义在于是新的发明、新的管理方式、新的产品在进入市场之后，还能够提高整个行业的生产效率，改变了市场经济格局，如智能手机进入市场后冲击了传统的手机，改变了人们的生产、生活方式，改变了手机行业格局和市场结构。创新力就是能够改变传统产业格局，构建新的产业格局的能力，在传统的产业格局中，以前的市场、企业、技术占据了主导地位，通过科技创新、工艺改进我们就能够和一些大型跨国公司进行产品竞争，同时，在市场经济运行中还有可能创造出新的产业，并将其发展壮大，创新力体现出来的力量是通过重构产业结构去颠覆传统旧的产业格局，淘汰原来的产品，我国市场经济创新力追求的不仅仅是扩大市场空间，还要挖掘市场潜力，我国目前在很多产业、行业都走到了世界的先进行列，例如，我国高铁目前领先于全世界；以5G技术为代表的通信产业使得我国在通信行业的技术和规模引领世界通信行业的发展。虽然科技创新、工艺改进等是增强创新的必要条件但不是充分条件，但经济运行的高质量、高效率没有科技创新是肯定不行的，增强科技创新力的一个关键是能够使得土地、资本、劳动力等生产要素市场化。例如，劳动力资源要素市场化，能够激发人们的创新力和创造力，从而创造更多的社会财富资源，市场化的推行也能够把不是生产要素的东西变成生产要素，使得不具备创造财富的要素能够创造出财富，比如数据要素，不仅能够带来更多的创新力和强大的创新源泉，更重要的是能够推动经济发展的高质量、高效率的发展。

三、保持经济运行的低耗性和协调性

经济增长的可持续发展的前提是能够对自然资源、有限能源等生产要素高效利用，传统的经济增长大多是建立在对自然资源过度消耗、过度开采的基础之上的，这种粗放型的经济增长方式不会推动经济发展的高质量、高效率，反而会导致经济质量过低、人们的生活质量下降，对自然资源过度消耗也会破坏生态环境，以生态破坏为代价的经济增长方式是低质量、低效率的，所以衡量经济高质量发展的一个重要考量指标就是对自然资源的高效率利用和较低的环境代价。高质量的经济发展是经济总量的增长和提高经济发展质量的统一，在保持经济增长一定速度的同时又要保护环境生态系统，受到生态环境容量和自然资源承载能力的约束，只有对土地、自然资源等生态要素不产生破坏的消耗，才能实现经济高质量、低消耗、高效率的增长。

一个经济体的运行要实现高质量发展，不仅要完成既定的经济增长目标任务，还需注重科学技术创新以及各种生产要素的优化组合。具体而言，要在充分且高效利用自然资源、提升资源使用效率的基础上，达成经济增长目标。更关键的是，高质量经济发展应形成一种以“最小自然资源消耗”换取“最大经济效益产出”的运行模式，其经济运行生态系统需具备以下特征：实现清洁无污染资源的循环再生利用，依托科技创新驱动发展，使经济发展活动兼具高效率与低消耗特质。在此过程中，绿色发展理念贯穿经济运行始终，生态环境友好性成为衡量经济运行质量的重要标尺，二者共同构成高质量经济运行的核心特征。假如能够从源头上高效利用自然资源和原材料、降低或完全替代有毒有害物质的使用，降低污染物的排放，以低消耗的能源获得更多、更大的经济效益产出，才能保证生态环境系统在全新的生产制造条件下实现经济的协调发展或者在更高的层次上实现新的更好的协调，从而才能保证整个经济运行系统的高质量、高效率、绿色环保、可持续发展乃至社会经济的最大公平目标的实现。自然环境资源是人类通过劳动创造财富价值的重要物质基础，也是社会经济发展的重要生产要素，保护自然资源的可持续性是生产力可持续发展的重要前提，在保护生态环境、自然资源充分利用的前提下进行经济生产活动，才能推进经济高效率、高质量、低消耗的可持续发展，人民的生活水平才能从根本上提高。因此，判断经济实体是否低消耗发展主要看经济增长的结果有没有保护好生态环境，是否提升了人民的生活水平和生活质量。如果经济发展是可持续的，保护了生态环境，提高了人民的物质生活水平，满足了经济发展对生态绿色的需要，那就充分表明经济发展是高质量、高效率、低消耗的。

国民经济结构是指一个国家或地区在一定生产关系下的整个经济系统的构成、作用及其运动变化规律。[①]一个国家的经济结构体系是指一个国家或者地区在一定生产关系之下的整个国家经济体的组成、作用以及运动变化规律。也可以说是国民经济和各部门之间在一定的组织结构框架下形成的多层次、全方位的综合体，经济系统内部各个生产要素之间配合完成，社会经济的生产才能够顺利进行下去。所以，经济结构优化升级能够推进国民经济高效率、高质量发展，而且对于产业结构之间的比例关系也有积极的促进作用，比如第一、第二、第三产业之间的组合结构更加合理，产业水平向着更加高级的产业效益升级，拉动经济增长的“三驾马车”，即投资、出口和消费对国民经济的贡献度更加协调，供给和需求能够保持更加合理的动态协调平衡，区域经济结构、城乡经济结构更加合理，城镇化水平更高，国民经济各个产业之间的比例关系更加合理、区域结构更加协调，整个国民经济之间的运行越协调，国民经济的发展质量越高。

四、提高国民经济国内国际双循环下的竞争力

经济高质量发展要从目前国际经济局势进行分析，目前我国经济运行是以国内经济体大循环为主体、国内国际双循环的经济格局，二者相辅相成，相互促进有利于增强我国综合国力在国际上的竞争力。国内经济大循环与国际竞争

① 夏振坤. 发展经济学概论 [M]. 武汉：湖北人民出版社，2000：248.

力、科技创新能力、抵御经济危机等风险能力有着密切的关系，国际竞争力的一个关键问题是能够抵御贸易摩擦的能力。当今世界是一个大的经济体，全球化下经济发展的高质量的根本出发点就是要解决目前我国的主要矛盾，满足人民群众日益增长的美好生活需要，市场经济下，市场需求者是多样的，对供给者是有比较的。在这种背景下，提升整个经济体系的竞争力，实际上也意味着国内各生产企业之间面临着激烈的竞争。为在竞争中脱颖而出，各企业纷纷致力于提升产品质量，进而推动了更高质量、更高效率的竞争格局的形成。

在国际市场上，我国的企业与国际上其他企业之间也同样进行着平等竞争，在竞争的同时参与了全球化和全球治理，提高了我国经济发展的质量，在国际上为我国企业争取了一个公平合理的市场竞争环境，所以国际竞争力的提升与经济高质量发展的变革、经济发展效率的提高是联系在一起的。国内国际双循环的情况下要以国内大循环为主体，也可简单地理解为“内循环”，我国经济发展的高质量的一个重要方向就是提升内循环的能力，内循环与循环之间是存在一定关系的。例如，东部沿海地区的企业加入通过海上运输把生产的产品出口到国际市场上，其运费相对于通过陆路运输要低一些，使得沿海地区的企业更倾向于把产品出口到国外市场，又因为沿海地区所处的地理位置、空间上具有得天独厚的优势，有更多的就业机会，就会吸引更多的内地劳动力到沿海地区工作，形成我国内陆地区和沿海地区城市之间发展不平衡的问题，所以在内循环为主体的情况下，高质量的经济发展不但要强调经济结构的平衡与协调，也要注重地区之间的协调发展。

在国内大循环为主体的经济框架下，并非是在国外市场缩减时才寻求内循环的发展，而是以国内国际循环作为外延，这体现了我国经济与世界经济的深度融合。这种双循环模式的特点在于其灵活性和互补性，允许国内外资源在更广阔的范围内优化配置。以国内大循环为主体，意味着产业链和价值链在国内市场能够形成完整的资源配置循环，这为我国经济提供了巨大的发展潜力。以手机市场为例，我国的国产手机行业在销售数量和技术综合实力上已与国际手机行业并驾齐驱。但目前仍有一些核心零部件，如手机芯片，依赖于国际市场。虽然我们已具备相关产品的生产能力，但要在关键技术上达到国际领先水平，仍需时间和技术积累。在手机行业的循环中，国内市场占据主导地位，同时国际市场也占有一席之地。一个完全内循环的手机产品应由全部国产零部件组装而成，运行的系统和应用程序也应是国内的。尽管我国目前已基本具备这种能力，但从提高经济发展质量的角度看，此种做法仍需进一步探讨。理想的经济体应是以国内大循环为主体，国内市场和国际市场双循环相互促进的。以手机市场为例，可以在手机的研发设计、生产、销售及运营服务等方面，逐步增加国内市场的比例，降低对外部关键技术的依赖，从而减少外循环的比重，这是我国经济高质量发展的必由之路。

第三节　经济高质量发展的有效途径

推动我国经济由高速度向高质量发展，需要政府、企业、社会各司其职、协同配合，在全社会形成合力。对于政府而言，最重要的是要加紧完善我国市场经济体制，为经济转向高质量发展夯实制度基础。

一、加快实现要素的市场化配置

在经济学意义上，促进经济增长的要素有五个方面，即劳动力、土地和自然资源、资本、科技成果、制度，随着互联网经济的发展，数据也正在成为新的生产要素。当前，这些要素在定价机制、资源配置与自由流动方面面临体制机制性障碍，进而引发了制度性交易成本的上升与供给端的抑制效应。为应对此现状，全面深化改革成为破解难题的关键，旨在消除要素流动的壁垒，促进经济向高质量发展阶段迈进。此过程中，政府、企业与社会各界需形成协同合力。政府应承担起完善市场经济体制、巩固制度基石的重任，以此为经济增长开辟新的空间与可能。

具体而言，应当优化我国劳动力市场改革，完善与人口流动密切相关的户籍制度改革、社会保障制度改革等，以真正形成城乡一体化、全国统一的劳动力市场。应当长远谋划、审慎把握、积极深化土地制度改革，探索如何在保持土地公有制的前提下，适应新型城镇化这一不可阻挡的历史性潮流的需要，实现各类不同性质的土地“同价同权”和相互转换。进一步深化金融改革，积极引入多元金融和投融资主体、发展多层次资本市场、加强金融宏观审慎监管和促进互联网、PPP 等“新金融”和新型投融资机制建设，配套深化改革。全面深化教育科技制度改革，推进科技创新与产业的融合，真正实现创新驱动，建成创新型国家。

二、着力加大产权保护力度

在市场经济体系中，产权保护不仅是法律制度的基石，也是经济活动高效运行的前提。从理论上分析，市场经济作为法治经济的一种表现形式，其本质要求产权界定清晰、合约执行严格、权益得到有效保障。这一观点根植于现代经济学的基本理论，尤其是科斯定理[①]所强调的“在交易成本为零的情况下，资源的最终配置与初始的产权配置状态无关”，进一步凸显了产权明晰与保护对于市场机制有效运作的重要性。然而，理论的构建往往先行于实践的发展，我国在产权保护的实践中，尤其是对私有产权的认知与保护，经历了一个逐步深化和完善的过程。

历史地看，我国对私有产权的认可与保护并非一蹴而就，而是在改革开放的深入推进中逐渐得到加强。早期，由于多种社会、经济及政治因素的交织，私有产权在理论与实践层面均未获得与公有产权同等的地位与保护。这种不均衡的产权保护格局，无疑制约了市场经济的全面发展，影响了资源配置的效率与公平性。因此，随着市场经济体制的不断成熟与完善，强化私有产权保护，实现公私产权的平等对待与保护，成为推动经济持续健康增长的必然要求。

在此背景下，着力加大产权保护力度，需从两个核心维度入手：第一，必须从思想上根本转变，树立私有产权与公有产权同等重要、平等的观念。这意味着要在全社会范围内倡导一种尊重并保护所有合法产权的文化氛围，无论其属于公有还是私有，都应置于法律的严格保护之下。这一转变对于构建公平竞争的市场环境、激发市场活力、促进经济增长具有不可估量的价值。第二，在司法实践层面，加强对合法私有产权的保护，是落实产权平等原则的关键。这要求司法机关不仅要依法公正审理各类产权纠纷案件，更要对具有典型意义的案例进行深入剖析，甄别并纠正过往可能存在的产权保护不当情形。通过具体案件的公正处理，不仅可以为权利人提供有效的法律救济，还能向社会传递出明确的信号：任何侵犯合法产权的行为都将受到法律的严厉制裁，从而增强市场主体对产权保护制度的信心，促进经济活动的长期稳定发展。

---

① 科斯定理是指在某些条件下，经济的外部性或者说非效率可以通过当事人的谈判而得到纠正，从而达到社会效益最大化。斯蒂格勒在 1966 年《价格理论》第三版中，首先把科斯在《社会成本问题》中表述的核心思想概括为科斯定理。

三、金融服务实体经济的提质增效

我国提出金融服务实体经济，是当前以高质量发展全面推进中国式现代化的时代要求。在这种发展大战略和大背景下高度理解落实金融服务实体经济这一根本宗旨，绝不是仅对金融系统提出的单方面要求，仅依靠金融也绝不可能实现金融强国目标，而是需要金融、实体两部门发挥合力、协同发展，同时发挥政府金融监管与市场补充作用。

（一）金融部门：构建支撑实体经济发展的金融体系

金融服务实体经济没有发挥出理想功效，根本原因在于金融部门的发展速度没有跟上经济发展模式的转型速度。就金融部门而言，要持续推动金融供给侧朝着市场化方向改革，创新金融服务模式、提升金融服务质量，以高标准金融体系服务实体经济高质量发展。

银行作为我国金融系统的主体，是深化金融供给侧结构性改革、创新和发展的重中之重。未来较长一段时间，以银行为主的间接融资机构仍然是服务实体经济发展的中坚力量。第一，创新银行产品供给和服务模式，大力发展数字金融，提高“科创初创”（即科技创新领域的初创企业）及中小企业金融服务可得性。可借鉴德国“管家银行”模式，发挥数字技术优势破除银行与企业信息壁垒，增强银企关系韧性；积极尝试知识产权、专利、技术等新型融资服务，盘活企业软资产，拓宽抵押物渠道。第二，重新明确不同规模银行差异化、特色化的发展定位，补齐中小银行短板，提高金融普惠性。积极融入区域发展“小循环”，探索符合自身定位和业务能力的经营路径，构建多层次、广覆盖、差异化的银行体系。第三，加强金融机构、风险担保机构、政策性金融机构等多方合作沟通，建立企业、银行和政府多方共担的信贷风险机制。可借鉴德国复兴信贷银行、美国中小企业局的做法，成立专门针对“专精特新”中小企业服务机构或充分发挥政策性银行作用，采用担保、转贷等形式为商业银行分担风险。

培育多层次资本市场和完善的风险投资体系是必然趋势。就资本市场而言，一方面要加强资本市场基础及相关配套制度法治化建设，在提高市场调节正常现象容忍度的同时，加大对违法违规行为处罚力度；进一步精简发行步骤并放宽企业入市财务标准，把公司价值的判断权利交给市场，并辅以完善流畅的退市制度作保障。另一方面要优化投资者结构，提高机构投资者占比；培育长期资本和耐心资本，提高资本市场对不同经营主体的包容性，引导资本流向实体部门的重点领域、薄弱环节。对于风险投资体系而言，可以参考以色列培育风险投资市场的做法，通过政府财政投入撬动私人风险资本、培育风险投资高级人才；改变以往与国有资产管理类似的基金管理模式，建立符合创新活动规律的管理制度和标准体系，减少对市场活动直接干预并做到及时退出；资金多元化，鼓励民间资本、国外资本、养老保险基金、银行、证券公司等投资主体进入，以更好匹配科技创新周期各个环节的资金需求，以营造优质开放的创新生态环境。

金融部门必须始终坚守其初心，不能脱离实体经济的根基而偏向虚拟化。金融的本质是服务实体经济，其核心价值在于优化资源配置、促进资本形成和推动经济发展。资金若在金融体系内空转，过度追求短期利益，不仅会扭曲金融市场的价格信号，还会积聚巨大的金融风险。这种空转逐利的行为，违背了金融的初衷，削弱了金融支持实体经济的能力。因此，金融部门必须坚决遏制资金空转的现象，坚持金融业发展的人民性，确保金融资源能够有效投入到实体经济中。实体经济是金融发展的基础，也是金融服务的根本对象。金融部门应当以服务实体经济为己任，通过提供多元化的金融产品和服务，满足实体经济多样化的融资需求。

（二）实体部门：增强经营主体活力和经济效益

金融与经济二者是共生共荣的，金融服务实体并不是管理学意义上的服务，其前提必须是尊重市场发展规律，再有效的金融市场也难以服务和支撑缺乏效率的实体企业，因此提高实体部门经济收益是关键。一方面是提效益。以绿色化、数字化发展为驱动力，优化实体部门结构、提高全要素生产率。从传统工业化到产业数字化的过程，也是从高价值高成本向高价值低成本转变的过程。在传统行业接近饱和、传统要素价格不断上涨的情况下，要以新兴数字技术为依托，充分发挥数据要素、新兴技术边际效用递增特性，大力发展新能源、高端制造业、5G 等战略性新兴产业，推动传统行业数字化、绿色化转型，提高实体部门经济效益。另一方面是降成本。充分发挥财政、税收政策功效，改变以往主要依靠借入资本维持生产的经营模式，在降低企业成本的同时扩大企业融资渠道。与发达国家相比，我国企业内源性融资占比很低，一个很重要的原因在于企业主要依靠借入短期资金维持生产，加之银行融资模式的特点，非金融企业杠杆水平被迫抬高。第一，分部门去杠杆，扩大企业内源性融资渠道。下一步要分部门、分行业调整企业杠杆，加快出清落后产能，引导杠杆向活力高、辐射强的重点行业倾斜，提高企业偿债能力，增加企业资本积累。第二，加大减税降费、优惠补贴、体制改革等政策举措力度，降低实体部门各类成本。降低实体部门成本具有双向调节金融部门与实体部门失衡的政策意义，提高财税政策的精准性、直达性，充分发挥数字政府效能，降低企业制度型成本；加大金融、数字、绿色等新型基础设施建设，降低企业生产性成本。

（三）金融监管部门：发挥金融监管与市场补充作用

安全是发展的前提，不断提升金融服务质量的过程就是金融系统不断创新的过程，在此过程中势必会带来全新风险课题，这就要求监管部门要发挥好市场“守门员”作用，牢牢守住不发生系统性风险的底线。

第一，以结构为主、兼顾总量，提高货币政策的精准性、直达性和普惠性。在保持合理流动性的同时，疏通宏观货币与微观融资的“淤堵”，增强政策有效性；结构性工具“精准滴灌”，引导金融资源进一步配合国家发展战略扩展内涵。

第二，切实提高金融监管有效性。平衡好金融监管与金融创新的关系，做到监管“横向到边、纵向到底”，消除监管盲区。

第三，强化多类政策落地整合，健全金融服务实体的保障机制。强化信息整合机制，推动多部门信息共享，充分利用数字技术打破金融与实体之间、金融各行业间的信息壁垒；健全风险补偿和信用担保机制，效仿德国或以色列，针对中小微企业、“专精特新”企业、风险投资行业等相关业务建立政策性担保或风险补偿。

为了有效防止资金过度流向虚拟经济领域，监管部门还需持续强化对金融市场的引导和规范力度。通过实施精准的政策措施，引导资金流向实体经济，特别是那些具有创新能力和发展潜力的行业与企业；加强对金融市场的监测和预警，及时发现并应对潜在风险，确保金融市场的健康稳定发展，从而为国家经济的持续增长提供坚实的金融支撑。

第三章　科技金融赋能经济高质量发展

第一节　科技金融的内涵、体系及运行机制

科技金融作为2023年中央金融工作会议提出“科技金融、绿色金融、普惠金融、养老金融、数字金融”五篇大文章之首，对于推动科技型企业转型升级，促进我国科技产业高质量发展具有至关重要的作用。我国从20世纪90年代首次提出“科技金融”以来，不少学者、专家对其本质、内涵以及与科技产业之间的关系进行了深入研究，使科技金融的独立性日益增强，其所展现的促进科技开发、成果转化和高新技术产业发展的作用越发得到各界认可。

一、科技金融的内涵、特点与外延

（一）科技金融的内涵

1. 科技的内涵

科技是一个广泛而复杂的概念，涵盖了科学和技术两个相互关联但又独立的领域。科学和技术虽然在实践和理论上有所不同，但它们在推动人类社会进步的过程中起到了相辅相成的作用。

科学和技术的定义与区别是理解科技本质的关键。科学是一种研究自然、社会和思维的知识体系，其目标是揭示客观规律，回答“怎么回事”的问题。技术则是一种基于社会实践经验和科学知识，将生产要素转化为产出的方法。它的目标是发明新技术，解决“怎么做”的问题。技术关注的是如何利用科学知识和实践经验，创造出能够应用于生产和生活的具体方法和工具，进而通过技术的应用和推广，得以更高效地改变自然环境和社会结构，提升生活质量。

科学与技术之间的关系是紧密且相互依存的。科学为技术提供了理论基础和知识支持，没有科学的突破，很多技术的进步将难以为继。例如，现代医学技术的进步，离不开生物学和化学领域的科学研究。反过来，技术也是

科学的延伸与归宿，科学研究成果往往需要通过技术手段转化为现实应用，如望远镜、显微镜等科学仪器的发明，极大地推动了天文学和生物学的发展。这种相互促进的关系表明，科学和技术不是孤立存在的，是一个有机整体。

科学技术的进步离不开科技创新，因此科技是从应用基础研究、前沿技术探索，到发明与创新的商业化的全过程，是从研发端到市场端的企业行为与创业活动。科技一词也包含了科技创新 + 科技创业的含义。

在科技创新创业的过程中，可以分为三个主要阶段：知识创新、技术创新和产业化。知识创新是通过科学研究获得新知识，主要由高等学校和科研院所承担。这一阶段的重点在于探索未知，形成新的理论和方法，为后续的技术创新提供基础。技术创新则是在知识创新的基础上，进行新产品和技术的研发与实验，主要由企业承担。这一阶段的关键是将理论转化为实践，开发出具有应用价值的新技术和新产品。产业化是将新产品进行规模化生产与销售，使其能够广泛应用于市场，主要由企业负责。在这一阶段，技术创新的成果被转化为实际的经济效益，对社会产生广泛的影响。

2. 科技金融的内涵

科技创新离不开金融的支持，国外学者并未提出科技金融这一概念，相关领域研究集中于论述金融发展、科技创新和经济发展三者之间的关系。中国的科技金融则是在经济体制改革的框架内，以及科技体制改革与金融体制改革进程中，作为促进科技发展要素的金融手段逐步丰富、强化并自成体系的。我国科技金融的概念最早可追溯于改革开放后，其具体表现为改革开放以来的支持科技发展的金融、财政政策工具，直到 2006 年，科技金融才逐步被学界纳入研究范畴。由于科技金融诞生的时间并不长，国内关于科技金融相对比较完整、认可度较高的概念是赵昌文教授在《科技金融》一书中提出的，认为科技金融是促进科技开发、成果转化和高新技术产业发展的一系列金融工具、金融制度、金融政策与金融服务的系统性、创新性安排，是由为科技创新活动提供金融资源的政府、企业、市场、社会中介机构等各种主体共同组成的体系，是国家科技创新体系与金融体系的重要组成部分。其后不同的学者以赵昌文教授提出的概念为基础，从不同的角度对科技金融内涵、模式做了更深层次的阐释与扩充。[①]

---

① 王文昭. 科技金融的内涵、发展及意义综述［J］. 长春金融高等专科学校学报，2016（5）：62.

科学为技术提供了理论基础和知识支持，但也要看到世界上很多先进的技术并不完全是建立在科学理论的突破上，大量先进技术是长期经验积累与不断局部创新、小步迭代升级所致，比如，航空发动机和光刻机等。因此，企业更有可能成为推动技术进步的领头羊，主要是行业的领军企业以及细分领域的龙头企业。苹果、谷歌、英伟达和SpaceX的领先技术与人工智能的大语言模型GPT，视频生成模型Sora，以及未来更加广泛应用的人工通用智能AGI，都是企业研发出来的。大学与科研机构做研发最终也是要为企业服务，大学和科研机构可以在前沿技术的基础研究和跨学科融合等领域发挥出企业所不具备的优势，但所有应用研究都应被需求牵引，由市场主导，因而产生了科技创业这个重要的科技创新经济行为。

基于以上分析，本书认为，科技金融更多的是指针对科技型企业的各个发展阶段，以加快促进科技创新创业、科技成果转化和高新技术产业化为目标，通过持续的金融创新支持科技产业发展逐步形成的政府、企业、市场、社会中介机构等各种主体共同组成的服务体系。伴随着中国经济体制改革、金融体制改革和科技体制改革的进行，科技金融经历了从行政化到市场化、从单线条到多层次的发展过程，科技金融政策、制度不断创新，产品不断丰富、模式不断融合。

科技金融作为现代科技创新体系的重要组成部分，具有独有的特征。科技金融结合了企业、市场、政府和科研等多方力量，通过协调各方资源，推动科技成果的转化和经济发展。它是政府推动和市场机制运作的双重作用结果，强调各方的协调和资源整合。在科技创新过程中，科技金融为企业提供资金支持，帮助科研成果更快地进入市场，实现从实验室到生产线的转变。政府政策的引导和支持也在科技金融的运行中起到了重要作用，确保了科技创新的健康发展。在新时期，科技金融被赋予了赋能科技创新、培育形成新质生产力、促进经济高质量发展的内涵。

随着全球科技竞争日益激烈，中国面临着“卡脖子”技术难题，特别是在核心技术和关键零件方面的不足。要实现科技的突破性创新，科技金融的支持必不可少。通过建立健全的科技金融体制，国家能够有效配置资源，支持国家重大科技任务和中小型科技企业的发展，进而提升中国的自主创新能力。科技金融作为新旧动能转换的重要推动力，通过引导资金流向新兴产业和科技创新领域，帮助旧动能向新动能转化。因此，科技金融的概念在我国当前发展背景下，不仅是金融促进科技创新的体现，更是被赋予了培育发展新质生产力、促进经济高质量发展的内涵，是国家发展战略的一部分。

（二）科技金融的特点

大体而言，科技金融具有以下几个特点。

第一，科技金融是一个完整的投融资体系，即科技金融体系，包括种子基金、天使投资、风险投资、私募股权投资、科技信贷、科技保险、科技租赁、IPO（主板、创业板、科创板、北交所）上市融资，三板及四板挂牌融资、并购基金等。

第二，科技金融是金融支持与科技产业持续融合的创新过程，科技金融不是简单的“科技 + 金融”或简单的金融支持科技发展，而是通过一系列金融工具、金融产品、金融政策创新的制度安排，促进科技与金融深度融合、互动发展，产生科技创新与金融创新的价值叠加效应。

第三，科技金融具有明确的服务群体——科技型企业，而且覆盖了科技型企业生命周期的不同阶段。

第四，科技金融有明确的目的性，其主要目的是通过资金支持、分散风险等机制加快推进科技型企业科技成果转化和高新技术产业化。因此，科技金融是“第一推动力”和“第一生产力”的有机结合。

（三）科技金融的外延

在科技金融领域，制度设计至关重要。我国在科技金融的制度设计上，从中央到地方形成了一个立体的架构。这种架构不仅有助于政策的层层落实，也确保了中央指导和地方执行之间的有效衔接。工作体系的构建涵盖了科技主管、金融监管、财税、国资、专利等多个部门，形成了扁平化的结构。这样不仅提高了工作效率，还确保了各部门之间的协同配合，有助于整体系统的顺畅运作。

在操作实施方面，政府引导与市场机制的结合形成了一个多维交叉的网络。这种操作模式通过政策引导和市场调节相结合，既保证了政策的实施效果，又充分发挥了市场的活力。技术创新链条则涵盖了关键技术的突破、试验及中间工艺的完善。通过这些措施，使创新成果的质量不断提升。科技成果的转化也被重视，建立了价值评估和市场流转环境，以推动科技成果的实际应用和商业化。

投融资链条的演变同样显著。科技成果转化项目的推动从单一项目转向了市场机制与综合政策手段的结合。这种转变不仅增加了科技项目的融资渠道，还优化了融资结构，建立了一个多渠道、多元化的科技投融资体系。这种体系的建立，为科技企业提供了更广泛的融资支持，也促进了科技与金融的深度融合。

二、科技金融体系

科技金融是集直接融资、间接融资和金融中介服务于一体的金融体系。直接融资体系，主要是依靠多层次资本市场对科技创新的金融支持，如风险投资、IPO、债券等，也可称为资本市场主导模式。间接融资体系，主要是指以商业银行为代表的金融机构对科技创新的金融支持，包括科技贷款及其配套服务的科技担保、科技保险、科技租赁等，也可称为银行主导模式。

在以上两种模式中，夹杂着政府为主导的向科技型产业倾斜的政策性金融支持，比如政府出资形成的政府引导投资基金。政府主导的科技金融活动是为弥补完全市场化配置资源的“市场失灵”，按行政逻辑进行资源配置的金融服务，既是对市场化科技金融必要的政策支持与引导，也是对“市场失灵”的弥补。

（一）直接融资体系

1. 政府引导基金

（1）技术创新引导专项（基金）

技术创新引导专项（基金）是按照企业技术创新活动不同阶段的需求，对国家发展和改革委员会（以下简称国家发改委）、财政部管理的新兴产业创投基金，科技管理的政策引导类计划、科技成果转化引导基金，财政部、科技部、工业和信息化部、商务部共同管理的中小企业发展专项资金中支持科技创新的部分，以及其他引导和支持企业技术创新的专项资金（基金）进行分类整合而成。

技术创新引导专项（基金）的定位：①发挥好市场配置技术创新资源的决定性作用和企业技术创新主体作用，突出市场导向，以引导性财政投入和普惠性创新政策为主要方式，支持企业技术创新和科技成果转化活动。②通过风险补偿、后补助、创投引导等方式发挥财政资金的杠杆作用，运用市场机制引导和支持技术创新活动，促进科技成果资本化、产业化。③政府加大间接投入力度，落实和完善税收优惠、政府采购等支持科技创新的普惠性政策，激励企业加大自身的科技投入，使企业真正发展成为技术创新的主体。

专项资金支持的项目在支持范围内，由地方科技部门、财政部门根据中央战略布局和地方特色需求进行遴选和管理，科技部、财政部则主要通过二年滚动计划和年度绩效评价来进行宏观指导。专项资金的管理创新既充分调动了地方的能动性和积极性，又体现了中央的部署和引导作用。

（2）政府创业投资引导

基金政府创业投资引导基金是指由政府出资，并吸引有关地方政府、金融、投资机构和社会资本，不以营利为目的，以股权或债权等方式投资于创业风险投资机构或新设创业风险投资基金，以支持创业企业发展的专项资金。政府创业投资引导基金可以克服市场失灵，帮扶中小创新企业发展，有效促进我国经济转型和创新型国家战略的实现。[①] 而国家层面的还包括科技中小企业创业投资引导基金、国家科技成果转化引导基金、国家新兴产业创业投资引导基金、国家中小企业发展基金等。

2. 市场化的股权投资基金

股权投资基金作为一种重要的直接融资方式，通过集合投资、专业管理、风险共担的机制，为初创期、成长期及成熟期企业提供资金支持，促进了科技创新和产业升级。市场化运作的股权投资基金，主要包括天使投资、风险投资基金（VC）、私募股权投资基金（PE）等，它们在不同阶段发挥着不同的作用。

（1）天使投资

天使投资是指对初创企业进行早期投资的个人或机构，这些投资往往发生在企业成立初期，甚至是在产品原型或商业计划尚未完善之时。天使投资的特点是投资额度相对较小，但风险较高，投资者通常基于对被投项目创新性的认可和对创业团队的信任进行决策。在中国，随着创新创业氛围的日益浓厚，天使投资逐渐活跃，成为推动“双创”升级的重要力量。政府也通过设立天使投资引导基金、提供税收优惠等措施，鼓励天使投资的发展，以缓解初创企业融资难的问题。

（2）风险投资基金（VC）

风险投资基金专注于投资处于成长期且具有高增长潜力的企业，尤其是

① 丁崇泰. 政府创业投资引导基金发展及美国经验借鉴［J］. 地方财政研究，2019（3）：107.

那些处于新技术、新产业前沿的企业。VC 通过提供资金和管理咨询，帮助企业快速成长，最终实现上市或被并购，从而获得高额回报。在中国，风险投资自 20 世纪 90 年代末开始兴起，经历了从无到有、从小到大的发展历程。近年来，随着“大众创业、万众创新”政策的推动，以及资本市场的逐步完善，风险投资规模持续增长，成为支持高新技术产业和战略性新兴产业发展的重要资本力量。

（3）私募股权投资基金（PE）

私募股权投资基金主要投资于已具备一定规模和盈利能力的非上市企业，通过股权投资参与企业的经营管理，提升企业价值，最终通过 IPO、并购等方式退出，实现投资收益。与 VC 相比，PE 的投资阶段更为靠后，风险相对较低，但投资规模和单笔投资额通常更大。在中国，私募股权市场近年来发展迅速，不仅吸引了大量本土资本的参与，也吸引了众多国际知名 PE 机构的进入，促进了国内外资本的融合与交流，为实体经济提供了强有力的资金支持。

3. 多层次资本市场融资工具

多层次资本市场是指为满足不同规模、不同发展阶段企业的融资需求和投资者的多样化投资需求，而建立起的包括主板、创业板、科创板、北交所等在内的多层次市场体系。这一体系的建设对于拓宽企业融资渠道、为各类股权投资基金提供退出渠道实现投资价值、优化资源配置、促进经济结构调整具有深远影响。

（1）主板市场

主板市场作为资本市场的核心组成部分，主要服务于成熟的大型企业，为其提供上市融资的平台。主板市场对企业的财务状况、盈利能力、公司治理等方面要求较高，是优质企业展示自身实力、吸引公众投资者的重要窗口。在中国，上海证券交易所和深圳证券交易所的主板市场，承载着推动国民经济支柱产业发展、促进产业升级的重任，吸引了众多行业龙头企业的上市。

（2）创业板市场

创业板市场旨在为暂时无法满足主板上市条件的创新型、成长型企业提供融资途径和股份转让服务。相较于主板，创业板在上市门槛、信息披露、监管要求等方面更为灵活，更加注重企业的成长性和创新能力。中国创业板市场自 2009 年成立以来，已成为支持中小企业、高新技术企业发展的重要平台，促进了大量新兴产业的快速发展。

（3）科创板市场

科创板市场是中国资本市场改革创新的重要举措，定位于服务符合国家战略、拥有关键核心技术、市场认可度高的科技创新企业。科创板简化了上市流程，提高了审核效率，同时允许未盈利企业、红筹企业和同股不同权企业上市，为科技创新企业提供了更加包容和灵活的融资环境。科创板的设立，不仅为科技企业提供了更为便捷的融资渠道，也促进了资本市场与国际接轨，提升了中国资本市场的国际竞争力。

（4）北京证券交易所（北交所）

北京证券交易所是新设立的服务于创新型中小企业的全国性证券交易所，重点支持“专精特新”“小巨人”企业及其他优质中小企业的股票发行上市。北交所的成立标志着中国多层次资本市场体系进一步完善，为中小企业特别是“新三板”挂牌公司提供了一个新的上市路径，有助于缓解中小企业融资难、融资贵的问题，促进中小企业创新发展。北交所与沪深交易所错位发展，共同构成了中国资本市场的多元化格局，为不同发展阶段的企业提供了更为丰富的融资选择。

（二）间接融资体系

间接融资作为金融体系中的另一大支柱，是指资金供给者通过金融中介机构（如银行、保险公司等）将资金间接地提供给资金需求者的融资方式。与直接融资相比，间接融资在风险分散、资金规模效应、金融稳定等方面具有独特优势。在中国金融发展的实际进程中，间接融资体系，尤其是针对科技创新领域的科技贷款与科技保险，对于推动科技型企业成长、促进科技成果转化发挥了不可替代的作用。

1. 科技贷款

科技贷款是指金融机构为支持科技创新活动，向科技企业或科研项目提供的专项贷款。这类贷款通常具有政策导向性，旨在解决科技企业因研发周期长、资金投入大、风险高等特点而面临的融资难题。科技贷款不仅为科技企业提供了必要的资金支持，还通过贷款利率优惠、贷款期限延长等政策措施，降低了企业的融资成本，激发了企业的创新活力。常见的科技贷款主要有以下几类。

第一，知识产权质押贷款。知识产权质押贷款是借款人或者第三人依法以其知识产权的财产权利出质，将该财产权作为债权的担保，向银行申请的一种信贷业务，是目前国内银行开展非常普遍的信贷产品。

第二，股权质押贷款。股权质押贷款是借款人以该公司股东所持有的公司股权作为质押担保方式，该项贷款可以为那些股份制改造后股权相对清晰的企业缓解资金短缺难题。很多银行针对新三板、创业板中的中小企业推出了该业务。

第三，应收账款质押贷款。应收账款质押贷款是指融资申请人将符合要求的应收账款出质给银行，由银行在付款日之前按照约定的比例向卖方以融资方式预付应收账款，以应收账款债务人支付款作为还款来源。开展这项业务的银行有国家开发银行、中国农业银行、中国银行、广发银行、平安银行、江苏银行、杭州银行等。

第四，订单质押贷款。订单质押贷款是指贷款申请人在与买方签订有效的订单后，银行依据其真实有效的订单，以订单项下的预期销货款作为主要还款来源，向贷款申请人提供短期资金融资，用于订单项下原材料或商品的采购、加工、生产及储运等流动资金用途，并以销售回笼资金归还本行融资款项的授信业务。开展这项业务的银行有招商银行、中国建设银行、北京银行、杭州银行等。

在科技金融领域，国有大行和股份制银行凭借其资金实力、专业能力和广泛的服务网络，在推动新兴产业发展方面做了一些创新。比如，建设银行的“创业者港湾”通过整合内外部资源，为初创期科技企业提供一站式、综合化的金融服务；农行的专精特新基金则专注于支持具有专精特新特质的中小企业，助力其成长为行业领军企业。这些金融机构在科技信贷方面的创新，为科技企业提供了有力的金融支持。

2. 科技保险与担保

科技金融体系不能只关注融资、投资等资金匹配，科技创新过程的风险管理也很重要，因此，科技保险是科技金融体系的必要组成部分。科技保险是指保险公司针对科技企业的科技研发、成果转化、产业化推广等各阶段可能出现的风险提供一系列保险产品和服务，涵盖财产损失、第三方责任、产品责任和雇主责任等方面。这些保障能够保护科技活动主体的利益，降低经济损失和法律风险。

科技担保作为科技金融体系的又一重要环节，其引入显著增强了科技企业融资的可获得性和安全性。它是指由专业的担保机构为科技企业向银行或其他金融机构融资时提供的信用增级服务，旨在降低融资门槛，分散贷款风险。

在科技创新的融资生态系统中，科技保险、科技担保与科技信贷（如科技贷款）是三种重要的金融工具，它们之间相互补充，共同支持科技企业的发展。

科技信贷主要解决科技企业资金短缺的问题，而科技保险则侧重于为企业的创新活动提供风险保障。科技保险通过降低企业因风险导致的财务损失，间接提高了企业的偿债能力，有助于企业更容易获得科技信贷的支持。科技担保的加入，为科技企业获取信贷提供了额外的信用背书，降低了银行的风险，使得科技信贷的发放更为顺畅。科技信贷的获得也为企业购买科技保险提供了资金支持，两者形成良性循环体现互补关系。

在科技项目的融资过程中，银行和保险公司与担保机构往往会进行合作，银行提供贷款资金支持，保险公司则提供保险保障，担保机构则提供信用增级服务，共同为科技项目构建全面的风险管理和资金支持体系。这种协同作用不仅提高了金融服务的效率和质量，也降低了金融机构的风险。

政府通常会通过制定相关政策，如提供保费补贴、税收优惠等，来鼓励科技企业和金融机构积极参与科技保险、科技担保和科技信贷业务，从而形成一个由政府引导、市场运作联动的科技创新融资支持体系。

（三）综合金融工具

在金融创新的浪潮中，综合金融工具作为连接资本市场与实体经济的桥梁，其重要性日益凸显。特别是在科技金融领域，投贷联动、股贷债保等联动机制，为科技企业提供了多元化的融资选择，有效促进了企业的全生命周期发展。

（1）投贷联动机制

投贷联动即股权投资与信贷融资的有机结合，是近年来金融机构支持科技创新型企业的重要模式。该机制通过股权投资的收益来覆盖信贷风险，降低了科技企业因轻资产、高风险而难以获得传统信贷支持的问题。投贷联动不仅为科技企业提供了资金支持，还通过金融机构的专业投资能力和风险管理经验，帮助企业优化治理结构，提升核心竞争力。

（2）“股贷债保”联动体系

“股贷债保”联动体系是指通过股权融资、贷款融资、债券融资与保险保障的综合运用，为科技企业构建全方位、多层次的融资支持体系。这一体系旨在满足科技企业在不同发展阶段、不同融资需求下的多元化融资需求，推动其从初创期到成熟期的全生命周期发展。在此体系中，股权融资为企业提供长期发展资金，贷款融资解决短期资金周转问题，债券融资拓宽融资渠道，保险保障则为企业提供风险分散和损失补偿机制。

三、科技金融的运行机制

科技金融是当今经济发展所必须具备的一个前提条件，科技金融入驻经济市场，对于市场来说也是一个挑战，但同样也是一个机会。科技已经成为评判某个国家实力的标准，科技金融也能够在一定程度上反映出国家的经济实力，所以，学会将科技金融融入社会经济市场是现如今国家和企业首先需要考虑的一个问题。[①]

（一）资金配置机制

1. 公共金融的资金投入

初始资金积累是公共金融领域的关键步骤，这一阶段的资金投入通常依赖于政策主导的启动资金。科技创新的进程中，基础研究、技术开发以及商品化的各个阶段主要由科研院所和初创高新技术企业主导。为了支持基础产业的发展，开发性金融作为政策性金融机构的一种服务形式，注重与地方政府、金融机构以及高新技术企业的合作。通过这种合作模式，开发性金融机构不仅推动了区域性科技金融服务市场的建设，还开展了联合担保及再担保业务。政府引导基金也是公共金融资金投入的重要组成部分，它通过直接投资或参股等方式，引导社会资本投向科技创新领域，特别是那些处于初创期、成长期的高新技术企业。

政策性金融（包括政府引导基金）在资金和信息获取方面具有明显优势，这使得其能够通过合作模式降低商业金融机构在参与科技创新项目中的不确定性。这种优势促使商业金融机构更加愿意参与到科技创新项目中，从而促进了科技创新活动的持续推进。初始资金积累是科技创新活动的起点，政策主导的资金保障在这一过程中至关重要。科研院所和初创高新技术企业在基础研究和技术开发阶段扮演着主要的创新主体角色，开发性金融通过与地方

① 张红美. 科技金融的运行机制分析与金融创新策略探讨［J］. 营销界，2021（9）：9-10.

政府和金融机构的紧密合作，不仅推动了科技创新和高新技术产业的发展，也有效地吸引了更多的商业金融机构参与科技创新项目，而政府引导基金的参与更是强化了这一效应，形成了多方共赢的良性循环。

2. 商业性金融的资本配置

商业性金融以市场化运作为主导，通过风险投资、银行贷款、保险等多种金融工具，为科技企业提供多元化的融资选择。商业性金融的资本配置具有灵活性高、效率高、风险与收益相匹配等特点，能够有效地满足科技企业在不同发展阶段的融资需求。

在风险投资方面，风险投资机构通过股权投资的方式，为初创期和高成长期的科技企业提供资金支持，并参与企业的经营管理，帮助企业快速成长。在银行贷款方面，商业银行根据科技企业的信用状况、发展前景等因素，为其提供个性化的信贷产品，如知识产权质押贷款、信用贷款等。在保险方面，保险公司通过开发科技保险产品，为科技企业分散创新风险，保障其稳健发展。

3. 资本市场的参与

资本市场是科技金融资金配置的高级形态，其通过股票发行、债券融资、并购重组等方式，为科技企业提供大规模、长期限的资金支持。资本市场的参与不仅拓宽了科技企业的融资渠道，还促进了科技企业的规范化管理和股权结构优化。

在股票发行方面，科技企业可以通过首次公开募股（IPO）、再融资等方式，在证券交易所上市交易，吸引广大投资者的关注和支持。在债券融资方面，科技企业可以发行企业债、公司债等债券产品，以较低的成本筹集资金。在并购重组方面，资本市场为科技企业提供了资源整合和战略扩张的平台，有助于科技企业实现跨越式发展。

（二）信息揭示机制

科技金融体系的核心功能在于解决资金需求方与供给方之间的信息不对称问题。为实现这一目标，区域性科技金融系统建立了信息平台，用以揭示系统中的关键数据。信用信息系统通过提供评级报告和借贷往来的详细情况，进一步减少了信息不对称。大数据技术的引入，使得信用信息系统能够实时更新和分析借贷双方的信用状况，提高了信用评级的准确性和时效性。信息平台不仅为供需双方提供了信息披露的渠道，还确保了数据的透明性。通过大数据分析，信息平台还能预测潜在的风险点，为金融机构提供风险预警。

专业服务平台对现有信息进行了深入的专业和客观分析与梳理，提升了信息的透明度和有效性。在大数据金融科技的助力下，专业服务平台能够更快速地处理和分析大量数据，发现数据间的关联性和规律，为金融机构提供更精准的决策支持。科技金融体系通过结合区域性信息平台、信用信息系统和专业服务平台，并借助大数据金融科技的力量，显著改善了信息不对称问题，从而增强了金融市场的运作效率。

（三）风险分担机制

科技金融体系涵盖了多种金融机构和资本市场，运用银行信贷、金融担保、股权投资以及保险等工具来提供资金。这些金融产品的组合有助于分散投资者和企业在创新过程中所面临的风险。目前，我国的融资体系仍以银行为主要融资渠道，而银行由于科技创新的高风险特征，往往难以承担这些风险。

为应对这一挑战，科技担保机构作为重要的风险分担工具应运而生。它们通过为高新技术企业提供担保，增强了企业的信用等级，降低了银行贷款的风险，从而促进了银行对科技企业的贷款投放。政府也通过设立政策性科技担保基金，为科技担保机构提供再担保，进一步分散和降低了风险。

政府主导模式通过创业投资基金和政策性银行来支持种子期高新技术企业的发展，为其提供隐形担保，降低投资风险。科技金融体系通过多元化的金融工具组合，包括科技担保在内的多种担保方式，和政府主导的支持模式，成功满足了高新技术企业的融资需求，降低了投资风险，同时也促进了金融机构的积极参与。

（四）激励约束机制

激励约束机制是科技金融运行机制中的关键环节，旨在通过正向激励与负向约束的双重作用，优化资源配置，促进科技创新与金融资本的良性互动。

1. 正向激励机制设计

正向激励机制主要通过政策扶持、财政补贴、税收优惠、风险补偿等手段，增强金融机构支持科技创新的动力。政府可通过设立科技贷款风险补偿基金，对因支持科技创新项目而发生损失的金融机构给予一定比例的风险补偿，降低其风险承担成本；对于积极参与科技金融业务的金融机构，可提供税收减免、费用补贴等优惠政策，鼓励其增加对科技创新的投入；通过建立科技成果评价与转化机制，对成功实现科技成果商业化的项目给予奖励，进一步激发科技创新主体与金融机构的合作积极性。

2. 负向约束机制构建

负向约束机制则侧重于通过法律法规、监管政策等手段，规范科技金融市场的行为，防止资金滥用与风险累积。政府可建立健全科技金融相关法律法规体系，明确科技创新项目融资、投资、退出等各环节的法律边界，保护投资者合法权益，维护市场秩序；加强金融监管，对科技金融活动中的违法违规行为进行严厉打击，如虚构项目、挪用资金等行为，确保资金真正用于支持科技创新；建立科技金融项目评估与跟踪机制，对项目实施效果进行定期评估，对于未达到预期目标或存在重大风险的项目，及时采取措施进行调整或终止，避免资源浪费与风险扩散。

第二节　科技金融赋能科技型企业的基本理论

科技型企业是科技金融的重要服务对象，因而，根据科技型企业的特点，产生了科技金融与科技型企业融合的基本理论，使得科技金融在服务科技型企业技术进步及产业化的实践方面，有了创新发展的理论支撑。

一、科技型企业的特点分析

科技型企业因其研发本身是一种创造，因此也可称为科创企业。推动经济转型、实施科技强国战略，科创企业是主体，金融支持是动力。科创企业的数量、结构、质量是国家和地区经济发展的核心竞争力，是决定一个国家和地区未来经济能否可持续高质量增长的重要参考数据。研究科技金融产品、工具的有效融合，提升服务实体经济的效率，目的是促进科技创新企业的发展，因而，我们需要对此类企业做一定了解。

科技创新型企业作为一个涵盖高新技术企业、专精特新企业及其他中小科技企业的广泛范畴，展现出独特的经营特质。此类企业普遍呈现出轻资产特征，即缺乏传统意义上的合格抵押品，其核心价值集中体现在高素质的人才队伍、专业化的技术能力或创新的产品与服务模式上。科创企业往往具有高成长性，它们凭借高科技含量的创新产品或服务，能够迅速渗透市场，实现规模的快速扩张。然而，这类企业在研发、市场拓展及销售等环节面临着较高的不确定性，因此构建专门的风险管理机制对于保障其稳健发展显得尤为重要。

二、科技金融与科技型企业融合的代表性理论

科技创新作为推动经济社会发展的核心动力，其繁荣与发展离不开金融体系的强有力支持。纵观历史长河，每一次重大的产业革命无不是与金融制度的创新紧密相连，二者相辅相成，共同塑造了经济发展的新面貌。从蒸汽时代到电气时代再到信息时代，各次产业革命中科技创新的勃兴，均得益于特定金融制度的精准扶持与有效激励。这些金融制度不仅为科技创新提供了必要的资金保障，还通过风险分散、激励约束等机制，优化了资源配置，促进了科技成果的转化与应用。因此，在建设科技强国的征途中，金融创新的支持显得尤为重要。唯有不断深化金融体制改革，创新金融产品与服务，方能更好地满足科技创新的多元化需求，为科技强国战略的实施奠定坚实的金融基础。科技金融与科技型企业如何有效融合，有一些有代表性的理论研究。

（一）企业金融成长周期理论

1. 企业生命周期理论

企业生命周期是指企业诞生、成长、壮大、衰退甚至死亡的过程。虽然不同企业寿命长短不同，但各个企业在生命周期的不同阶段所表现出来的特征却具有某些共性，不同周期阶段企业的经营理念、财务指标、融资需求有明显差异。

国外对企业生命周期的研究最早要追溯到 1959 年，美国学者马森·海尔瑞（Mason Haire）提出了可以用生物学中的“生命周期”观点来看待企 业，认为企业的发展也符合生物学中的成长曲线。在此基础上，他进一步提出企业发展过程中会出现停滞、消亡等现象，并指出导致这些现象出现的原因是企业在管理上的不足，即一个企业在管理上的局限性可能成为其发展的障碍。其后许多学者纷纷仿效这种方法分析企业，使研究更加系统化，并且在随后 40 年，生命周期理论达到高潮。企业生命周期理论的核心是分析企业各个阶段的发展特点以及存在的缺陷，并研究出相适应的组织方式，发挥各阶段的优势，或准确弥补缺陷，以延长企业的成长过程。拉茵·格雷纳（Grenire Larry）在《组织成长的演变和变革》中首次对企业生命周期进行了论释，提

出企业的成长会经历初创、成长、成熟、衰退，这是客观规律。密西根大学的奎因（Quinn）和卡梅隆（Cameron）在企业生命周期理论上进行了进一步的研究，在文章《组织的生命周期和效益标准》中，作者指出公司成长不是一蹴而就的，而是要经历许多让企业丰富自身、不断蜕变的发展过程，只有经得住蜕变，企业才能更加稳定。美国最有影响力的管理学家之一伊查克·爱迪斯（Adizes）被称为企业生命周期理论创立者，在其经典著作《企业生命周期》中详细地描述了企业整个生命周期的形态变化，使我们对企业的生命周期有了比较全面的认识。伊查克·爱迪斯曾用20多年的时间研究企业如何发展、老化和衰亡。他把企业生命周期分为十个阶段，即：孕育期、婴儿期、学步期、青春期、壮年期、稳定期、贵族期、官僚化早期、官僚期、死亡期。爱迪斯准确生动地概括了企业生命不同阶段的特征，指出灵活性和可控性能体现各个阶段，成长期时灵活性较强，可控性较弱，而到了衰退期则相反。

在西方学者对企业生命周期研究的基础上，我国学者对此又进行了修正和改进。陈佳贵对企业生命周期进行了重新划分，他将企业生命周期分为：孕育期、求生存期、高速发展期、成熟期、衰退期和蜕变期。这不同于以往以衰退期为结束企业生命周期研究，而是在企业衰退期后加入了蜕变期，这个关键阶段对企业可持续发展具有重要意义。李业在此基础上又提出了企业生命周期的修正模型，他不同于陈佳贵将企业规模大小作为企业生命周期模型的变量，而将销售额作为变量，以销售额作为纵坐标，其原因在于销售额反映了企业的产品和服务在市场上实现的价值，销售额的增加也必须以企业生产经营规模的扩大和竞争力的增强为支撑，它基本上能反映企业成长的状况。他指出企业生命的各阶段均应以企业生命过程中的不同状态来界定。因此，他将企业生命周期依次分为孕育期、初生期、发展期、成熟期和衰退期。目前，我国也有不少学者如陈德刚、华荷锋、夏婷将生命周期分为了四大类：初创期、成长期、成熟期、衰退期，将孕育期与初生期合并为初创期。一般认为五阶段比四阶段更容易理解，分析起来也更方便。

2. 企业金融成长周期理论

韦斯顿（Weston）和布里格姆（Brigham）根据企业不同成长阶段融资来源的变化提出了企业金融成长周期理论。该理论把企业的资本结构、销售额和利润等作为影响企业融资结构的主要因素，将企业的金融成长周期划分为初创期、成熟期和衰退期三个阶段。后来，根据实际情况的变化，二人对该理论又进行了扩展，把企业的金融生命周期分为六个阶段：创立阶段，成长阶段Ⅰ、成长阶段Ⅱ、成长阶段Ⅲ，成熟阶段和衰退阶段。早期的金融成长周期理论只是从企业不同的发展阶段来分析其融资获得途径的问题，而没有考虑伴随着企业成长周期而发生的企业信息、资产规模、资金需求等约束条件的变化如何影响企业的融资渠道与融资结构。

美国学者伯杰和尤德尔（Berger and Udell）把信息问题作为一个解释变量加入模型中，对早期的金融成长周期理论做了修订，得出了企业在成长过程中融资结构变化的一般规律，即：企业在创立初期，资金规模小、财务制度不健全，很难进行外源融资，此时的资金只能来源于创业者的自有资金，部分创新型企业的资金来源是天使资金；随着企业的不断发展，规模不断扩大，可用于抵押的资产数量不断增加，同时财务制度趋于健全，企业可以向金融机构借款，此时债务融资比率迅速上升，VC、PE等股权融资比率下降；当企业发展日益成熟时，逐渐达到了公开市场发行证券的门槛要求时，便可以在股票市场上进行融资，此时，企业的债务融资比重将会下降，而权益融资比重上升。伯杰和尤德尔认为，企业的融资结构与融资渠道是随着企业不同成长周期所面临的信息、资产等规模的变化而变化的，在整个成长周期中，企业外源融资约束逐渐放松，融资渠道也逐渐变宽。

金融成长周期理论论证了企业的融资结构是动态发展的过程，债务杠杆率与企业资产规模、企业的存续年限正相关，与信息不对称的程度负相关（表3-1）。

表3-1　企业（含科技型企业）不同生命周期特征及常见融资方式

生命周期	风险程度	经营特征	主要融资方式
种子期	技术、财务、市场、管理等风险都较大	产品未最后完成，没有销售收入，市场营销模式、管理团队尚未形成	公司自有、民间借贷、天使投资基金
初创期	技术风险有所减小，财务、市场风险都较大	产品试销，销售收入不稳定，一般处于亏损状态	政府引导基金 风险投资基金

续表

生命周期	风险程度	经营特征	主要融资方式
成长期	技术、市场风险减小，存在财务风险和较高的管理风险	产品具有一定市场占有率，销售收入增长，营销模式与管理团队建立，但仍有可能亏损，早期抵押品等实物资产较少	风险投资基金 私募股权投资 银行贷款 科创板、创业板IPO
成熟期	技术、市场财务风险都减小，存在管理风险以及继续扩张风险	产品质量、市场占有率达到一定水平，营销模式成熟，管理团队稳定，有盈利能力，抵押品等实物资产逐渐充足	并购基金、银行贷款、融资租赁、主板IPO及公开发行债券等多元化融资

虽然目前企业生命周期的划分标准众说纷纭，但不论如何划分，企业从一个生命周期向另一个生命周期阶段过渡，其各项财务指标和风险也会发生显著的变化。因而，企业规模、产品竞争性及企业融资需求在各个生命周期阶段呈现的特点迥异，使得不同阶段的企业主要融资方式有所不同。科技创新企业从萌芽到研发、创业、产业化的成长过程中，每个阶段都需要相应的金融支持。科技创新本身存在的比如研发周期长短、研发能否成功、研发成果能否完成市场转化、研发团队是否具有企业管理能力等诸多不确定性，使得在金融领域将其视为典型的高风险产业。

（二）金融机构信息不对称理论

1994 年，班纳吉（Banerjee）等提出了在为中小企业提供金融服务方面，中小金融机构在拥有信息上的优势。主要原因是中小金融机构是地方性的，主要为当地中小企业服务，通过长期的合作，对地方性的中小企业的了解程度逐渐增加。1998 年，伯格（Berger）提出关系型借贷所需要的信息，小银行能够比大银行掌握更多，有利于小银行向中小企业发放贷款，为小企业提供融资服务，更多的应该倚重小的金融机构。Berger 认为在金融周期内，中小企业发展能力与中小企业融资能力成正比，企业发展越健康，信息也就越全面，融资能力也就强；刚刚起步的中小企业由于规模弱小，信息不透明，因此获取融资能力也就越弱。柏林（Berlin）认为只有银行充分了解中小企业发展信息，才能从根本上解决借贷问题。[①]

（三）“二八定律”与“长尾理论”

“二八定律”是1897年意大利经济学家帕累托归纳出的一个统计结论，即20%的人口享有80%的财富。比例数字表现了一种不平衡关系，即少数主流的人（或事物）可以造成主要的、重大的影响。“二八定律”广泛存在于社会经济生活中，在传统的商业营销策略当中，商家主要关注在20%的商品上创造80%收益的客户群，往往会忽略了那些在80%的商品上创造20%收益的客户群。

“长尾理论”是网络时代兴起的一种与传统的“二八定律”相叛逆的新理论，是由美国《连线》杂志主编克里斯·安德森（Chris Anderson）在2004年10月的《长尾》一文中最早提出，用来描述诸如亚马逊和Netflix之类网站的商业和经济模式。其基本含义是：只要产品的存储和流通的渠道足够大，需求不旺或销量不佳的产品所共同占据的市场份额可以和那些少数热销产品所占据的市场份额相匹敌甚至更大，即众多小市场汇聚成可产生与主流相匹敌的市场能量。也就是说，企业的销售量不在于传统需求曲线上那个代表“畅销商品”的头部，而是那条代表“冷门商品”经常为人遗忘的长尾。在互联网时代，人们很可能以很低的成本关注正态分布曲线的“尾部”，关注“尾部”产生的总体效益甚至会超过“头部”。

“二八定律”与“长尾理论”广泛存在于各行各业（图3-1）。在金融领域，我国传统商业银行是“二八定律”的忠实执行者，追逐20%的大客户，而数量众多80%的中小企业却面临“贷款难”的现实，其原因与商业银行多年来传统的风控模式以及“信息不对称“现象有关。而在互联网、大数据、云计算、区块链等技术融入金融业的金融科技时代，商业银行等金融机构的获客模式、风控模式变得成本低廉，使降低信息不对称在技术上成为可能，因而可以更多地增加尾部的贷款等金融产品的供给来获取“80%”的利润。

① 张明，刘展廷. 科技金融：理论脉络、实践现状与研究展望［J］. 新金融，2024（8）：14-18+31.

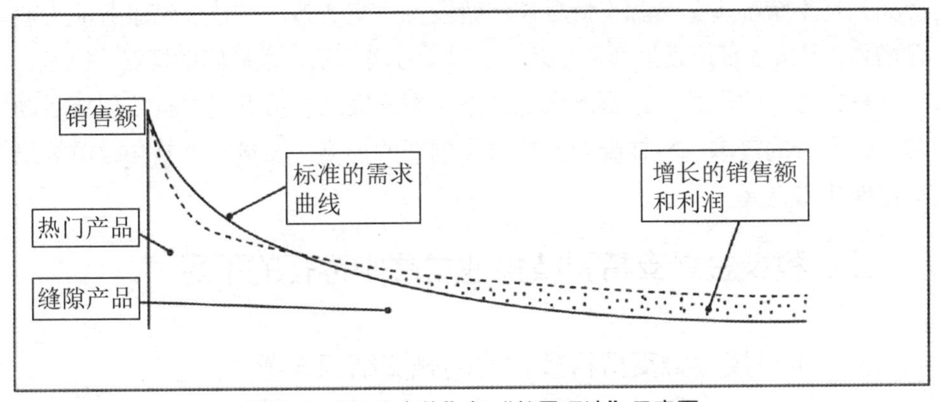

图 3-1　“二八定律”与“长尾理论”示意图

第三节　科技金融推动经济高质量发展的路径

一、科技金融服务科技企业初具成效

我国已初步建成包括银行信贷、创业投资、资本市场、政府引导基金等在内的全方位、多层次的科技金融服务体系。科技信贷方面：公开数据显示，截至 2024 年一季度，高技术制造业中长期贷款、科技型中小企业贷款、“专精特新”企业贷款分别同比增长 27.3%、20.4%、17.9%，明显高于各项贷款增速；科技型中小企业获贷率达到 46.5%，较 2017 年末提升 2 倍。创业投资方面：中国证券投资基金业协会数据显示，截至 2024 年 5 月，我国存续的创业投资基金共 24262 只，创业投资基金规模达 3.26 万亿元。资本市场方面：科创板开通 5 年来，上市企业数量从首批的 25 家增长至目前 500 多家，总市值超过 5 万亿元，首次公开募股（IPO）募资总额累计超过 9000 亿元，作为支持“硬科技”企业高质量发展的主阵地，在科创板上市企业中，属于新一代信息技术产业等“硬科技”产业占比近 89%。政府引导基金方面：有关数据显示，政府引导基金目标规模自 2017 年末的 9.5 万亿元，增长至 2023 年年中的近 13 万亿元。

近年来，围绕金融支持科技创新，不断优化科技金融政策环境，科技信贷规模不断扩大，资本市场全面注册制改革落地实施，服务科技企业的金融产品工具不断丰富，金融支持科技创新取得一定成效。科技金融服务能力明显增强，已成为形成发展新质生产力、推动经济高质量发展的助推器。但是，目前科技金融的供给远远不能满足经济转型升级高质量发展中科技创新活动对金融服务的需求，科技金融支持科技创新的力度、质量、机制和政策等仍有待提升和完善。

二、科技金融支持科技企业发展中存在的不足

（一）科技金融支持科技企业的融资结构失衡

科技企业的融资模式主要包括政策性融资、股权融资、债权融资和内源融资四大类。政策性融资是指政府通过提供贴息贷款、信用担保和创业基金等方式，为企业的资金需求提供支持。股权融资则包括创业板、科创板市场、风险资本以及私募融资等，这些形式通常涉及投资者直接参与企业股权，并在企业发展中分享利润。债权融资包括银行贷款、债券发行以及商业信用。内源融资是指企业利用自身积累的盈利和折旧等内部资源进行的融资。很显然，科技企业的融资模式应当主要依靠股权与债权融资。

现阶段，我国科技企业的融资模式较为单一，主要依赖政府财政投入和银行贷款。在股权融资和债券融资方面较为有限。据中国人民银行的数据，间接融资（银行贷款）在全社会融资中占比约为 60%—70%，而直接融资（包括股票、债券等市场工具融资）占比约为 30%—40%。科技型企业的间接融资主要通过银行贷款等方式实现，占比高于直接融资，包括债券、股权融资（如 VC/PE 投资）。当前我国社会主要融资方式仍是间接融资，2024 年 7 月的最新数据显示，人民币贷款在社会融资规模存量中占比 62.6%，可见商业银行在科技金融体系中是主体，银行的科技贷款仍然是主要融资模式，尤其在成长期的科技企业中更为明显。

当前科技金融支持新质生产力快速发展的过程中，间接融资对本金安全、收益稳定的要求与科技研发实验、成果转化的不确定性之间天然存在矛盾，间接融资支持科技创新的动力及机制明显存在不足。而以风险投资为主的直接融资所具有的风险共担、利益共享机制及股权投资者“高风险、高收益”的偏好，更为契合科技型企业属性，但目前直接融资却对科技企业的融资支持有限，规模较小。

（二）科技金融供给与科技企业需求存在股债周期错配

近年来，科技金融的债权类、股权类创新产品产生不少，但科技企业仍普遍存在融资困境。究其原因，是逆向选择之下，金融机构目前单一的股权、债权分离供给模式难以真正适配科技企业的股债需求周期节奏。科技企业在发展初期，通过借用债权资金可以在避免股权比例稀释下，帮助公司从低估值场景到高估值场景过渡。但早期科技企业的高风险性及收益不稳定性，使得以追求固定利息为回报的信贷资金难以平衡高风险与低收益，因而在债权供给方面患得患失，导致早期科技企业债权融资渠道受限。目前有不少金融机构推出各机构间的投贷联动服务方案，但仍以客户资源推荐与共享为主，在“各算各账”的考核背景下，投贷联动、以投补贷的精髓——“通过未来股权收益平衡当下债权风险和收益”难以真正落实，使得投贷联动依然无法成为银行信贷“投早、投小、投长”的主要模式。

（三）科技金融体系的金融功能有待强化

一是银行体系还缺乏针对科技企业有效的风险识别、定价手段。企业的信息分散且数据难以获取，银行对于科技企业的评估局限于某个时间点的财务数据及有形资产，缺少判断企业质量的标准。二是风投体系呈现一定的“去风险化”特征。近年来，我国风险投资市场中市场化资金（尤其是外资）急剧减少，经营主体变更带来了市场风险偏好的显著下降，诸多风险投资不愿“投早、投小、投长”。三是资本市场估值缺乏创新思维。资本市场对于拟上市科技企业的评价方法仍更多地局限于相对估值法，即与相近企业的历史表现作比较，一些科技企业的产品虽然在国际上领先，但因找不到可以对标的美国同行而难以获得融资。四是国有资本的作用发挥不够。国有资本管理中较为强调保值增值，对于国有资本投资科技企业的事后审计巡查较为严格，风险容忍度低，没有真正形成尽职免责的容错机制。

（四）国资的“投、退”存在堵点

政府引导基金和国资投资平台“以投带引”的招商模式，已成为各地政府招商引资、促成产业落地、促进地方发展的借助方式。但该模式目前存在自有资金有限、不敢投、退不出等问题。一是投资难，新质生产力相关的前沿科技领域通常存在投入大、周期长、不确定性高等风险特征，在资金有限、募投管退考核周期变短、既定回报率考核等压力下，投资变得谨慎，只看不投成为新现象。二是退出难，IPO 及并购或回购退出仍是股权投资退出的主要路径，二手份额转让基金（S 基金）在国内仍处于发展初期，且其本身同样面临退出难问题。各地方政府设立的投资引导基金，除了长周期陪伴企业成长到 IPO 外，多数只能等待其他资本接力，长周期等待减少了社会资本的投资热情，投退无法平衡问题亟待解决。

（五）科技金融专业人才缺乏

科技创新的推进离不开高素质科技人才的支持。科技专业人才凭借其深厚的知识和技能，能够更精准地把握技术趋势和产业分工，有效推动技术的引进和市场的扩展。随着科技和金融的不断融合，科技金融领域对具备双重知识的专业人才需求也在不断增加。这些人才不仅需要掌握科技前沿，还需了解金融机制，以便不断创新金融产品和服务，满足科技企业日益多样化的金融需求。

我国的科技金融发展起步较晚，对产业发展的过度关注使得科技金融人才的培养工作被忽视。这种状况导致了科技金融领域的人才供需严重失衡，综合人才队伍的建设进展缓慢。为实现科技金融的高质量发展，必须充分重视科技金融人才的培养，解决当前的人才供需矛盾。才能增强科技金融对经济高质量发展的推动力。

三、科技金融赋能经济高质量发展的路径

发展科技金融，形成与发展新质生产力是促进科技创新、赋能经济高质量发展的必要之举。科技金融服务科技企业全生命周期的整个过程中充满了风险，因此发展科技金融必须遵循风险投资的原则。无论是以银行为主体的间接融资还是以资本市场为主体的直接融资，在支持科技创新的金融机制中，必须在收益与风险的平衡方面创新做文章。

（一）加强顶层设计，提升直接融资支持科技创新的能力

在政策创新方面，我国科技金融的探索实践尚不成熟，直接融资比重低、门槛高、渠道有限等问题制约了金融支持科技创新的能力水平，应当加强顶层设计、整体谋划，建立与科技创新相适应的金融供给结构。

1. 制定政策指引，引导国有资本、民营资本大力进军风险投资领域

资本市场能够分散风险、承担风险，主要机制契合科技金融的风险特征。其中，风险投资体系，即VC/PE尤其重要。目前，中国VC/PE的主体是外资，国内资本特别是国有资本介入较少。且从类型上缺乏为各类风险投资基金提供退出渠道的并购基金。近年来国有资本开始涉足，但主要是参与设立政府引导基金，对于真正有风险的领域，还是未能深入。因此，要发展真正的VC/PE，更多地还需依赖民营资本，促进民营经济发展又多了一层必要性和紧迫性，需要尽快推出若干给人信心的实质性有利于民营资本投资的长期性制度安排。

同时，应细化和落实《中共中央关于进一步全面深化改革、推进中国式现代化的决定》中“健全国有企业推进原始创新制度安排”的要求，研究出台鼓励国有资本参与科技创新，特别是原始创新的政策措施，建立基于LP、GP结构的国有资产资本化、国有资本基金化管理和运营的工作指引，提高国有资本对风险投资的参与度。具体政策的核心要点是进一步完善国有资本考核管理和容错监督机制。一是建立整体业绩和长期回报的考核机制，鼓励围绕国家战略安全、国计民生以及战略性新兴产业领域加大长期投资力度。二是鼓励差异化设置科技金融业务容错纠错和尽职免责机制，适当提高股权业务风险容忍度，减轻国资和政府基金对科技企业投资的后顾之忧。

2 制定政策指引，引导长期资本进入资本市场

研究制定政策指引，一是引导保险资金、企业年金、养老基金等长期资金进入创投市场，适度降低私募股权投资基金在“偿二代”[①]体系中的风险因子，允许符合条件的头部创投机构管理部分年金。二是鼓励银行理财等市场化资金进入创投行业，引导银行理财子公司开发与创投特点相匹配的长期投资产品。三是支持合格创投管理机构发行中长期创投专项债券，拓宽其中长期资金来源。四是以资本市场注册制改革为契机，推动符合条件的头部创投管理机构通过IPO、并购重组等方式借助资本市场做大做强。

研究提高信托、理财、险资等长期资金投资资本市场的比例上限，引导

① 中国保监会在2012年初发布《中国第二代偿付能力监管制度体系建设规划（简称偿二代）》，提出要用3至5年时间，形成一套既与国际接轨、又与我国保险业发展阶段相适应的偿付能力监管制度体系。该体系用来监控保险公司的偿付能力，这是保监会对保险公司监管的核心指标，类似银监会对银行资本充足率的监管。

相关资管机构在依法合规、风险可控的前提下，增加权益市场直接融资的资金供给。

（二）挖掘凝炼具有中国特色的投贷联动创新模式并予以推广

鉴于目前的社会融资结构，可预见在较长的一段时间内，只注重扩大直接融资对科技企业予以足够支持显然是不现实的。因此，如何使风险容忍度相对较低的银行资金能更好地满足科技企业需求，成为理论、实践与制度创新的重中之重。在模式创新方面，吸收、借鉴和本土培养兼容并蓄，挖掘提炼具有中国特色的投贷联动创新样本并广泛推广，对银行科技贷款风险管理创新具有重要的现实意义。

通过未来股权收益平衡当下债权风险和收益是破解科技金融信贷供给困局的关键。近年来，国内外机构在投贷联动业务模式创新上进行了有益探索。根据兴业研究数据，美国硅谷银行通过为科创企业提供附加认股权证的风险贷款、内部股债协同等模式，累计帮助了超 3 万家初创企业融资。我国也有不少创新样本，如正奇集团官网显示，公司将“产业 + 金融”业务模式中的投贷联动写入发展战略，累计服务超 6000 家企业，投资金额 IPO 率已达 40%。合肥中安科贷公司内部打通债权、股权考核机制，通过“贷款 + 认股期权”产品真正实现了“以投补贷”，累计服务拟上市科创企业近 300 户，推动 7 家授信企业通过 IPO 或并购方式成功走向资本市场。安徽省在全国首创“共同成长计划”信贷模式，提出以优先权为基础的“跨周期”动态平衡银企收益风险的解决方案也值得借鉴。

针对科技金融供给股债周期节奏错配问题，借鉴相关经验，可进一步创新完善“贷款 + 认股期权 + 投资”的投贷联动业务模式。一是弱化传统债权业务审批条件，从股权投资的视角，将企业成长性作为债权业务获批的重要评审因素，结合企业股权融资预期，在满足企业当下债权资金需求的同时锁定其未来投资权限，根据企业股权融资节奏和发展情况择机行权；二是研究探索建立统一考核体系下的投贷联动，将债权业务、股权业务纳入一体化经营，通过算总账、以投补贷，兼顾风险与收益的平衡。

为使银行能够推广应用投贷联动模式服务科技企业，可考虑研究修订《商业银行法》等相关法律部分条款，允许资本实力强的银行选择一两家省分行在表内试点投贷联动方式投资科技初创企业；或选择深圳、合肥等有创新土壤和条件的地区的特色金融机构先行先试。鼓励银行依法合规与符合条件的基金合作，针对目前私募股权投资基金的募资难、退出周期长等普遍问题，允许银行试点开展面向基金的“PE 贷”、面向基金管理人的“GP 贷”、面向基金投资人的“LP 贷”等创投类贷款。

（三）创新资本市场对科技企业的价值评价标准与资本运作制度

资本市场对科技企业的价值评价应重点放在企业的创新能力、技术潜力和市场前景上，而不仅仅是短期的财务表现。在开展审核和监管方面，引入科技专家评审团对科技企业进行评价，以更客观地评估这些企业的技术和商业模型的创新性和可行性，发现其未来价值，提高对科技企业价值评价标准以及对新产业新业态新技术的包容性。在发行制度方面，加快建立科创板、创业板的储架发行制度①，提高融资的灵活性和效率，在满足科技企业不同生命阶段融资需求的同时，缓解一次性大规模融资带来的市场波动。大力发展并购基金，活跃并购基金市场，为各类风险基金提供除 IPO 以外的并购退出渠道。

（四）打好科技金融服务科技创新的“组合拳”

一是建立信息共享机制，推动包括“政、企、银”在内的相关数据信息共享流通机制，加强渠道建设，实现信息的快速传递和有效匹配；利用区块链等技术手段，建立不可篡改的信息共享平台，确保信息安全、可信；加强科技型企业的信息相互交流力度，把握企业生产运营特点，形成持久互助合作的长效机制，提前预知企业风险，提高风险把控能力。

二是支持大型银行发挥平台资源优势，在依法合规、风险隔离可控前提下强化与外部投资、融资、担保、保险等机构合作，共担风险，增强银行放贷意愿。

三是增强多层次资本市场支持科技企业上市融资的合力，增强金融市场层次性与韧性，推动资本市场各板块功能互补差异化发展，发挥转板机制对科技企业创新发展的激励作用。

四是引导金融机构根据不同发展阶段科技企业的不同需求，进一步优化

① 储架发行制度源于美国，是一项关于公众公司融资行为的特殊流程规定。储架发行是相对于传统发行的概念，一般是指在证券发行实行注册制的基础上，发行人一次注册，多次发行的机制。国内文献翻译为“储架注册”或“橱柜登记”。

产品、市场和服务体系，为科技企业提供“天使投资—创业投资—私募股权投资—银行贷款—资本市场融资”的多元化接力式金融服务。

（五）做好科技金融服务所需的复合型、专业型人才培养

科技金融服务于科技创新企业，需要科技与金融的复合型专业人才，如金融业人员缺乏科技产业运作技术及规律的专业认知与能力，则在产品设计、服务模式与效果等方面都极易出现南辕北辙的情形。因此，金融机构应重视自身科技金融人才队伍的建设，从培养与引进两个渠道加强人才队伍建设，提升现有人员面对科技型企业业务运作周期的风险态势感知能力；加强知识提升体系建设，强化科技金融人员的知识储备与技术能力，以适应科技行业日新月异的发展。在社会教育层面，教育部门应根据社会和市场需求，改革专业课程设置和教学方法，加强产教融合，进一步强化高等院校与科技型企业、相关研究机构的协同育人，培养具有金融业务能力和科技背景的复合型人才。

第四章 绿色金融赋能经济高质量发展

第一节 绿色金融的发展演变

一、绿色金融提出的背景

随着气候变化和环境污染问题的加剧，绿色金融作为一种支持环境可持续发展和应对气候变化的金融活动迅速崛起。绿色金融通过绿色债券、绿色股票、绿色基金等金融工具，引导资本流向环保项目，促进经济、社会、环境协调发展。

人们最早开始思考经济发展与人类环境的协调性问题可追溯到 20 世纪 70 年代。1972 年，美国学者丹尼斯·密都斯在其著作《增长的极限》中首次提到经济发展问题必须要与环境问题结合看待。同年，欧洲国家爆发了大规模的金融危机，再一次引起了人们对未来金融发展模式的思考，金融和可持续发展之间存在的密切联系已为金融业者所认知。

1988 年，德国成立了世界上首家“绿色”银行。该银行由联邦德国 1000 多名绿党成员共同经营，其宗旨是促进环境和生态事业的健康发展。该银行主营业务为关于生态环境保护方面的信贷业务，故被人们称为“绿色”银行。该银行的建立让世界人民看到了绿色金融制度施行的必要性，它为绿色金融在全球的发展奠定了基础，是绿色金融制度全球性推广的“先行者”。

20 世纪 90 年代，绿色金融作为一种新兴的金融概念，开始在全球范围内传播兴起。这一发展受到了《里约环境与发展宣言》和《21 世纪议程》的积极推动，这两项重要文件不仅强调了环境保护的重要性，还为绿色金融的发展提供了政策框架和指导原则。这一时期，绿色金融的发展历程可分为三个明显的阶段。首先，发达国家开始施行绿色金融政策，以期通过金融工具促进环境保护和可持续发展。其次，随着绿色金融理念的逐渐深入，一些发达国家全面推广绿色金融政策，进一步巩固了绿色金融在金融体系中的地位。

最后，绿色金融在全球范围内逐步普及，越来越多的国家和地区开始接受并实施绿色金融业务，推动了全球金融体系的绿色转型。

在这一过程中，绿色金融的主流观点逐渐形成，并在实践中得到验证。环境金融作为绿色金融的重要组成部分，通过金融运作来保护生态环境，旨在将环境保护与金融利益相结合。贷款政策成为支持绿色金融的重要手段，通过对绿色产业链的扶持和政策倾斜，金融机构可以引导资金流向对环境友好的项目和企业。可持续发展理念成为绿色金融的核心目标，即在经济发展的同时，协调环境保护，确保自然资源的长期可用性。绿色金融的多元化发展也受到重视，涵盖了绿色贷款、绿色保险等多个领域，以满足不同市场需求，并提高金融工具的适用性和有效性。

在我国绿色金融的实际运行状况中，这些主流观点得到了积极的应用。当前的主流观点认为，绿色金融应通过金融手段实现可持续发展战略，这与国际主流研究思想一致，并且贴近绿色金融的本质。通过不断推动绿色金融的深入发展，国家和企业可以共同努力，实现经济发展与环境保护的双赢，推动全球可持续发展目标的实现。这一观点不仅符合国际趋势，还反映了我国对绿色金融的深刻理解和积极实践。

二、绿色金融与绿色经济、绿色发展的演变逻辑

经济的发展往往伴随着自然资源的开采和环境的退化，这对经济发展和金融资源的配置提出了新的要求。为应对这些挑战，绿色经济和绿色金融应运而生。经济学对自然资源与经济增长关系的研究经历了演变，尤其在 20 世纪 70 至 80 年代开始更加关注生态环境的问题。这一变化为绿色发展和绿色金融提供了坚实的理论支持。绿色发展不仅从思想层面促进了绿色金融的诞生，也因现实需求进一步推动了绿色金融的发展。总体而言，经济对自然资源的依赖和环境问题促使绿色经济和绿色金融不断发展，经济学对自然资源与经济增长关系的深入研究为绿色发展和绿色金融理论奠定了基础，并明确了其发展的方向和必要性。

（一）经济思想史中的绿色发展思想演进

绿色发展是一种注重环境保护和可持续发展的新型发展模式，它旨在通过推广绿色产业、加强生态环境保护、提高资源利用效率等手段，实现经济发展与环境保护的良性循环。绿色发展是顺应自然、促进人与自然和谐共生

的发展，是用最少资源环境代价取得最大经济社会效益、高质量可持续的发展。目前，经济的绿色发展已成为各国共识。

经济思想史的演变体现的人类对自然资源和环境关系认识的不断深化，正是经济绿色发展理论的不断演变。从古希腊时期到现代经济学，经济学理论逐步从对自然资源的关注转向对环境污染及其经济负面影响的重视。这一演变不仅反映了人类认识的变化，也推动了绿色经济和绿色金融的发展。古希腊时期的经济学家主要关注自然资源的利用及其对经济的影响，尽管当时的经济理论尚未形成系统性的学说，但自然资源显然是经济活动的基础。进入中世纪后，气候变化对农业的破坏成为社会经济转型的催化剂。中世纪的气候异常导致了农业产量下降，推动了社会从单一的农耕文明向包括商贸活动在内的农商文明转变。这一时期，经济学的思考逐渐融入了对环境变化的关注。

重农学派在 18 世纪的法国兴起，强调自然资源，尤其土地，是财富的主要来源。重农学派认为，通过有效利用自然资源，社会可以获得更多的财富。这种观点较为单一，未能充分考虑到资源的有限性和环境的承载能力。重农学派的理论虽然揭示了自然资源在经济中的重要性，但其对资源稀缺性的认识仍然较为浅显。

古典经济学派在 19 世纪初兴起，代表人物如亚当·斯密和大卫·里卡多等人对经济增长进行了深入的探讨。古典经济学认识到资源的稀缺性对经济增长的影响，并提出了相关理论以解释市场机制如何调节资源的配置。古典经济学对资源过度消耗的破坏性认识不足，未能完全预见到这种消耗对生态环境的长远影响。这一时期的经济学理论更多地关注如何优化资源配置，以实现经济效益的最大化。

进入 20 世纪，新古典经济学派逐渐成为主流。新古典经济学强调资源的合理配置，认为通过市场机制可以实现资源的最优使用。在这一阶段，经济学家们更加关注效率问题，认为科技进步可以解决资源短缺和环境污染的矛盾。新古典经济学对环境保护问题的关注仍然不足，认为科技创新和市场机制足以应对资源与环境的挑战。这种观点在一定程度上忽视了环境污染的长期性和复杂性。

现代经济学在 20 世纪末和 21 世纪初开始重视自然资源和生态环境对人类可持续发展的影响。现代经济学的研究逐渐形成多个流派，其中包括生态宏观经济学、制度主义环境经济学、奥地利学派和后凯恩斯主义环境经济学等。这些流派从不同角度探讨了经济活动对环境的影响，并提出了应对环境问题的各种理论和政策建议。例如，生态宏观经济学强调生态系统的承载能力，制度主义环境经济学关注环境政策和制度对经济行为的影响，奥地利学派和后凯恩斯主义则从理论和实践角度探讨了环境保护与经济发展的平衡问题。

经济思想的发展反映了人类对自然资源与环境关系认识的逐步深化。从古希腊时期对自然资源的单一关注，到中世纪气候变化促使的社会转型，再到重农学派和古典经济学对资源稀缺性的探讨，最终发展到新古典经济学对资源配置的关注及现代经济学对可持续发展的研究。这一演变不仅揭示了经济学对环境问题关注的逐步增强，也推动了绿色经济和绿色金融的不断发展。经济学对环境问题的逐步重视不仅有助于制定更为有效的环境保护政策，也为实现可持续发展提供了理论支持和实践指导。

20 世纪 60 年代，西方的环境保护论者发表了多部报告与专著，提出了环境保护和经济增长协调的主张，发展出多个考虑自然环境的经济学理论，包括梅多斯（Meadows）等人提出的较为极端的“增长极限论”，巴尼特（Barnett）和莫尔斯（Morse）提出的环境资源稀缺论，强调经济增速不应该是社会发展的目标，而应该重视资源和环境。鲍尔丁（Boulding）还提出“宇宙飞船经济”的设想，指出经济发展方式可以通过构建循环经济体系加以转变。

在已有研究理论和现实证据的基础上，工业化国家对经济发展方式进行了反思，重新审视现有的经济、社会和环境的关系，提出了可持续发展的思想。而在传统经济学理论中，如索洛（Solow）的经济增长模型重点强调了技术进步是经济增长的主要决定因素。这一时期尽管环境污染愈演愈烈，但学者对自然资源和生态环境的考虑相对乐观，依然认为技术创新的应用足以改善自然资源的约束问题。

中国传统经济思想中，人与自然的和谐统一理念始终贯穿其中。儒家思想强调天地人同根同源，提倡合理开发和利用生态资源。例如，“树木以时伐焉，禽兽以时杀焉”等言论体现了古人对生态资源合理利用的主张。然而，随着中国过去快速经济发展带来的资源过度开发，这一理念在实践中出现了偏离。尽管如此，在新时代，自然资源对经济发展的硬约束不断加强，社会对环境保护的关注也达到了空前的高度。中国传统经济思想中的人与自然和谐理念在现代社会中得到了重新审视和重视。

人类对自然资源和生态环境的态度经历了从敬畏自然、过度开发利用到保护自然的演变过程。这一历史演变不仅反映了人类对自然认知的变化，也为绿色经济的发展奠定了思想基础。绿色发展和绿色经济如今被视为人类经济发展的可持续性代表，成为新兴的经济发展理念。尽管这一理念面临许多挑战，但它也提供了新的研究范式，并且其重要性随着时间的推移愈加显著。绿色发展作为一种新兴的经济发展方向，尽管面临挑战，但其在推动可持续经济发展中的作用和重要性日益显著。

（二）从资源的供需平衡演化阐释发展绿色经济的必然性

随着经济社会的进步，资源和环境面临着越来越严峻的挑战。自工业化革命以来，尽管技术进步不断加速，但资源的过度消耗和环境的退化问题依然未得到有效解决。资源的供应与需求变化复杂多样，人类社会在不同经济发展阶段经历了供需双限、降需限供、提供增需、供需双增、增供激需以及供需协调提质等过程。这些变化不仅反映了资源的稀缺性，也揭示了经济活动对资源和环境的持续压力。技术进步和经济发展虽然提高了生产效率，但却未能有效解决资源稀缺和人类需求的无限性问题。例如，碳排放已成为资源稀缺性的一种体现，随着经济活动的增加，全球变暖和环境污染问题愈加严重。这些问题不仅涉及资源的有限性，也挑战了人类对资源的无尽欲望。在传统经济模式中，资源的过度开采和环境的污染往往被忽视，导致了当前的生态危机。在这样的背景下，绿色发展成为一种迫切需求。绿色发展主张节约资源，高效利用资源，并保护生态环境，其核心在于推动一种新型的经济模式——绿色经济。绿色经济强调在满足当前人类需求的同时，必须兼顾未来世代的可持续发展，倡导节制消费，力求实现供给与需求之间的动态平衡。这一经济模式不仅注重资源的节约与循环利用，还大力发展清洁能源和绿色产业，以减少环境污染和生态破坏，确保经济活动的进行与环境保护之间达到和谐协调，从而实现资源的可持续利用。

为了有效应对资源稀缺和环境退化问题，经济活动必须更加注重与自然资源的协调发展。绿色低碳技术的创新可以推动经济发展方式的转型，减少对传统资源的依赖。然而，技术创新虽有助于缓解资源环境的压力，却无法完全摆脱资源和环境的限制。绿色经济不仅需要技术的支持，更需要在经济增长与资源保护之间找到一个平衡点。

绿色经济的兴起是回应生产规模扩张、消费需求上涨、经济增速低迷以及环境代价攀升的一种必然趋势。它不仅关注当代的经济利益，还考虑未来世代的可持续发展。绿色经济的推动不仅是经济发展的历史规律，也是未来发展的方向。通过绿色经济的实践，人类可以在保持经济增长的同时，实现环境保护和资源的可持续利用。绿色经济作为解决资源稀缺、环境退化和需求过度增长的关键方案，强调了人与自然之间的协调。只有通过节约资源、保护环境和推动经济发展与自然资源的协调，才能实现真正的可持续发展。在未来的发展中，绿色经济将成为经济活动的重要方向，引导社会在资源与环境的双重挑战中找到出路。

（三）绿色金融的源起与绿色发展、绿色经济一脉相承

1. 金融学发展历程与绿色金融的萌芽

金融学的发展历程经历了多个阶段，从古典货币数量论到新古典金融学，再到金融经济学的金融改革创新阶段。古典货币数量论主张货币供应量与物价水平之间的直接关系，新古典金融学则引入了市场均衡理论，关注金融市场在资源配置中的作用。进入 21 世纪后，金融经济学进一步推动了金融改革和创新，致力于优化金融市场机制，以应对全球化和技术进步带来的挑战。这一发展过程不仅改变了金融理论的内涵，也在实践中推动了金融业的深刻变革。金融与经济增长之间存在密切的关系。金融系统通过提供和配置资金，直接促进了经济规模的扩张和技术的进步。例如，资本的流入可以支持企业的扩张和创新，从而提升生产力和经济效率。然而，金融资源的配置若过度集中于高污染产业，则可能对绿色发展产生负面影响。这种不平衡的资金流动不仅加剧了环境污染，还阻碍了绿色经济的发展。金融系统在支持经济增长的同时，必须更加关注其对环境的潜在影响。

2. 生态影响与现代金融模式的变革

生态影响在现代经济活动中越来越受到重视。生态破坏、环境污染和气候变化等问题要求金融业在支持经济发展的过程中，考虑环境因素的影响。例如，过度的资源开采和工业排放会对生态系统造成严重损害，进而影响人类的生活质量。金融支持方式需要进行深度的变革，以推动环境保护和可持续发展。这包括投资于环保项目、支持绿色技术和鼓励可持续企业实践等措施。传统的金融模式在面对现代环境保护需求时显得力不从心。随着全球经济和环境问题的复杂化，传统的金融模式需要通过新金融模式进行修正和变革。这些新金融模式不仅关注经济效益，还强调环境和社会责任。例如，绿

色金融、可持续投资和环境、社会及治理（ESG）标准的引入，标志着金融模式向更加全面和可持续的方向发展。这些创新模式为金融业应对现代环境挑战提供了新的解决方案。

3. 国际环境保护协议与金融业的绿色发展

国际环境保护协议为金融业的环境保护行动奠定了基础。1972 年《联合国人类环境会议宣言》首次将环境保护置于全球议程中，之后 1992 年《里约环境与发展宣言》和 1997 年《京都议定书》进一步推动了国际社会对环境问题的关注。2015 年《巴黎协定》的签署标志着全球在气候变化问题上的合作进入新阶段。这些国际协议不仅为各国提供了环境保护的政策框架，也促进了金融业在绿色发展领域的行动。金融机构在这些协议的推动下，开始更加重视绿色投资和环境风险管理，以支持全球可持续发展目标的实现。金融发展与经济增长紧密相联，但也必须适应环境保护的要求。随着全球对生态环境关注的增加，金融业需要通过改革和创新，采取更加可持续的金融模式，以实现经济与环境的协调发展。国际环境保护协议为金融业的环境保护行动提供了重要的指导和支持，推动了金融支持绿色发展的进程。

金融业逐步开展支持环境保护的融资业务，1988 年春，在德意志联邦共和国金融中心法兰克福成立生态银行，这是联邦德国的首家以保护生态为目的之银行，在世界上也属首家。因该银行主要经营自然和环境保护信贷业务，故又称为绿色银行。专门用于支持环境保护项目和活动的波兰环境保护银行（Bank Ochronyg Srodowiska）也在 1991 年开始运营。1992 年联合国环境规划署设立的金融自律组织（UNEPFI）发布了《银行界关于环境可持续发展的声明》和《金融业环境暨可持续发展宣言》等重要文件，旨在推广和普及银行业在可持续发展中具有重要地位的共识。

2002 年，国际金融公司和荷兰银行等金融机构共同提出了银行业的项目融资标准，即赤道原则（EPs），该标准要求金融机构进行项目融资时要全面评估项目潜在的环境影响，进一步明确了金融部门要承担起保护环境的责任，后来发展成为最早的绿色金融标准。赤道原则源于银行业环境保护意识的深刻觉醒，对各国绿色金融业务的发展起到了标准示范作用，更是激发了政府部门对环境与金融领域的关注。国际上绿色金融投资组织和原则相继设立，代表性的如 2006 年成立的联合国责任投资原则组织（UNPRI），2012 年英国政府成立的专门为绿色低碳项目融资的绿色投资银行（GIB），2019 年联合国携手全球领先的 130 家银行发布的《负责任银行原则》等。随着气候变暖问题加重，气候金融成为绿色金融的重要部分，为气候适应项目和减碳行业提供了资金支持。联合国环境署 2006 年发布了《气候变化中的适应性和脆弱性：金融业的作用》，报告中指出全球气候变化导致的极端天气造成的经济损失会不断增加，因此各国必须建立新型的融资和保险服务来应对经济损失。

4. 中国绿色金融的发展成就与展望

绿色金融在中国得到了迅速发展，并取得了一定的成就。中国不仅在绿色金融体系构建上迈出了坚实的步伐，还在绿色金融产品的发行、国际合作以及地方试点等方面取得了重要进展。政策的推动与地方试点的结合有效确保了政策的实施，并且促进了绿色金融的普及。

中国人民银行在 2021 年明确了绿色金融的“五大支柱”，即气候风险分析、环境风险分析、扩大支持范围、碳中和目标和生物多样性保护。这些支柱构成了绿色金融政策的核心框架，为绿色金融的实践提供了明确的指导方向。气候风险分析和环境风险分析的引入，使得金融机构能够更好地评估和管理与环境相关的金融风险。扩大支持范围则意味着绿色金融的覆盖面更加广泛，涵盖了更多的行业和领域。碳中和目标的设定则体现了中国在应对全球气候变化方面的坚定决心，而生物多样性保护则强调了金融对生态系统维护的重要作用。

5. 绿色金融与绿色经济

绿色金融与绿色经济之间的关系密切且相互依赖。绿色金融通过优化资源配置和调整产业及能源结构，推动了经济的绿色转型。这不仅使得经济发展更加符合环境保护的要求，还促进了产业结构的调整，使之更具可持续性。绿色金融在减轻财政投资压力方面也发挥了重要作用。通过吸引私人投资和金融资本支持绿色项目，绿色金融提升了金融体系对绿色发展的支持力度。这种支持力度不仅体现在对绿色项目的资金支持上，还体现在对绿色技术和创新的推动上，从而加速了经济的绿色转型。

绿色金融的发展不仅是绿色经济实现的重要推动力量，也是金融业履行社会责任的体现。通过一系列政策措施和实施举措，绿色金融已经成为经济发展的重要组成部分。这一发展趋势既符合历史规律，也体现了未来经济发展的方向。绿色金融不仅在应对环境挑战方面发挥了积极作用，还为经济转型提供了坚实的金融支持，展现了其在未来经济发展中的重要地位和作用。

三、绿色金融概念演变与内涵

在经济系统中，不同时期，人与自然、自然与经济发展，以及社会发展治理内容均呈现互相促进与制约的关系，金融业为更好地促进实体经济发展，逐步将环境作为投资决策的考虑因素。自金融部门的环保意识萌芽以来，衍生出一系列与绿色金融有交叉内涵的术语，不同术语基于不同的支持重点和发展阶段由相关机构提出。

（一）可持续金融

1987 年，世界环境与发展委员会（WECD）发布的《我们共同的未来》报告中正式提出了可持续发展理念，要求发展目标要实现既能满足当代人的需要，又不损害后代人满足其需要的能力。1992 年，《银行业关于环境可持续发展的声明》发布后，可持续金融应运而生。2000 年，联合国千年发展目标中的第七条即为“确定环境的可持续发展能力”，2016 年，联合国 17 个可持续发展目标（SDGs）中的清洁饮水和卫生设施、经济适用的清洁能源、可持续城市和社区、负责任消费和生产、气候行动、水下生物和陆地生物等七个目标都与气候、环境、生物等主题相关，可持续金融的支持重点更加明确。当前可持续金融提倡将环境、社会和治理（简称 ESG）评价纳入投资决策，提高金融支持包容性增长和减缓气候变化的能力。

（二）生态金融和环境金融

生态金融与环境金融作为应对环境污染与生态破坏问题的前沿策略，代表了创新融资方式在可持续发展领域的应用。历史进程中，发达国家的工业化路径伴随着大量污染物的排放，对环境造成了深远且不可逆的损害。在此背景下，环境金融应运而生，它特指金融部门为响应环保产业的资金需求，通过一系列金融创新手段，如绿色信贷、环保债券等，实现资金的有效配置。德国在此领域展现出领先地位，其金融机构在承担环境责任方面构建了成熟的体系，并积累了丰富的实践经验。相比之下，我国自 1995 年起便尝试利用信贷政策促进环保事业发展，至 2005 年更是明确提出“生态文明”理念，标志着我国对于生态金融体系构建的重视与推进，旨在通过金融手段促进经济与环境的和谐共生。

（三）气候金融和碳金融

碳金融是指由《京都议定书》而兴起的低碳经济投融资活动，或称碳融资和碳物质的买卖。即服务于限制温室气体排放等技术和项目的直接投融资、碳权交易和银行贷款等金融活动。碳金融的兴起源于国际气候政策的变化以及两个具有重大意义的国际公约——《联合国气候变化框架公约》和《京都议定书》。欧盟在 2005 年开始建立全球最早的碳排放权交易制度，目前已经建成最为成熟和交易规模最大的交易市场。中国在 2011 年开始了七个省市的碳排放权交易试点，2021 年启动了全国碳排放权交易市场，碳金融的研究和实践在国内外得到快速发展。气候金融的范围在碳金融的基础上进一步扩展，包括与减缓和适应气候变化、低碳技术等相关的金融活动。

（四）绿色金融

在全球环境资源问题日益突出的背景下，绿色金融成为经济发展的核心概念。2016 年 8 月 31 日，中国人民银行等七部委联合发布的《关于构建绿色金融体系的指导意见》对绿色金融做出了官方定义：绿色金融是指为支持环境改善、应对气候变化和资源节约高效利用的经济活动，即对环保、节能、清洁能源、绿色交通、绿色建筑等领域的项目投融资、项目运营、风险管理等所提供的金融服务。根据 G20 绿色金融报告和中国人民银行的指导意见，绿色金融被定义为支持环境改善和可持续发展的投融资活动。这一定义标志着绿色金融不仅关注经济增长，更强调在这一过程中对环境保护和资源节约的重视。值得注意的是，绿色金融在国内外经历了显著的多层次合作与发展，它不仅在环境治理和气候变化应对方面发挥了重要作用，还扩展到了清洁能源、资源节约、经济转型和生物多样性保护等多个领域。例如，在清洁能源方面，绿色金融的投资支持了大量可再生能源项目；在资源节约方面，绿色金融推动了高效利用资源的技术和方法的开发；在经济转型方面，它帮助传统产业实现了绿色升级；在生物多样性保护方面，绿色金融为生态保护项目提供了必要的资金支持。通过这些举措，绿色金融不仅促进了环境保护，也推动了经济的可持续发展。

随着绿色金融的逐步发展，衍生出了多种形式的金融概念。能源金融、绿色供应链金融、转型金融和生物多样性金融等新兴形式相继出现，旨在提升金融支持的全面性和效率。这些衍生概念不仅涵盖了清洁能源体系，还包括了传统产业的转型和生态保护等方面。能源金融主要关注能源领域的投资和融资；绿色供应链金融着眼于供应链中各环节的环保和资源效率；转型金融则支持传统产业向绿色方向转型；生物多样性金融专注于保护生物多样性和生态系统的健康。这些衍生形式使得绿色金融能够在更广泛的领域发挥作用，进一步推动了可持续发展目标的实现。

绿色金融与可持续金融的关系也值得关注。早期的可持续金融在国际上已经受到重视，它的内容远比绿色金融更为丰富。可持续金融不仅包括绿色金融，还涵盖了更广泛的环境、社会和治理（ESG）方面的内容。绿色金融作为可持续金融的一个重要组成部分，其重点在于环境保护和资源利用的优化，具有较强的生态环境效应。绿色金融不仅涵盖了早期的环境金融和生态金融的内容，还包括了更多的绿色范畴的金融活动，如绿色债券、绿色基金等。这些金融活动不仅关注环境效益，还涉及社会和经济的可持续性。绿色金融的概念和实践已经全面深化，并在国际上获得了认可。它不仅推动了环境保护和经济转型，还衍生出多种金融形式，以支持可持续发展。绿色金融作为实现全面绿色化发展的重要途径，涵盖了环保、清洁、生态等多个层面。它不仅是应对环境挑战的必要手段，也是推动经济向绿色可持续方向发展的关键因素。在未来，绿色金融将继续发挥其在全球经济中不可替代的作用，为实现可持续发展目标提供强有力的支持。

第二节　绿色金融推动经济高质量发展的内在机理及意义

一、绿色金融发展推动经济高质量发展的内在机理

（一）推动经济内生增长

在政府政策的支持下，绿色金融通过金融活动引导资金有效聚集，并利用调整利率和降低交易门槛来减少交易摩擦，促进绿色投资并推动宏观经济的发展。绿色金融的有效运用不仅最大化了金融工具在环境保护中的作用，还为绿色经济的长效发展提供了持久的动力。这种发展途径主要包括绿色发展信号的传导和绿色产业资本的集聚，进一步推动了资金流向环保项目，支

持节能环保产业及环保型企业。证券市场中的投资者逐渐倾向于支持这些环保企业，从而增强了其发展和融资能力。

绿色金融的另一重要作用是刺激了产业结构的优化和技术升级。由于绿色产业融资难度相对较小，这种融资便利性推动了其他产业的结构调整，促进了绿色发展，并带动了其他行业的绿色转型。绿色金融通过提高风险防范能力、控制交易成本和扩张融资渠道，推动了技术的发展，进一步优化了经济发展的质量。这一系列作用最终共同促进了经济的可持续发展。

绿色金融在政府政策的推动下，通过优化资金配置和降低交易摩擦，有效地推动了绿色投资和产业结构的优化，最终促进了经济的可持续发展。

（二）推动产业结构升级

绿色金融的核心功能在于通过杠杆效应实现资金的有效配置，推动环保型产业的发展，并优化整体产业结构。绿色金融通过将资金从高污染行业转移至资源节约型和环保型产业，促使这些领域得到规模化扩展。这种资金流向的调整，不仅提升了资源利用效率，还为绿色产业的快速发展创造了有利条件。绿色金融还支持传统行业的设备更新、技术升级及融资扩张，围绕“环保节能、自主创新、结构调整”的核心目标，推动信贷资金的合理配置和应用。这种支持不仅能有效减少传统行业的污染排放，还能促进其向更环保、更具创新性的方向发展，从而推动产业结构的优化和升级。

在产业整合方面，绿色发展理念的推动使得高污染产业面临着严峻的挑战。例如，钢铁等高污染行业在绿色发展的背景下，迫切需要进行技术革新和产业结构调整。面对这种压力，企业不得不采取“去产能、降成本”的措施以提升生产效率。通过缩减规模和进行成本管理，传统行业能够将节省的成本转移到新兴产业中，劳动力和生产技术也逐步向绿色环保产业转移。这种转变不仅促进了传统产业的优化升级，还推动了产业间的融合，为新兴产业的发展提供了充足的资源和技术支持。

产业结构的优化升级主要通过改善要素资源配置来实现“结构红利”，从而为经济高质量发展创造了有利的条件。在环境承载能力下降和要素红利逐渐退去的背景下，政府必须采取有效措施，优化调整高污染重工业，同时辅以技术升级，以支持经济从高速增长向高质量发展转型。这种转型不仅有助于提升经济的可持续发展能力，还能在全球绿色经济趋势中占据有利位置，推动经济长期稳定增长。

（三）推动环境质量提高

绿色金融作为一种创新的金融模式，正在通过多方面的措施有效推动环保产业的发展。绿色金融通过强化环保相关投资，推动了技术创新，持续优化环境质量。这种模式的核心在于以环境产业需求为中心，通过明确的资金价格信号，驱动资本流向环保领域，从而促进经济和环境的双重改善。银行业在这一过程中发挥了重要作用，其绿色金融活动不仅激发了经济主体的环保参与积极性，还直接影响了国家和区域的经济发展及环境质量。

绿色金融的成功实施离不开其独特的风险防范能力。它通过产品组合创新，能够有效转移和管理风险，营造了良好的资本利用环境。这种风险防范能力使得环保型和技术型产业在融资方面的难度相对较小，资本逐步流向这些领域，减少了融资障碍。同时，绿色金融对能源结构的转型升级也起到了积极的推动作用。支持环保产业的资金流入促进了国内能源消费结构的优化，使其向更加环保和可持续的方向发展。

绿色金融通过推动技术创新、优化环保投资和改进风险防范机制，有效地引导资本流向环保型产业。这不仅改善了环境质量，还促进了经济的发展。绿色金融的持续发展为国内能源消费结构的转型升级提供了坚实的支持，并在促进环境与经济双重进步方面发挥了关键作用。

二、发展绿色金融的必要性和重要意义

（一）绿色金融是支持经济转型升级高质量发展的重要力量

金融作为、经济的血脉，对经济发展具有至关重要的作用。绿色金融作为金融的一部分，通过金融手段，支持节能减排，技术进步，有效促进了经济转型升级。主要表现在三个方面：首先是资金引导。绿色金融通过将资金引导至绿色低碳环保产业，支持可持续和环保项目，从而减少对高污染、高耗能项目的资助。其次是成本内化。绿色金融将环境成本纳入市场考量，促使那些高污染、低生产率的企业逐步退出市场，推动经济向更环保的方向发展。最后是潜力挖掘。绿色金融通过启动新的经济增长点来激发经济潜力。根据世界经济论坛的估计，到 2030 年，全球绿色基础设施转型需要额外投资全球 GDP 的 1.5%，这不仅将提升经济增长潜力，还为金融行业开辟了广阔的市场。

绿色金融通过引导资金、内部化环境成本和挖掘经济潜力，推动了环保和可持续发展，带动了新产业的增长，为经济转型升级高质量发展提供了有力支持。

（二）绿色金融是金融体系改革的突破口

在面对金融业迅猛发展的背景下，投资效率的显著降低、边际收益递减以及资源过度集中于国有和大型企业的现象，显然成为当前金融体系亟待解决的问题。尤其是中小企业融资困难，暴露了银行信贷主导下的直接融资比重过低的深层次问题。这种局面下，非银行金融机构的作用相对有限，加之金融体系中“脱实向虚”的现象愈发严重，迫切需要寻找新的业务增长点。

第一，金融市场的供需错配以及资本市场结构单调性显然是当前问题的核心。为了有效应对这些挑战，必须通过“盘活存量”和“用好增量”来优化资金配置。这一过程不仅需要改进现有的金融资源使用方式，还需应对存量改革带来的诸多难题。存量改革涉及利益调整，往往会使得改革的受益者和受损者存在较大差异，这在一定程度上增加了改革的复杂性和难度。

第二，在此背景下，绿色金融的引入被视为一种潜在的解决方案。绿色金融通过避开传统金融竞争的“红海”，为市场提供了更具创新性的金融服务和专业机构，能够帮助建立一个更加稳健和多元化的金融体系。绿色金融的核心在于其支持金融可持续发展的原则，致力于引导资金流入关键领域，提升绿色投资产品的市场份额，并推动资本市场的多样化发展。

第三，绿色金融的作用不仅仅在于改善市场竞争环境，更在于推动金融体系的可持续发展。通过将资金引导至环境友好型项目和可持续发展领域，绿色金融能够提升整个金融市场的绿色投资比例，进而促进环境保护和资源的有效利用。绿色金融还帮助金融体系形成更加稳健的长远发展战略，降低因短期市场波动所带来的风险。

绿色金融作为增量改革的突破口，能有效优化金融资源的配置，提高资金使用效率，还能有效避开传统金融领域中的竞争红海。通过推动绿色金融的发展，金融市场可以实现更高效的资金配置和更多元化的市场结构，进一步推动金融体系向可持续发展方向迈进。这一改革路径，不仅有助于解决当前金融市场存在的结构性问题，也为未来金融体系的稳定和发展奠定了坚实的基础。

第三节　绿色金融赋能经济高质量发展的路径

一、我国绿色金融的发展现状

（一）绿色金融政策体系初步建立

我国绿色金融的发展历程最早可以追溯到 20 世纪 90 年代。当时，中国银行等金融机构开始推出绿色信贷服务，重点支持环保、节能等领域的项目。2015 年 9 月，国务院颁布《生态文明体制改革总体方案》，首次提出“建立绿色金融体系”的目标与要求，这是官方文件中第一次出现“绿色金融”概念。2020 年 10 月，党的十九届五中全会再次强调要“发展绿色金融”。2021 年 10 月，中共中央、国务院印发《关于完整准确全面贯彻新发展理念做好碳达峰、碳中和工作的意见》，“双碳”“绿色金融”成为国家重点发展的领域。在 2023 年中央金融工作会议明确提出做好绿色金融等五篇大文章之后，2024 年央行等多部委连续发布了《关于进一步强化金融支持绿色低碳发展的指导意见》《关于银行业保险业做好金融“五篇大文章”的指导意见》等文件，对绿色金融支持绿色低碳发展提出了顶层指引及具体要求，推动绿色金融发展走向体系化、规范化、规模化。

（二）绿色金融产品和服务不断丰富

目前，我国已初步构建涵盖绿色贷款、绿色债券、绿色保险、绿色基金、碳金融产品等在内的多层次绿色金融产品体系。根据中国人民银行数据，截至 2023 年末，我国本外币绿色贷款余额 30.08 万亿元，居全球首位，7 年间的年均增速保持在 20% 以上；我国境内贴标绿色债券累计发行规模超 3.4 万亿元，在过去七年里，新发行绿色债券的年增长率平均保持在 20% 左右。设立国家绿色发展基金和七省（自治区、直辖市）十地绿色金融改革创新试验区，在北京市密云区、河北省保定市等 23 个地方开展气候投融资试点。碳排放交易市场平稳有序推进，排污权交易试点进展顺利，重启全国温室气体自愿减排交易市场，建立生态环境导向的开发（EOD）模式和生态环保项目储备库，鼓励发展绿色股票、绿色信托、绿色租赁等，有效实现了环境要素市场定价功能。我国绿色金融发展走在国际前列。

（三）环境信息披露取得积极进展

《企业环境信息依法披露管理办法》《企业环境信息依法披露格式准则》《金融机构环境信息披露指南（试行）》等文件印发实施，对环境信息披露主体、内容和时限等作出了明确要求，鼓励金融机构逐步披露相关环境信息，主动参与制定和试用全球可持续信息披露标准。统筹美丽中国建设和经济社会发展总体形势，努力构建并打好“环境信息依法披露 + 环保信用 + 环境保护综合名录”等政策“组合拳”，协同有力推动经济社会绿色低碳转型升级。

（四）我国绿色金融的发展还得到了国际社会的广泛认可和支持

我国积极参与国际绿色金融合作与交流，与多个国家和地区建立了绿色金融合作关系，共同推动全球绿色金融的发展。我国还积极推广绿色金融理念和经验，为全球绿色金融的发展贡献了中国智慧和中国方案。

二、我国绿色金融发展面临的主要问题

（一）绿色金融产品供给结构不均衡，绿色信贷占比高

我国绿色金融供给以银行间接融资为主，绿色信贷是主体。截至 2024 年二季度末，绿色信贷余额达到 34.8 万亿元，占绿色金融总规模 90% 以上。绿色债券、绿色发展基金、绿色保险和碳金融产品规模较小，占比较低，以银行绿色信贷为主的绿色金融供给，限制了金融机构为不同类型、不同生命周期的绿色项目提供包括长期股权融资、风险对冲工具等全方位、定制化绿色金融服务的能力。这种结构，一方面在商业银行资本补充渠道受限的情况下，资本充足率约束将对绿色信贷持续增长形成制约；另一方面大部分绿色项目投资周期较长，银行贷款的资金来源平均负债期限较短，资金的期限错配，也会给银行带来流动性管理压力。因而，以银行间接融资为主的绿色金融产品供给影响绿色金融的可持续发展。

（二）绿色金融的参与度在中小金融机构、中小企业间分布不均

我国绿色信贷发展主要由大型银行开展，中小银行等金融机构参与度低；

绿色金融供给主要向大型企业、大型项目聚集，而本地化、特色化、小型化绿色项目融资能力较弱。截至 2023 年末，国有商业银行、开发性金融机构、股份制银行绿色信贷余额合计占据银行绿色信贷总余额的 89% 左右，其他中小银行占比仅为 11% 左右。绿色信贷投放主要集中在绿色交通、可再生能源和清洁能源、战略性新兴产业等大型项目中，其中铁路运输项目与城市轨道交通项目占比在 40%—50%，与国家政策导向有一定的偏差。

绿色项目融资具有不确定性和复杂性，金融机构在绿色项目认定、风险评估标准、风险评估技术和风控措施等能力上存在较大差异。大型金融机构具有专业优势、资金成本和项目资源优势，出于投入产出比考虑更愿意进入能快速拉动规模的类基建项目，中小银行同时由于资本约束，对长期绿色项目投入意愿也较低。在项目的选择上，绿色金融概念相对较新，绿色金融的准入标准复杂，中小企业缺乏对绿色金融政策与产品的了解，导致了本地特色化、小型化绿色项目的需求不旺盛。

（三）“纯绿”项目增量资源有限，绿色金融需与转型金融融合

随着绿色金融规模进入 40 万亿，绿色交通、绿色建筑等大型“纯绿”项目资源变得稀缺，项目搜寻成本上升，纯绿项目价格竞争加剧。由于 LPR 利率下行，大型项目通过非绿色金融方式的融资成本也下行，部分企业绿色债券发行利率不具有竞争力，未来绿色金融规模增速受限。“纯绿”经济活动占我国 GDP 的比重只有 10% 左右，但接近 90% 的经济活动有潜在的低碳转型需求，尤其是在钢铁、水泥等传统领域。从中长期来看，低碳转型活动对转型金融服务的需求将会大于对“纯绿”产业服务的需求。

但是，开展转型金融业务的难度要明显大于开展传统“纯绿”金融服务。特别是在有效甄别合格的转型活动、强化以温室气体排放为核心的信息披露能力建设、规划与落实碳中和计划等方面。如果甄别标准、判断能力不到位，很可能在业务拓展时面临更多的“洗绿”和“假转型”风险。因此，金融机构与企业的能力障碍成为制约转型金融发展的主要挑战。

（四）绿色项目信息不对称性高，“漂绿”监管难度依然较大

企业缺乏规范、统一的环境相关信息披露要求，碳排放数据来源受限、计算方式不统一，金融机构在进行风险评估和决策时依然面临数据不充分、不准确的问题。影响了金融机构对绿色项目“漂绿问题”的评估和监督。信

息披露需要企业和金融机构投入大量专业人力和财力，包括数据收集、整理和报告的成本，中小企业在进行环境信息披露时，面临较大的成本压力，导致许多企业不愿意或无能力披露必要的环境信息，无法达到金融机构的信批要求，影响了绿色金融的推进。

（五）金融支持数字技术赋能绿色低碳发展领域存在不足

目前，我国在金融支持数字技术赋能绿色低碳发展领域存在一些问题，一是数字技术赋能绿色低碳转型的金融支持场景不够清晰，二是中小企业对数字技术赋能绿色低碳转型的认知不足，三是针对关键底层数字技术的投资偏少，长期可能制约数字技术赋能绿色低碳转型的能力，四是针对性的信贷产品仍然较少。

三、推动绿色金融赋能绿色产业发展的路径

（一）多元化转型升级绿色金融体系的供给结构

目前，以绿色信贷为主的绿色金融供给体系有诸多的弊端，为此，应多元化转型升级绿色金融体系的供给结构。一是增加直接融资供给。未来直接融资可重点发展绿色债券、可持续政府债券、绿色信贷资产证券化、各类可持续债券、绿色发展基金和转型基金以及绿色股权融资领域。应制定政策资本市场，鼓励企业发行绿色债券、绿色股票，支持绿色产业发展；二是优化间接融资体系。创新绿色信贷产品，为绿色企业提供差异化、个性化的融资服务，针对不同行业、不同规模的绿色企业，推出符合其需求的信贷产品，同时提升气候韧性的信贷需求，发挥开发性金融机构在绿色金融发展中的作用。三是大力发展绿色保险。有效发挥商业保险和社会保险的风险分担作用，引导保险资金积极进行资产配置，提升参与绿色融资的广度和深度，推广绿色保险产品，为绿色产业和企业提供风险保障，如环境污染责任保险、气候保险等。

（二）完善对各类型金融机构的绿色金融、转型金融考核机制

激励约束考核机制是绿色创新产品市场发展的指挥棒。当前我国围绕商业银行的绿色金融相关评价体系已相对成熟，2021 年，中国人民银行发布《银行业金融机构绿色金融评价方案》，明确了对银行业金融机构进行绿色

金融评价的实施原则、覆盖的业务范围、实施责任主体及被考核对象、评价周期、数据来源、评价指标及方法、评价结果的应用场景等内容。评价结果纳入央行金融机构评级等中国人民银行政策和审慎管理工具。

目前，中国人民银行正在牵头制定国家层面转型金融标准，确定了转型金融标准基本原则，部分地方转型金融标准也已落地实施。未来，应继续建立健全我国转型金融标准。一是发挥国家标准在转型金融发展中的基础作用。二是加快推动全国性转型金融标准落地实施，滚动式进行更多行业转型金融标准的研制。三是鼓励各地因地制宜制定地方性转型金融标准，逐步统一标准制定规范，适时将基础较好的地方性转型金融标准上升为全国性标准。四是加强财政金融政策支持，为转型金融标准落地创造良好环境。

绿色金融、转型金融评价标准制定后，广泛地应用于银行、证券、基金、资管、信托、保险等金融机构，金融监管部门通过加大考核评价力度，进一步强化金融机构向绿色低碳领域配置资源的动力和能力；应提高对中小金融机构推动本地特色化绿色项目的绩效评价权重，从“重量”到“重质”，推动绿色金融供应主体向多元化发展。

（三）推进碳核算和相关信息披露制度，为转型金融创新创造条件

加速推动低碳转型金融的发展，将为绿色金融带来新的需求、新的活力。助力转型金融的发展，一方面应加速建立相对完善的碳核算与信息披露制度，尤其是企业、项目和产品层面的碳核算与信息披露制度；另一方面需加速推进可持续挂钩金融工具的创新。

应加速推进碳核算体系建设与实践。2022 年 8 月，国家发改委等联合发布了《关于加快建立统一规范的碳排放统计核算体系实施方案》，人民银行发布的《金融机构碳核算技术指南（试行）》为金融机构碳核算打下了一定基础。《关于进一步强化金融支持绿色低碳发展的指导意见》将推动金融机构碳核算放在了突出位置，未来金融机构应加速推进银行与企业的碳核算实践。

据国际金融协会（IFF）数据显示，截至 2024 年一季度末，全球可持续发展挂钩贷款余额已达 1.18 万亿美元，而我国境内市场贴标转型债券累计发行规模合计仅 1732.4 亿元，未来发展空间巨大。因此，应大力发展低碳转型挂钩债券，在挂钩的关键绩效指标（KPI）设置方面，初期阶段可将清洁能源

装机规模和能效相关指标设置作为主要挂钩指标，后一阶段再将碳核算数据纳入相关挂钩指标中。

（四）利用数字技术手段，构建产融对接平台

数字技术不仅能直接赋能各产业节能减排，也间接通过促进绿色金融发展，支持经济绿色低碳转型。在对绿色金融和转型金融发展至关重要的碳核算、环境信息披露、金融工具开发使用、气候相关金融风险防范等领域，数字技术都可以大显身手。

借助大数据、区块链等数字技术手段，搭建绿色金融产融、转型金融对接平台，降低投融资信息不对称问题，实现绿色融资需求与绿色资本供给的精准对接，赋能绿色项目产融对接，提高金融机构服务效率及企业融资成功率。建议各地方政府、地方金融办可基于《绿色低碳转型产业指导目录（2024年版）》盘点本地的绿色产业与低碳转型相关产业，构建绿色产融对接平台应用场景。具体可包括：①绿色项目与绿色企业识别与认证的平台，建成绿色企业库和绿色项目库，降低金融机构寻找和认定绿色企业和绿色项目的成本。②本地化绿色金融产融对接平台。本地企业在产融对接平台进行绿色融资需求，发布绿色企业与绿色项目需求。金融机构获得绿色项目融资需求信息，进行绿色金融产品推介、促进绿色企业和项目的金融服务对接。③组建省级绿色金融产业数据、绿色金融数据共享平台，提供绿色数据查询和共享服务，促进绿色产业与金融机构之间的数据交流和共享。

（五）强化信息合规披露，加强对“漂绿”风险的监管

2024 年 4 月，三大交易所发布《上市公司自律监管指引——可持续发展报告（试行）》，5 月，财政部发布《企业可持续披露准则——基本准则（征求意见稿）》，标志着我国统一的可持续披露准则建设拉开序幕。企业公开透明地披露其环境影响和碳排放数据，将为金融机构和投资者提供准确的决策依据。根据指引，上市公司应披未披、假大空、数据不准确乃至造假，未来都将面临法律合规风险。鉴于准则体系建设周期较长，建议由相关部门、地方财政部门根据实际需求制定针对特定行业或领域的信息披露指引等，未来逐步调整完善。

此外，还需要根据相关标准，加强对“漂绿”行为的处罚和追责，提高违规成本，形成有效的威慑。金融机构也需要提高自身的风险识别和管

理能力，加强对项目的环境风险评估，避免资金流向“漂绿”项目。通过这些措施，可以有效防范和减少“漂绿”风险，保障绿色金融市场的健康发展。

为激励中小企业对可碳排放等数据的信息披露，财政部门可对中小企业进行环境信息披露补贴，减轻其信息披露负担，鼓励其主动进行环境信息披露。针对信息披露优质、募集资金流向环境效益显著的项目，应给予阶梯化财政奖励。

（六）多方采取措施，提高中小企业的绿色金融参与度

提升中小金融机构与中小企业对于绿色金融投融资服务的专业性。鼓励行业协会选择具有代表性的绿色金融示范项目，进行案例分析、推广和宣传，带动市场发展。金融机构还存在绿色金融业务流程较为烦琐、识绿及风险鉴别能力有待提高等问题。为此，一方面，推动金融机构加强与第三方评估认证机构的合作，细化绿色项目评估认证要求，借助金融科技手段简化非必要的绿色金融流程；另一方面，加快中小金融机构设立绿色金融专门业务条线，加大绿色金融专项人才储备，利用科技加数据管理手段降低绿色项目“漂绿”风险和违约率。

政府可以通过制定优惠政策、提供财政补贴、建立风险补偿机制等方式，鼓励金融机构为中小微企业提供绿色金融服务。金融机构需要加强绿色、低碳金融产品和服务的创新，开发适合中小微企业特点的绿色低碳信贷、基金、保险等产品，降低中小微企业获取绿色、低碳金融服务的门槛。还需要加强绿色、低碳金融知识的普及和教育，提高中小微企业对绿色、低碳金融的认识和参与度，激发它们的转型动力。

第五章　普惠金融赋能经济高质量发展

第一节　普惠金融概述及其基本框架

普惠金融（Inclusive Financing）是联合国于 2005 年提出的概念，其关键在于把被传统金融服务忽略的群体纳入服务范围，具有极强的包容性，因此，普惠金融可以理解为包容性金融。普惠金融是经济、金融发展到一定程度的必然产物，关乎国计民生。发展普惠金融不仅有助于提升金融资源配置和供给的公平性，还有利于解决金融供给与消费者不断提升的金融服务需求间的不协调问题，进而提升金融服务实体经济的能力。在我国，发展普惠金融已成为全社会的共识。

一、普惠金融概述

（一）普惠金融的概念界定

目前，普惠金融的概念界定有两个层面：一是基本概念，从实践层面上、以金融服务或产品为视角的界定。比如，国务院《推行普惠金融发展规划（2016—2020 年）》中的界定：普惠金融是指立足机会平等要求和商业可持续原则，以可负担的成本为有金融服务需求的社会各阶层和群体提供适当、有效的金融服务。二是理论概念，以金融发展和金融福祉分配为视角的界定。普惠金融论是一门研究金融发展与金融福祉的经济理论。具体而言，它是以金融福祉分配的公平合理为原则，对金融发展的演化路径及其“优劣”予以分析和评价的经济理论。

（二）普惠金融概念的变迁

尽管距离普惠金融概念的正式提出仅十几年的时间，但其理念和思想渊源由来已久，最早可追溯到千百年以前合会（ROSCA）的出现。民国时期，民间合会作为一种古老的民间资金聚集和融通的方式开始在中国盛行，主要在广大农村和小城镇地区流行，成为当时乡村金融和民间信贷的重要组成部分。这便是早期最朴素的人与人之间的“互助行为”和“民间信用”的起源。民间合会虽然属于非正规金融组织，存在着操作随意性大等问题，但对当时的农村经济发展起到了巨大的推动作用。

随着工业化、信息技术的发展，金融业开始步入新的发展阶段。20 世纪 90 年代，受亚洲金融危机冲击，经济萧条迫使银行纷纷将关注点放在“价值最大化”上，进入“为质量而战”的竞争中。尽管如此，它们仅为有影响力、有权利的群体提供金融服务，却将弱势群体排除在服务半径之外，甚至关闭了农村及偏远地区的部分分支机构，进一步加重了该地区的金融服务匮乏，因而产生了金融排斥[①]（Financial Exclusion）现象。

目前，金融排斥仍无处不在。金融弱势群体由于现有资产较少、抵押品不足、必要的社会关系缺乏，即便拥有良好的预期偿付能力，也会被正规金融体系拒之门外。金融排斥的存在不仅会降低金融市场资源配置效率，还将导致金融风险的积聚和膨胀，威胁金融体系稳定性，阻碍经济发展和社会进步。为了实现金融的包容性发展，联合国在 2005 年“国际小额信贷年”正式提出了普惠金融（Inclusive Finance）概念。在此之前，已存在小额信贷、微型金融等形式，学者普遍认为它们是普惠金融的前身。

1. 从小额信贷到微型金融的拓展

小额信贷是为贫困群体和微型企业提供小额贷款的一种金融服务，旨在改善这些群体的生产和生活条件。与传统银行贷款不同，小额信贷的特点包括贷款额度较小、不需要担保或抵押，并且通常与扶贫项目结合。这种金融服务最早起源于 20 世纪 70 年代，由孟加拉乡村银行、拉美行动国际以及印度自我就业妇女协会等机构推动。小额信贷在第三世界国家逐渐获得普及，采用了小组联保和分期还款等机制来管理信贷风险，并促进了经济发展。

随着贷款需求的不断增长，传统小额信贷面临着资金不足的问题。为了应对这一挑战，相关机构开始通过动员储蓄等方式来扩大信贷来源。小额信贷也在经历向发展性微型金融的过渡，以适应不断变化的金融需求。这种转变不仅体现了小额信贷在应对贫困和经济发展方面的重要作用，也反映了其在满足日益多样化金融需求中的适应性和创新性。

---

① 金融排斥也称金融排除或金融排斥性，是指在金融体系中人们缺少金融服务的一种状态，包括社会中的弱势群体缺少足够的途径或方法接近金融机构，以及在运用金融产品或金融服务时存在诸多困难和障碍。

小额信贷通过创新的信贷技术帮助贫困群体改善生活条件，并推动经济发展，但随着需求的增加和资金来源的问题，传统小额信贷正逐渐转变为微型金融，以满足多样化的金融需求。

2. 从微型金融到普惠金融的进阶

随着新型小微信贷技术的逐步优化和信贷体系的日益完善，小微信贷的服务范围不断扩大，成功实现了商业可持续，同时也推动了微型金融的形成和发展。20 世纪 90 年代，世界银行扶贫协商小组（Consultative Group to Assist the Poor，CGAP）[①] 首次在小额信贷的基础上提出了微型金融这一概念，并将其在全球推广。

根据国际通行的定义，微型金融是针对贫困、低收入群体和微型企业建立的金融服务体系，涉及小额信贷、储蓄、汇款和小额保险等，甚至还具备培训、教育等社会功能。微型金融的服务对象为无法在正规金融机构获得服务的低收入群体，主要包括贫困人群和在经济上较为脆弱的弱势群体。在农村包括小农场主和从事低收入劳动的群体，在城市包括小企业主、零售商、服务提供者等。值得注意的是，微型金融的服务群体虽是贫困群体，但通常具有持续、稳定的收入来源和较好的偿付能力，始终不包括无收入来源的极度贫困人群。

微型金融是小额信贷机构业务多样化和持续化发展的结果，作为经济体的“毛细血管”，它为缺乏足够金融选择权的群体提供服务，调剂了资金余缺，化解了农民、小商贩、小企业主等弱势群体的流动性风险。随着越来越多金融机构涉足微型金融，服务受众持续扩大，微型金融逐步融入主流金融体系。由此，“普惠金融”取代了“微型金融”，更准确地定义了多层次、广覆盖、差异化的金融体系。普惠金融不再停留在提供小额信贷或是微型金融的阶段，而是全面进入商业化运作阶段，提供的服务趋于网络化和移动化，进入了涵盖信贷、存款、支付、汇款、保险和典当等业务的综合性金融服务阶段。

3. 小额信贷、微型金融与普惠金融的关系

从最初传统的小额信贷，逐渐发展为微型金融，再到普惠金融体系的建立，服务对象从农村和偏远地区的贫困人群，到更大范围的弱势群体和小微企业，最后到有金融需求的每个人，服务半径不断扩大延伸、服务内容不断

① 世界银行扶贫协商小组是国际上致力于研究和推广微型金融的权威机构。

充实、普惠程度不断提高，反映了对金融服务理念的逐步加深，是金融体系发展、完善和深化的过程。它们都是基于一个共同的目标，即为传统金融体系排除在外的群体和小微企业提供信贷支持和其他金融服务，降低他们在面临困难和危机时的“脆弱性”。

传统小额信贷强调客户的精准性，具备一定的“扶贫功能”和“慈善性质”，旨在满足弱势群体的资金需求，却对自身机构的可持续发展关注不足。随着小额信贷向微型金融过渡，银行等金融机构开始提供小额信贷和其他金融服务时，才逐渐演化成我们今天所熟知的普惠金融。普惠金融强调贷款的回收性，强调金融机构的可持续性，强调金融服务的覆盖面，强调金融功能的发挥和金融体系的完善性。

普惠金融体系框架是在传统小额信贷、微型金融基础上建立并将其延伸和深化的成果，三者紧密相连、密不可分。普惠金融延续了小额信贷的扶贫理念和微型金融的服务内容，进一步扩大服务半径，向更贫困的群体和更边缘的地区推进金融服务、开放金融市场，赋予社会弱势群体获得金融服务的权利，实现所有人平等享受金融服务的美好愿景，旨在为每个人提供公平、充分发展的机会，满足对美好生活追求的需要。

（三）发展普惠金融的必要性

目前，中国经济和社会发展到一定程度，尽管人民生活水平在总体上有了显著提高，但仍存在金融服务供给不足、供给结构不合理等问题，阻碍社会公平正义目标的实现。

由于信息不对称、缺乏抵押品导致信用风险较大，居住地偏远、交易额小等导致交易成本高，小微企业、农民、城镇低收入人群、贫困人群、残疾人、老年人等弱势群体常常被传统金融拒之门外。这些被排斥于正规金融体系以外的个体也存在金融需求，且其中大多数个人和企业具有良好的信用，但由于种种原因，在传统金融体系下其需求往往无法得到满足，难以充分享受金融服务。

普惠金融的出现，正是为了打破这一困境。它致力于将金融服务覆盖到每一个有需求的个体，无论其经济状况、地理位置如何，都能享受到便捷、高效的金融服务。这不仅有助于提升弱势群体的经济能力，促进他们的全面发展，更是实现社会公平正义、共同富裕的重要途径。

在中国式现代化的进程中，普惠金融的发展具有不可替代的作用。它能够促进金融资源的均衡配置，推动城乡、区域协调发展，为全面建设社会主义现代化国家提供有力的金融支撑。普惠金融的发展还能激发市场活力，推动金融创新，为经济发展注入新的动力。

（四）普惠金融的服务对象

普惠金融旨在为其提供便利、可负担、可持续和安全可靠的金融服务，其服务对象涵盖所有阶层，特别是被排斥在正规金融门槛以外的弱势群体，主要包括两类：一是小微企业，二是个人弱势群体。

1. 对小微企业的扶持

小微企业是小型企业、微型企业、家庭作坊式企业、个体工商户的统称。它是国民经济体中不可或缺的一个重要组成部分，在增加就业、活跃市场、改善民生、促进经济结构调整方面发挥着不可替代的作用。在中国，小微企业是国民经济的重要支柱和社会就业的主要渠道，更是促进经济增长的中坚力量和经济结构调整的重要载体。

但是，小微企业的融资困境是世界各国普遍面临的难题，尤其在传统金融体系下，小微企业“融资难”问题突出。这主要是由小微企业的企业特征所决定的，其根本原因可归结为四个方面。

一是缺少抵押物。通常，小微企业人员数量较少、资产规模较小，经营场所和设备等固定资产主要以租赁或租购方式获得，且小微企业的核心竞争力往往在于知识产权、品牌价值等无形资产，固定资产占比较低，缺乏可用于抵押、质押的固定资产。

二是硬信息[①]缺乏。由于小微企业基于财务数据的硬信息不足、财务信息透明度较低，导致其与金融机构间的信息不对称程度较高，从而获取信贷的成本也更高。

三是单笔贷款额度较小。相较于大中型企业，小微企业的单笔贷款额度较小，银行等金融机构在发放信贷时往往需要持续地在贷前、贷中、贷后对其进行一系列调查、监督和检查，致使为其提供信贷的人员成本和机会成本明显高于大中型企业的信贷。

---

① 硬信息是指可以以数字定量表示的信息，这是相较于软信息而言的。软信息是指难以实现数字化、需要在特定的语境下才能充分理解，且其价值难以独立于生产软信息所在环境而存在的信息。

四是风险抵抗能力较弱。大多数小微企业处于竞争程度较高的行业，易受市场环境、国家政策以及经济周期性波动影响，风险抵抗能力相对较弱，企业生命周期较难预测，进一步加大了其信用风险。

以上原因共同决定了小微企业较高的信用风险和信贷成本。在传统金融体系框架下，金融机构更偏向于将资金提供给硬信息充分、固定资产占比较高、信用风险较小的大中型企业和国有企业，小微企业难以及时获得资金支持，即存在“信贷配给”[①]现象。

2. 对个人弱势群体的帮助

个人弱势群体主要包括“三农”主体、城镇低收入人群、贫困人群、残疾人等。

解决好“三农”问题、促进农民收入增长对经济发展和社会稳定具有重要作用。而农村金融发展是农民收入增长、农村经济发展的重要前提和条件，农村居民的资金借贷行为很大程度上左右着其收入的增长速度和增长潜力。由于此前“以农补工”的发展战略造成中国农村基础设施落后，以及农村金融服务的“成本高、风险高、效益低”特征，因此农村成为中国金融服务体系中最薄弱的环节。

在长期政策推动农村金融制度变迁的过程中，政府行政干预色彩较强，农村金融主体始终处于被动地位，配合参与政府政策的实施。正规金融机构的商业化改革要求以及金融机构的利润最大化目标，使银行等大多数金融机构将资金投向风险低、利润率高的城镇地区，而非风险客观存在的农村地区。在传统金融体系下，实行严格风险控制、追求收益的市场化金融体系很难真正扎根农村、服务“三农”，农村金融问题突出。

类似地，城镇低收入人群、贫困人群、残疾人、老年人等弱势人群同样是在传统金融体系下被忽视的群体，其金融供给不足，被排斥于正规金融之外。总体来看，在正规金融体系下，为弱势群体提供金融服务的高成本、高风险导致了其金融服务供给不足。普惠金融便是基于这一现象，从根源上寻

① 在市场利率随信贷需求上升时，拥有更高风险项目的企业家更愿意借款，金融机构面临的贷款损失风险就更高。因此，贷款人在提高利率扩大放款时，需要权衡两种效应：由于利率提高而扩大信贷量在无违约状态下增加收益的效应，以及违约概率亦随之上升的破产成本效应。贷款人收益最大化时，二者边际值相等。由于金融机构鉴别项目质量需要成本，故无法对借款人收取不同的利率价格。如此，金融中介就会采取非价格机制来控制和减少风险，导致企业家在均衡利率水平上的意愿借款数量，即信贷配给可能得不到完全满足。

找解决路径、探索解决方案，打破政策性、制度性障碍，将金融服务向更偏远、更贫困的群体拓展，为社会各个阶层都能获得其所需的金融服务、享有公平合理的金融权利而努力，打通金融服务的“最后一公里”。

（五）普惠金融的关键要素

深入理解普惠金融的定义离不开对其关键要素的把握。本书主要参考并沿用较为公认、权威的2019年世界银行和中国人民银行联合撰写的报告——《全球视野下的中国普惠金融：实践、经验与挑战》中关于普惠金融关键要素的定义，并结合著者理解，将其确定为：可获得性、合适性与多样性、安全性、可持续性。

1. 可获得性

金融产品与服务的可获得性是普惠金融的关键驱动因素，也是解决金融供给不充分、不平衡的主要着力点。可获得性是指消费者可以便捷地获得所需的金融产品和服务。具体而言，消费者在物理上能够充分接近各类金融服务设施，包括分支机构、代理点、自动取款机（ATM）、其他网点及设备，便捷地选择和使用金融产品及服务。当然，随着数字金融的发展，远程服务渠道也成为获取金融服务的重要媒介，从技术层面推动金融服务的普及，增强金融服务的可获得性。

金融服务的可获得性是大部分消费者选择金融服务的主要因素。可获得性的缺乏会为弱势群体带来高额的交易成本，包括交通费等直接成本和时间花费等间接成本，使金融产品无法充分发挥作用和价值，导致正规金融产品和服务的低使用率。在许多国家和地区，金融机构主要根据经济效益决定其设立分支机构和网点，带来了农村、贫困和偏远地区金融服务提供者的缺位，直接导致弱势群体金融服务可获得性的严重缺乏。

为解决农村、贫困和偏远地区金融服务可得性不足，提高这些地区金融服务可获得性，各国都做了尝试性探索，并取得了一定成效。一是建立专门服务于上述金融弱势群体的金融机构，如中国的村镇银行。与传统商业银行不同，这些机构主要针对农村和低收入群体，为其提供低成本的简单金融服务。二是超越实体网点局限，建立无实体网点的服务设施。从出现最早、普及度最高的自动取款机（ATM），到中国、印度尼西亚、马尔代夫等国的船载银行、摩托车银行、汽车银行，到越南的移动自动取款机，再到印度、俄罗斯等国具有支付功能的售货亭等，都无须投资兴建、运营全功能的传统金融机构网点。三是利用第三方代理机构的代理模式。代理模式作为一种新兴模式近年来发展迅速，已成为中国普惠金融取得成功的一个关键推动因素。该模式主要依靠便利店、邮局、超市等作为金融服务提供方的代理机构，通过 POS 机、移动运营设备为消费者提供金融服务，在巴西、中国、印度、秘鲁等国被广泛运用。这种模式主要利用了覆盖农村和偏远地区的零售基础设施，从而降低交易成本，拓宽金融服务半径。

以上这些有益尝试在一定程度上提高了金融服务的可获得性，但仍存在诸多问题需要解决。

一是成本收益问题。虽然这些新模式相较于传统物理网点成本更低，但从整体角度看，成本收益问题突出，普遍存在收益无法覆盖前期投资和后期运营成本的情况。

二是服务体系不完善。专门针对弱势群体的金融机构虽然在农村、偏远地区普及和推广金融服务方面起了重要作用，但从消费者角度看，其便捷性、产品提供、渠道功能和运营质量方面仍无法与传统正规金融机构相比，再加上高进入壁垒、法律法规、监管等因素的限制，提供的金融产品和服务十分有限。

三是数字金融的局限性。数字金融仍无法完全替代传统金融。随着数字金融的发展，智能手机、计算机等设备已成为金融服务的重要媒介，促进了消费者在与金融服务提供者现有关系的基础上更便捷地使用金融产品，也提供了更便利的产品使用平台，但无法完全替代消费者与金融服务提供者间的面对面交流，尤其对于首次接触正规金融体系的消费者。

2. 合适性与多样性

普惠金融体系的建立离不开一系列符合其客户特征的、合适且多样化的金融产品和服务。这里的合适是指合理设计一系列低成本、可获得性较高的金融产品和服务，使之能满足消费者的需求，特别是那些无法获得金融服务或获得服务不足的金融弱势群体的需求。产品与服务的合适性涉及多个方面，包含可负担、便捷、与需求相匹配、安全、维护客户尊严和保护客户权益。

对于普惠金融服务的推广和普及，设计合适的产品是核心。它有助于金融服务的获取和使用，从而将更多原先无条件享受正规金融服务的弱势群体纳入服务半径。传统金融产品难以较好地满足低收入、贫困群体和小微企业的需求。对他们而言，迫切需要简单、低成本的产品和服务，如基础性银行账户，专门针对小微企业以商誉、联合担保等代替传统抵押物的微型信贷等。只有深入了解其所服务客户的需求和偏好，才有可能设计出与其所服务客户相合适的产品。

合适的产品设计除了需要考虑消费者需求和偏好外，还需考虑所提供产品和服务的便利性与可负担性。对于消费者来说，便利性是指其获得和使用该金融服务是否方便快捷，这既与物理上的可获得性有关，也与是否能及时获得所需服务（流程烦琐程度）有关。对弱势群体而言，获得金融服务的成本尤为重要。只有提供适合于弱势群体、在其可负担范围内的服务，才能真正有效缓解弱势群体金融供给不足的问题。

除了合适的产品设计外，合适性还意味着为消费者提供最适合其自身特点的产品和服务。例如，老年人等弱势群体的风险承受能力相对较弱、经济脆弱程度较高，金融机构在为其提供服务时需帮助其选择风险承受范围内的产品。

在基本金融需求得到满足的前提下，需要进一步关注产品和服务的覆盖面和多样性。除了最基本的存取、支付、借贷外，低收入群体也具有多样化的金融需求，他们的需求各不相同且种类繁多。为满足其货币存储、日常交易、借贷、风险管理、保险等各式各样的需求，也需为其提供一系列适合他们的投融资、理财、担保、征信、金融教育、权益保护等全方位的服务供其选择。

数字金融的发展极大地推动了金融产品和服务的多样化，科技手段的运用降低了金融机构关于金融产品、服务以及整个商业模式的创新成本。借助数字手段作为服务提供渠道，使金融机构更便捷、高效地覆盖更广泛的客户群体，丰富其金融产品和服务，同时也拓宽了服务半径。

3. 安全性

普惠金融的安全性由两个方面构成：一是保护消费者合法权益，二是维护整个金融体系的安全与稳定。

为保护消费者合法权益，需从以下两个方面做出努力。

第一，为保护普惠金融消费者的合法权益，必须要求金融机构负责任地向消费者提供金融产品和服务。保护普惠金融消费者权益要求金融机构清晰地披露产品信息和服务条款，做到公开透明，公平地对待每一位消费者，帮助消费者找到最适合的金融产品，防止过度营销等问题；建立起高效便捷的纠纷解决机制，使消费者在使用产品和服务的过程中权益免受侵害。一系列消费者权益保护措施的建立，有助于增强消费者对整个金融体系的信任感，特别是对于第一次接触正规金融的弱势群体。

第二，为更好地保护弱势群体权益，需加强消费者金融能力建设。金融能力是指消费者采取最符合其自身利益的金融行为的能力，与了解、选择和使用符合自身需求的金融服务密切相关，包括消费者的认知、态度、技能和行为。通常，弱势群体的金融认知水平和能力相对薄弱，而这也是其获得和使用合适的金融产品和服务的一大障碍。提高弱势群体金融能力，有助于其获取更合适的金融产品与服务。

此外，普惠金融的发展离不开安全、稳定的金融体系。为了实现普惠金融目标，在推进普惠金融发展过程中，需要强大的监管框架作为“安全网”，保证金融系统的安全、稳定发展。特别在当下，数字技术深度融合普惠金融，在数字技术为普惠金融发展带来新机遇、新思路的同时，也带来了潜在风险。因此，需要合理把握创新与稳定的关系，把安全和风险防范作为底线。针对金融风险的高隐蔽性、强传染性和快传播性，监管部门需相应地发展监管科技，增强监管的穿透性，建立起强大高效的监管网络，维护金融体系的稳定性。

4. 可持续性

在普惠金融的可获得性、产品与服务的合适性与多样性、安全性得到满足的前提下，普惠金融的长期发展还面临一个重要的问题，即如何构建一个良好的金融生态，使金融机构能够以可负担的较低成本、可持续地为金融供给不足的弱势群体提供产品和服务。

从普惠金融的服务提供方来看，金融机构并非慈善机构，而是以营利为目的，通过向公众提供金融产品和服务而开展经营的机构。正如前文提到的，普惠金融区别于传统小额信贷的一大特点就是它并非具有慈善性质，而是十分强调服务提供方（金融机构）的商业可持续性。为实现普惠金融的可持续发展，需关注以下三个方面。

第一，营造公平竞争、多元化的金融市场环境。在中国，商业银行，尤其是六大国有商业银行，在金融市场上占据着较大份额，是市场上主要的金融服务提供者。然而，仅靠这些大型商业银行难以满足所有弱势群体全方位的金融需求。需要营造公平竞争、多元化的金融市场环境，各细分市场主体，包括农商行、农村信用合作社、小额贷款公司、金融科技公司等各类型机构，充分发挥各自比较优势，共同为消费提供差异化服务，从而全方位、更有针对性地满足各类弱势群体不同的金融需求，促进普惠金融生态体系的多元化可持续发展。

第二，完善金融基础设施。信用基础设施（征信体系、担保交易体系、抵押登记）和全国性支付体系等金融基础设施的建立，能从根本上确保市场参与者间信息的有效流动。如前文所述，信息不对称和交易成本是阻碍缺乏硬信息的弱势群体获得金融服务的主要原因。完善的征信体系可全方位收集企业和个人的信用信息，大大降低信息不对称程度和交易成本。担保交易体系和抵押登记使企业得以利用其不动产和动产作为抵押物，获得投资和发展的资本，这有利于增强金融机构向弱势个人和小微企业提供金融服务的意愿，长期也保证了金融服务的可持续性。全国性支付体系避免金融机构在基础金融设施上的重复投入，有助于降低金融机构的业务成本，同时通过允许新进入者和非传统业务提供者接入此共享支付系统有利于降低进入门槛，促进市场竞争，从根本上助力普惠金融业务的可持续发展。

第三，以商业可持续为边界，处理好政府与市场的关系。政府在推进普惠金融服务弱势群体中起了重要作用，特别是在普惠金融发展的初期阶段，政府“有形的手”起了重要的助推作用。但是，随着普惠金融发展的逐步深化，有时政府的引导措施反而会扭曲市场，妨碍消费者福利最大化。比如，设置利率上限可能妨碍底层弱势群体的信贷可得性，不利于金融机构的持续经营；提供贷款补贴可能会养成消费者不良的还贷行为和习惯；过分强调大银行的作用不利于差异化市场形成等。政府和监管机构应致力于建立和维护好公平竞争、多元化的金融市场，在提供强大的金融基础设施和防范金融风险的监管体系基础上，不过多干预，将更多的自主权交给市场。

二、普惠金融的基本框架

（一）普惠金融的服务宗旨与原则

服务宗旨作为普惠金融发展的方针和指导思想，反映普惠金融的主要目的和意图，表明发展方向和价值理念。因此，普惠金融的服务宗旨应是相对宏观、长远、在一定时间内保持不变的，对普惠金融的发展起着方向性指导作用。服务原则是对普惠金融实施过程中各项活动起着制约作用的规则，应是具体且灵活的。原则的制定既要立足于宗旨，以政策和法律法规为依据，又要考虑现实的发展情况和发展趋势。宗旨的确定能保障原则不偏离正确的轨道，原则的实施又能促进宗旨的实现，两者相辅相成。

1. 普惠金融宗旨

普惠金融的宗旨是将传统金融体系排斥或服务不够的企业和人群都包容进来，为他们提供金融服务，最终形成一个包容性的普惠金融生态体系。因此，普惠金融应当围绕如何解决金融体系排斥问题开展和布局。

金融体系排斥主要体现在三个方面：首先，在服务客体上，社会弱势群体和小微企业较难从传统金融体系获得金融服务，繁杂的信贷审批要求和抵押担保条件将部分客户排斥在外。其次，在服务内容上，某些附加于金融产品的条件不适于部分客户的需求，导致这类客户无法获得日常所必需的多样化金融产品或服务，如储蓄、支付、信贷、保险等。最后，在排斥原因上，包括外部排斥和自我排斥。外部排斥是指金融机构的风险评估程序限制了客户获得金融资源，或因客户无力承担金融产品的价格而无法获得金融服务；自我排斥是指客户认为申请获得金融产品的可能性较小、被拒绝的可能性较大，从而将自己排除在金融服务范围之外。为解决金融排斥这一根本问题，普惠金融的开展应以以下方面为宗旨。

（1）增强金融服务价格合理性

价格合理性强调的是普惠金融的深度问题。普惠金融的发展需尽可能保障每一个人在有需求时都能以合适的价格享受到及时、方便、有尊严、高质量的各类型金融服务①，这就需要金融机构以可负担的成本为有金融服务需求的社会各阶层和群体提供适当、有效的金融服务。

（2）提高金融服务可得性

可得性强调的是普惠金融广度问题。金融可得性是指总人口中获得金融服务的人群占比，即客户在物理上能否充分接近各类金融服务设施（如分支机构、自动取款机和移动设备等），便捷地挑选和使用一系列金融产品和服务。影响金融服务可得性的主要因素有三个方面：经济主体获得合适的金融服务的能力、金融体系提供不同层次金融服务的能力和金融基础设施的完善程度。从金融服务需求方的角度看，地理限制、无法负担的金融服务成本、缺乏金融知识等因素会导致偏远地区的人群不便获得金融服务，或不知道如

① 周小川. 金融改革发展及其内在逻辑［J］. 中国金融，2015（19）：7.

何获得金融服务。从金融服务供给方的角度看，传统金融服务体系较高的门槛（如融资金额、客户资质、抵质押品等方面较严格的要求）也一定程度影响金融可得性。从金融基础设施的角度看，金融机构网点、自动取款机、智能化设备等物理网点作为金融服务实现的载体和渠道，其物理可得性的缺乏可能会带来高额的交易成本（如时间成本、交通成本）。

（3）提高金融服务多样性

普惠金融的服务多样性包括两方面：一是金融机构的多样性，要实现普惠金融，需要各类机构（包括大中型银行、地方法人金融机构、保险和担保机构等）多方面共同为客户提供金融服务；二是金融服务和产品的多样性，弱势群体的需求各不相同且较为复杂，贷款或支付等单一产品或服务可能无法满足其需求，因此在保障存、取、贷、汇、保险等基本金融服务可得的前提下，机构需进一步注重服务的多元性，包括投融资、理财、担保、支付、结算以及征信、金融教育、权益保护等全方位的服务体系。

（4）确保金融服务可持续性

普惠金融不是“慈善”金融，也不是政策金融。尽管普惠金融的目标是让弱势群体通过获得充分的金融服务，提升他们的经济地位，但以降低信贷标准、降低利率的方式运动式开展普惠金融，忽视市场原则，则会导致银行贷款不良率上升和风险加剧，使得银行甚至不愿意提供普惠金融服务。因此，普惠金融服务或金融产品的定价应既让弱势群体负担得起，又让金融机构成本可负担、商业可持续。这就需要金融机构内控严密、接受市场监督以及建立健全审慎监管；政府部门强化政策协同，营造良好的外部环境，建立覆盖面广、稳定可靠的金融和通信基础设施。

（5）提高公众金融素养

在推进普惠金融的过程中，既要满足金融服务需求方对产品和服务的需求，又要提升他们自身的金融能力。普惠金融不是一劳永逸的金融服务，其核心理念在于能力建设，通过为普惠群体提供广泛的金融知识和素质培训，让其掌握必备的金融技能，可以正确运用金融知识、科学使用金融工具，做出理性的金融消费和金融投资决策。金融知识普及教育不仅是完善普惠金融服务的重要手段，也是实现普惠金融最终目标的重要途径。

2. 普惠金融服务基本原则

普惠金融服务的基本原则应包括以下内容。

（1）有序竞争，错位发展，构建商业可持续的普惠金融服务模式

目前，中国的普惠金融发展仍存在资源错配现象，普惠金融产品同质化现象严重，缺乏个性化服务。这就需要健全多层次普惠金融组织体系，构建竞争有序的普惠金融供给格局；发挥大型银行、股份制银行的带头作用，鼓励和支持地方中小银行坚持服务当地、服务小微企业、服务城乡居民。大银行与中小银行应根据自身的业务经营特点找准各自在普惠金融服务中的定位和目标客群，向客户提供适宜的金融产品，做到有序竞争、错位发展，实现社会效益与经济效益的有机统一，保障普惠金融业务的可持续发展。

（2）客户保护，惠及民生，深化金融需求方适当性原则

客户处于普惠金融服务体系的核心位置，是普惠金融市场的重要参与者。加强普惠金融客户权益保护，对防范金融风险和维护金融稳定具有积极意义。因此，普惠金融的发展要以增进民生福祉为目的。从客户保护角度出发，避免过度营销和过度放贷，让社会各阶层能以合理的价格享受符合自身需求特点的金融服务与产品。从金融产品和服务的角度看，合适的金融产品和服务能够推动产品和服务的获取和使用，让更多无法获得金融服务和获得服务不足的群体进入普惠金融服务体系。从金融服务供给方的角度看，金融从业人员需具备了解并判断客户适合何种金融产品的能力，在向客户推销产品与服务时，以适合客户理解的方式解释所销售的金融产品和提供的金融服务，不推荐超出客户理解范围的产品。金融机构需对金融产品和服务的风险和专业复杂度进行评估，实行分级动态管理，进一步完善金融消费者风险偏好评估体系。从政府的角度看，监管机构有必要在法律上确立金融消费者适当性原则，督促金融机构能够从审慎经营的角度做到负责任定价、避免过度营销、避免过度负债和保护客户隐私。

（3）文化建设，夯实根基，建立系统性的普惠金融教育机制

金融知识教育不仅是客户能力建设的重要环节，也是对客户的一种预防性保护，已引起越来越多国家政府和国际组织的关注。普惠金融文化建设包括两个方面的内容。从需求方来看，很多弱势群体不是对金融抱有恐惧心理、怕有负债和负担，就是认为自己不需要贷款或其他金融服务。这就要根据普惠对象的特点和需求，为其提供差异化的金融教育并实现教育政策的适当倾斜，需要考虑的因素包括受教育对象的年龄、户籍、文化程度、经济状况等。当普惠群体的金融水平提升后，促使其通过运用学到的金融知识，有效管理日常金融活动，选择并使用适当的金融服务，可在一定程度上避免出现普惠

金融授信覆盖率高、使用率低的情况。从服务供给方来看，考虑到弱势群体和中小微企业信用信息缺乏、贷款不良率较高、获得贷款难度较大等，金融机构需通过培训来提升金融从业人员普惠金融服务意识，培育企业内部的普惠金融文化氛围，提升风险识别能力，提高小微企业和弱势群体申贷获得率和贷款及其他金融服务的满意度。

（4）科技赋能，提高效率，发展负责任的数字普惠

尽管在金融科技的助力下，普惠金融取得了积极进展，但由此引发的问题也应得到重视。一是客户的信息安全与隐私保护问题。客户在获取互联网金融服务的同时，必须向平台提供各类个人信息。在个人信息储存和传输环节，若对互联网平台权利边界界定不明晰，则容易造成平台对个人信息的商业利用与客户对其个人信息的有效控制之间的冲突，平台可能会过度采集客户信息，侵害客户的隐私权和知情权。因此，在客户信息数据获取方面，普惠金融服务供给方需保障客户知情权，收集数据时应合法合规，并事先获得信息主体人的授权；在数据使用方面，要避免客户个人隐私数据被泄露和滥用，不得将风险数据用于从事与服务内容无关的其他业务。二是“数字鸿沟”问题。部分中老年人、农户和偏远地区的群体不熟悉数字技术，可能更倾向于选择传统金融服务，因而被大数据和算法歧视排斥在外，无法获得金融科技推动下发展起来的新型金融产品和服务。因此，金融机构在数字化转型的同时，需要协调好“线上”和“线下”渠道，使线上产品和服务更友好。

（5）统筹规划，因地制宜，完善普惠金融顶层设计

普惠金融发展要立足于服务国民经济和深化金融改革的战略，远近结合，统筹兼顾。鉴于区域发展不平衡、人口趋于老龄化等基本国情，我国须进一步推动落实普惠金融与国家重大战略有机结合，实现金融资源在不同区域、不同群体之间的优化配置，注重优先解决欠发达地区和特殊群体的金融服务问题，鼓励现有金融机构在风险可控的前提下，向欠发达地区延伸服务，因地制宜地制定监管考核方案，逐步推动缩小地区差距。

（二）普惠金融的参与主体

在中国，普惠金融参与方主要有三部分：一是以银行、金融科技公司等为代表的普惠金融服务供给方；二是被排斥在传统金融市场外、无法通过正常途径获得金融服务的群体，即普惠金融服务需求方；三是政府。

1. 服务供给方

在我国，商业银行是企业主要的外源融资渠道。

（1）大型商业银行

国有大型商业银行一直以来都是我国银行业的中坚力量，在资金成本、渠道、产品服务及金融科技方面均存在一定优势。2017 年，在国家政策指导下，国有大型商业银行均成立普惠金融事业部，建立了“五专”[①]机制、内部考核激励和尽职免责机制。相对中小银行，大型银行的优势有三点：一是资金来源丰富、负债结构多样，有强大的资本实力和相对较低的筹资成本，能以较低价格提供服务；二是网点数量多、覆盖面广，能快速触及不同区域的客户；三是信贷技术和信息处理能力方面具有优势，更有条件在业务过程中融合金融科技，降低运营成本，实现规模效应。

（2）中小型商业银行

与国有大型商业银行相比，中小型商业银行组织架构相对简单。扁平化的组织结构能有效缩短服务流程，满足小微群体“短”“频”“快”的融资需求；经营机制灵活高效，利于探索和创新服务小微群体的业务模式，为客户提供差异化、个性化的产品与服务。中小型银行通常有本地经营的特点，其从业人员更熟悉当地地域文化，有利于聚焦客户，发展关系型借贷，并与当地客户建立长期的合作关系，能更好地服务地方经济，实现共赢。

（3）农村金融机构

中国农村金融机构可以分为三类：以农业发展银行为代表的政策性银行、以农业银行为代表的国有商业银行、以农村商业银行为代表的农村中小金融机构。中国农业发展银行是中国唯一的农业政策性银行，它以国家信用为基础筹集资金，开展农业政策性金融业务，为农业产业相关企业提供融资服务，它不提供个人业务。中国农业银行、农村商业银行、村镇银行、农村资金互助社等都属于涉农持牌金融机构，主要是按照商业原则依据监管部门核定的业务范围为“三农”提供各类农村金融服务。其中，农村资金互助社是经银保监会批准，由乡（镇）、行政村农民和农村小企业自愿入股组成的社区互助性银行业金融机构，主要为入股的社员提供存款、贷款、结算等基础金融服务。

① “五专”是指专营机构、专业合作、专属产品、专项政策、专门风控。

（4）金融科技公司

金融科技公司主要指互联网银行[①]和金融机构技术服务商（对金融机构进行技术输出或与金融机构合作）。信息技术的进步降低了信息搜集以及处理企业软信息的成本，随着信息技术的升级，互联网金融等创新型金融服务模式盛行。金融科技在金融服务中的应用，使得金融服务供给方能以较低的成本创新金融产品和服务，以便捷的方式覆盖更广泛的弱势群体。中国人民银行 2019 年印发的《金融科技发展规划（2019—2021 年）》明确提出：加强人工智能、移动互联网、大数据、云计算等科技成果运用，加快完善小微企业、民营企业、科创企业等重点领域的信贷流程和信用评价模型。

2. 服务需求方

开展普惠金融，首先要回答金融的包容性发展是要将谁包容进来的问题。在中国，这个问题的答案是小微企业、农民、城镇低收入人群、贫困人群和残疾人、老年人等特殊群体。

（1）农户

农户是指户口在农村的常住户。按照经济收入可分为四类：纯农业户、农业兼业户、非农兼业户、非农业户。按照经营组织形式可分为三类：承包型农户经营、个体型农户经营和合作型农户经营。对于农业总收入占家庭生产性总收入比值较高（大于 50%）的群体，如纯农业户和农业兼业户，其短期信贷需求比较旺盛和迫切，主要用于生活和生产需求。考虑到农业是弱势产业，面临着巨大的自然风险和不可避免的市场风险，时令性又强，还需金融机构因地制宜为其提供相应保险，才能进一步保障普惠金融在农村地区的推广和发展。

（2）城市贫困群体

城市贫困群体主要包括四类：一是无生活来源、无劳动能力、无法定抚养人的“三无”人员；二是有一定劳动能力但收入不固定且低于当地贫困标准的城市无业人群；三是城市低收入人群；四是城市创业人群。普惠金融不是慈善和救济，没有收入或还贷手段的群体目前不在普惠金融覆盖范围。因此，对于一、二类群体，其他形式的扶持可能更有效，如由民政部门提供长期救助；对于三、四类群体，其信贷需求主要用于生活开支、创业，他们属

① 互联网银行指主要在线上为客户提供存款、贷款、支付、结算、汇转、电子票证、电子信用、账户管理、货币兑换、投资理财、金融信息等服务的机构。

于普惠金融服务的范畴。

（3）小微企业与个体户

大多数小微企业与个体户的核心竞争力不足，呈现出“多”“短”“小”“散”的特点，即数量众多、平均寿命短、经营规模小、行业分散；其贷款需求呈现出“短”“小”“频”“急”的特征，即贷款期限短、贷款金额小、贷款频率高、贷款时效性强；其信贷需求主要用于启动市场、扩大规模。

3. 政府

发展普惠金融的主导力量是市场，而政府更多地是承担引导职能。政府的引导职能主要体现在普惠金融基础设施和相关制度的建设上。例如，推动建立全覆盖的支付体系和征信体系，制定信贷、财政、保险等支持政策，为小微企业构建良好的生存发展环境，以及建立有利于普惠金融发展的体制机制等。

（三）普惠金融体系

普惠金融体系最早由联合国在“2005 国际小额信贷年”提出。考虑到当时的金融体系并没有为社会所有的人群，尤其是小微企业和弱势群体，提供有效的服务，联合国希望通过小额信贷（或微型金融）的发展，来促进建立一个能够为社会各阶层和群体提供有效的、全方位的金融服务的金融体系。为此，世界银行扶贫协商小组构建了涵盖客户、微观、中观和宏观层面的普惠金融体系框架。需要指出的是，在中国，普惠金融体系的建设不是构建一套独立于现有金融体系的框架，而是基于现有的金融体系逐步完善普惠金融的顶层设计、完善金融基础设施，形成多元化、分层次、广覆盖的服务体系。

客户在普惠金融服务体系中处于核心地位，因此客户对金融产品和服务的需求影响金融体系各个层面的行动，微观、中观、宏观三个层面的有机结合是为了更好地服务客户。

微观层面是普惠金融服务体系的基石，普惠金融服务体系需要各类金融机构共同参与并提供不同的金融服务，以满足客户多样化的金融需求。

中观层面作为普惠金融体系的支柱，为普惠金融机构收集和“硬化”弱势群体的信用信息。精准的信息对于提高监管、审计和评级质量有重大作用，能提升微观层面的金融服务供给者的客户识别和风险识别能力，使其能以较低成本向弱势群体提供高质量的金融服务。

宏观层面作为顶层设计，对微观层面和中观层面起着指导作用，应具前瞻性和灵活性，注重供给层次丰富化、供给主体多元化，通过健全的政策和法律框架促进金融服务供给者共存并竞争，为弱势群体提供高质量、低成本的金融服务。

1. 客户层面

普惠金融服务对象类型多样，需求不一。为更好地服务客户，普惠金融服务供给者需深入了解无法获得金融服务和服务不足群体的特征和需求，勾勒清晰准确的客户画像，并在此基础上设计一系列金融产品和服务，以合理的成本提供给客户。了解客户需求是确保产品和服务适宜性的前提。

普惠金融个人客户主要有三个方面的需求，具体如下。

一是日常需求。弱势群体的日常需求一般包括教育、消费、婚嫁等，通常依靠储蓄和信贷满足该部分需求。对弱势群体来说，理想的储蓄是安全的、低成本的、保值的。考虑到中国外出务工人员较多，尤其是在城市务工的农村家庭比例较大，设计合理的转账和支付服务对弱势群体意义重大，最好是低交易成本的，并允许经常转、收金额不等的小额资金。

二是应急需求。各类紧急突发事件，如疾病、自然灾害等。这些紧急突发事件对弱势群体的打击更大，都需要大笔应急资金。金融服务（如保险服务）能让原本由单个客户承担的不确定事件的风险在不同时期投保的客户中分摊，这为弱势群体提供了一种应对风险的措施，也是低收入者用来抵御经济危机的一种保障。

三是投资需求。弱势群体的投资需求主要分为：经营性投资，如店铺、土地等投资；金融性投资，如投资金融资产或金融工具。

普惠金融的企业客户主要面临生产经营性贷款需求。由于中小微企业规模小、业务相对单一及抗风险能力弱，面临自然灾害、疫情等突发事件将导致生产经营停顿、市场下滑等，并对其采购、生产、销售等各环节均会造成一定影响。

2. 微观层面

普惠金融体系构成中的微观层面主要指普惠金融服务的供给者。

（1）银行类金融机构

银行类金融机构包括政策性银行、各类商业银行、服务“三农”的农村合作银行等。在中国，商业银行是普惠金融服务的主要提供者。普惠金融不仅是商业银行的社会责任，也是政策和监管的刚性要求，更是市场发展的必然选择。目前，利率市场化进程的推进带来的息差收窄，逐渐成为制约商业银行盈利增长的瓶颈之一。与其他业务相比，普惠金融既可以成为商业银行提升息差水平的主要突破口之一，也是商业银行实现利息收入增长的重要途径之一。尽管普惠金融服务成本较高，但银行在普惠金融信贷发放上拥有较大定价权，能够从资产端增加贷款收益，弥补成本支出。发展普惠金融还能帮助银行改善客户结构，普惠金融业务涉及的客群种类多样，有利于大银行优化结构，培养新客群，实现战略转型。普惠金融的服务对象小微企业有机会发展成大中型企业，因而也为商业银行培养大中型客户夯实了基础。发展普惠金融还有风险分散的功能，小微企业与传统商业周期关联较小，在经济下行时期更有弹性，同时普惠金融贷款笔均金额小、业务客群分散，不易形成风险集聚，引发系统性风险的可能性较小。

（2）非银行类金融机构

主要包括能够为小微企业、农户、低收入人群提供风险管理业务的金融机构，包括保险公司、担保公司、期货公司等。保险公司可通过设计面向小微企业生产经营、农村生产生活、低收入群体的险种，提供风险管理，减轻风险带来损失的震荡。担保公司提供债权担保，促进普惠小额信贷的可获得性，降低金融机构的风险。期货公司通过相关期货产品的套期保值业务，为农业经济主体经营中的农产品价格风险提供了渠道。

（3）金融科技类机构

金融科技类机构是将金融科技应用于自身业务，或对外输出自身科技能力的一类机构。传统普惠金融模式往往需要大量人力的投入，搜集信息成本较高。由于企业所处的地域、文化、产业结构不同，信贷业务很大程度依赖于经验，对信贷员依赖性较强。而金融科技类公司可以发挥大数据技术优势，使软信息与信息搜集者隔离，降低获取软信息对信息搜集者经验与能力的依赖程度，大幅降低软信息的获取成本。金融科技类机构运用人工智能、大数据等技术和非结构化数据（如用户社交、支付、浏览等“数字足迹”[①]信息）构建的风控模型，能帮助传统普惠金融机构实现自动化审批，相比传统的依赖于财务数据和打分卡的风控模型更有效。

① 通常，人们在上网过程中会不自觉留下各种痕迹，如使用上网设备的类型、上网的动机（如社交、网页浏览、交易等），这些痕迹称为“数字足迹”（Digital Footprints）。Tobias Berg（2018）指出，观察并利用客户的“数字足迹”，可以甄别出信用等级较高的客户，为其提供贷款服务。

3. 中观层面

普惠金融中观层面由支持普惠金融的基础设施，以及一系列能满足金融服务提供者降低交易成本、扩大服务规模、促进透明要求的各类组织构成，包括支付体系、征信系统、增信担保体系，以及技术支持服务和网络支持组织等。

（1）金融基础设施

金融基础设施通常分为狭义和广义两个层面。狭义金融基础设施主要指金融市场交易的硬件设施，如交易所、结算系统和清算机构等。这些硬件设施为金融市场的日常运营提供了基础支撑。相比之下，广义金融基础设施则涵盖了更广泛的内容，包括金融市场的硬件设施、会计制度、信息披露原则以及社会信用环境等各类制度安排。金融基础设施的作用不仅在于连接金融机构、保障市场运行，还在于服务实体经济和防范金融风险。从经济学的视角来看，金融体系作为制度、基础设施和工具的复合体，在不确定性下的分散决策经济中发挥着关键作用，它旨在减少交易承诺的成本。金融基础设施的发展与经济发展、技术进步及金融体制的变迁息息相关，这种发展有助于提升产业资本的规模和效率，并增强对外部冲击的承受能力。高效的金融基础设施不仅能够促进金融市场发展，还有助于投资者做出更高效的决策，对维护金融稳定也有着重要作用。

在政府政策支持和各机构的大力推进下，我国金融基础设施日益完善。金融基础设施方面，支付清算体系是金融活动的基础，为普惠金融数字化发展奠定了基础；征信和增信体系支撑了现代金融体系稳定运行，一定程度上补齐了长尾客户抵押物不足、缺乏信用信息的短板，提升融资效率。

第一，支付清算体系。

安全、高效的支付清算系统对于金融系统的有效运作至关重要，支付清算为经济金融活动的资金流动提供基础性枢纽支撑。目前，以云计算、大数据技术、移动互联网与智能终端为代表的金融科技不仅丰富了支付服务的内涵，而且在一定程度上消除了因使用成本、文化程度、地域限制等因素造成的鸿沟，为突破普惠金融发展的瓶颈提供了科学合理的数字化解决方案。

第二，增信体系。

增信是让第三方增信机构介入借贷活动，检查借款人的借贷意愿，通过担保或风险分担的方式，提高借款人信用，降低贷款机构潜在风险的做法。增信机构在借贷活动中主要通过风险补偿发挥作用，在贷前进行风险分担，在贷后发生违约时按约定进行补偿。贷后风险分担能够缓解银企事前信息不对称问题，完善小微客群风险分担机制。

在具有第三方担保或风险分担设计下，银行的贷后风险降低，银行在决定是否对获得担保的企业贷款时，不仅借款描述文本甚至财务报表等硬信息也不再影响企业的信贷可得性，此时，银行更有可能借贷给其中的首贷企业，即此前没有信贷记录的企业。一般地，商业银行主要与两类增信机构合作：融资担保机构和保险公司。

第三，征信系统。

征信是依法收集、整理、保存、加工自然人、法人及其他组织的信用信息，并对外提供信用报告、信用评估、信用信息咨询等服务，帮助客户判断、控制信用风险，进行信用管理的活动。征信机构主要通过信息增信发挥作用，它们专事信息采集、处理及评价，能够通过征信活动提供企业的信用记录，为银行的信贷决策提供参考，一定程度降低银行与企业之间的贷前信息不对称，进而促进信贷规模上升、信贷成本降低。

征信系统作为金融体系的重要金融基础设施，起着“信号灯”和“安全阀”的作用。目前，征信体系模式有三类：政府主导的公共信用登记模式、市场化运作的股份制模式和市场化运作的会员制模式。我国现有的征信体系，既有央行主导的公共征信，又有市场化运作的征信模式，形成了公共征信与市场征信并存、以公共征信为主的格局。公共征信除由中国人民银行主导建立的全国企业和个人的基础性数据库征信系统外，也包括了各级政府设立的征信机构。

市场征信领域涉及数据安全、隐私保护等问题，应有严格的法律约束及行业监管。中国人民银行于 2021 年 9 月发布的《征信业务管理办法》，明确了信用信息的定义及征信管理的边界。该条例将依法采集，为金融等活动提供服务，用于识别判断企业和个人信用状况的基本信息、借贷信息、其他相关信息，以及将基于这些信息的分析评价信息界定为信用信息。《征信业务管理办法》还对新型征信活动进行了规范。在此之前，随着科技的发展，一些没有个人征信牌照的平台公司利用自身积累的社交数据、电商数据、出行数据等征信替代数据提供个人征信服务。针对这种现象，该条例明确规定“金融机构不得与未取得合法征信业务资质的市场机构开展商业合作获取征信服务”，并将替代数据的应用纳入监管。《征信业务管理办法》正式施行（2022 年 1 月），金融科技公司须申请个人征信牌照或与个人征信机构合作才能开展信用相关服务。

（2）其他服务组织和项目

技术培训和能力建设是普惠金融服务供给方和需求方都迫切需求的中观层面服务，技术支持服务包括：财务管理能力培训、部门员工培训、信息技术解决方案、人力资源培训和管理等。

4. 宏观层面

在中国，政府是普惠金融体系建设的推动者，通过出台适当的货币和财政政策、颁布完善配套的法律法规以保持宏观经济的稳定。

政府可以采取的政策手段有：首先，完善货币信贷政策。这包括通过差别化存款准备金等工具，增强对农业和小微企业的贷款支持，以确保这些领域能够获得充足的资金流动。其次，健全监管政策。推动差异化激励政策的实施，支持小微企业专营机构的建设，同时发行专项金融债，提升贷款的不良容忍度。最后，完善尽职免责制度，以保护金融机构在支持小微企业过程中的合法权益，并支持小额保险公司的发展。财税政策的运用也十分重要。政府应通过公共财政职能，利用专项资金、税收扶持和担保基金等措施，减轻银行的风险负担，进一步促进对小微企业和农业的金融支持。地方财政也应发挥积极作用，通过贴息、补贴和奖励等措施，增加对小微企业、农业以及民生领域的支持力度。

数字普惠方面，政府需重点从业务规范、技术安全和消费者保护等维度，加强数字普惠金融领域的监管规则体系建设。

（四）发展普惠金融需解决的核心问题

从普惠金融的服务对象来看，金融弱势群体比一般金融消费者群体具有风险高、缺乏有效抵押物与第三方担保等特质，这就导致服务金融弱势群体与传统金融服务发展需要关注和强调的问题有所不同。

1. 金融风险的管理

（1）信息不对称

由于普惠金融的服务对象广泛，包括小微企业、农民、城镇低收入人群等，这些群体的信息披露和透明度相对较低，导致金融机构在评估其信用风险时面临困难。为降低信息不对称带来的风险，金融机构应加强信息披露和透明度建设，利用科技手段提高信息收集和处理能力。例如，通过大数据、云计算等技术手段，对借款人的信用记录、经营状况、还款能力等信息进行全面、准确地收集和分析，从而为信贷决策提供有力支持。

（2）信用风险管理

由于普惠金融的服务对象往往缺乏足够的抵押品和担保措施，因此其信用风险相对较高。为降低信用风险，金融机构应建立健全的信用评估体系，加强对借款人信用状况的评估和监控。金融机构可以引入先进的信用评级模型，对借款人的信用状况进行量化评估；建立完善的信贷管理制度，对借款人的还款能力、还款意愿等方面进行持续监控，确保信贷资金的安全回收。

（3）操作风险管理

由于普惠金融的业务流程相对复杂，涉及多个环节和部门之间的协作与配合，因此容易出现操作失误和欺诈行为。为降低操作风险，金融机构应完善内部控制制度，加强员工培训和监督。金融机构应建立完善的业务流程和操作规范，确保各环节之间的衔接顺畅；加强对员工的培训和教育，提高员工的业务素质和风险意识；建立完善的监督机制，对业务流程进行持续监控和审计，及时发现和纠正操作失误和欺诈行为。

2. 金融产品及服务的合理定价

合理定价不仅关乎金融机构的盈利空间，更直接影响到金融服务的可负担性和普及程度。

为实现金融产品及服务的合理定价，需充分考虑目标客户的经济状况和支付能力。普惠金融的服务对象多为低收入群体、小微企业等，他们的经济承受能力有限，因此，金融产品的定价应体现亲民性，避免过高的费用成为他们获取金融服务的障碍。金融机构应优化成本结构，提高服务效率，以降低运营成本，从而为合理定价创造空间。通过科技创新和流程优化，金融机构可以减少不必要的开支，提升服务质量和效率，进而在保证盈利的同时，为客户提供更加实惠的金融产品和服务。

3. 普惠金融的可持续发展举措

（1）机构应合理定位

目前，中国普惠金融服务供给方包括大型银行、中小型银行、农村金融机构和金融科技公司等，各机构应根据普惠金融的经济意义，明确自身定位，避免恶意竞争。在绩效考核压力下，国有商业银行、股份制商业银行的小微信贷供给普遍下沉，在提高普惠金融服务的同时，一定程度上带来“掐尖”的影响，即大银行凭借自身雄厚的资金和规模，以利率优势吸引大量原本属于中小银行的优质客户，挤占部分城市商业银行、农村商业银行的小微金融市场空间。获客、风控、科技能力相对偏弱的中小银行和农村金融机构被迫将客户群体进一步下沉，无形中提升了自身承担的小微信贷风险。需注意的是，“掐尖”只是将一批优质的小微客户从中小银行吸引到大银行，小微企业信贷供应的总量未必有显著上升，这不利于普惠金融的长期发展和进一步普及深化。

2023 年 10 月国务院《关于推进普惠金融高质量发展的实施意见》要求健全多层次普惠金融机构组织体系，明确了各类金融机构在普惠金融发展中的定位和方向：大型银行、股份制银行要进一步做深做实支持小微经营主体和乡村振兴的考核激励、资源倾斜等内部机制；地方法人银行坚持服务当地定位、聚焦支农支小，完善专业化的普惠金融经营机制；政策性、开发性银行普惠金融领域转贷款业务模式，提升精细化管理水平，探索合作银行风险共担机制。其中的核心问题是，在大型银行积极推进普惠金融服务下沉的大趋势下，中小银行如何打造自己的比较优势，实施差异化竞争。

（2）兼顾经济效益与社会效益

普惠金融的发展既要追求经济效益，也要注重社会效益。经济效益是金融机构持续运营的基础，而社会效益则是普惠金融的初衷和使命。在实践中，金融机构应建立健全的定价机制，确保金融服务的合理收费，既覆盖成本又留有合理利润。金融机构应积极履行社会责任，通过产品创新、服务优化等方式，降低金融服务的门槛和成本，让更多人享受到金融服务的便利。金融机构还应加强与政府、社会组织等的合作，共同推动普惠金融事业的发展，实现经济效益与社会效益的双赢。

（3）防范使命漂移

由于缺乏明确定位，普惠金融泛化，有的金融机构出现了偏离普惠金融原有使命与目标的问题。从服务的客群看，相比于大企业和较富裕的客户，小企业和弱势群体财务信息质量较低、缺乏抵押品，信息的精度不足，若普惠金融服务供给方更认同大企业的质量，对小企业产生规模歧视，将目标转移到优质客群，普惠金融就发生了使命漂移。出现使命漂移并不意味着将弱势群体排除在金融服务之外，而是在吸收新客群时，从偏向弱势群体转变为更偏向优质客户。从普惠金融的最终目标看，普惠金融是为了让所有人能平等地享受基本金融服务，若普惠金融服务供给方为了自身可持续发展而倾向于服务优质客户，便出现了使命漂移问题。

（4）实行差异化监管

差异化监管是实现普惠金融可持续发展的重要保障。在我国金融体系中，不同类型的金融机构在规模、实力、风险承受能力等方面存在差异，因此应实施差异化的监管政策。对于大型商业银行等实力雄厚的金融机构，监管机构应重点关注其风险管理和内部控制的完善性，确保其业务发展与风险承受能力相匹配。对于中小银行和农村信用社等实力较弱的金融机构，监管机构则应适当放宽监管要求，鼓励其创新金融产品和服务，满足小微企业和农村地区的金融需求。监管机构还应加强对非银行金融机构的监管，防范其利用监管漏洞进行高风险操作，损害金融消费者的利益。

4. 金融能力的建设

普惠金融的健康发展需要能力建设的支撑。需求方能力建设是普惠金融的基础内容，通过需求方能力建设能让客户掌握必要的金融技能，做出理性的金融消费和理财投资决策。普惠金融服务供给方和政府也需要加强能力建设。

（1）需求方能力建设

普惠金融要做到可持续，不仅要满足客户的金融需求，更重要的是通过提供金融服务来提高弱势群体的金融能力，提升其金融素养。需求方能力建设包括个人金融能力建设和企业金融能力建设两类。

个人金融能力是指弱势群体缺乏相应的金融教育、知识和素养。对该群体进行金融教育是进一步推动普惠金融的基础。通过教育提高其对金融相关知识的认知程度，加深其对金融产品和服务的了解程度，如金融业提供哪些金融服务和产品，以及该产品和服务对应哪些风险。

企业金融能力是指小微企业经营者需要具备的能力。我国小微企业数量众多，但存续期较短，若普惠金融服务供给方和政府能为中小企业提供相关课程以提升企业经营者的金融能力，将为进一步有序推进普惠金融奠定良好基础。企业金融能力建设具体包括：创业初期个体的资金使用能力、商业项目的价值评估能力、运营现金流的管理能力、适应商业项目和企业生命周期的融资能力及企业资本结构管理能力等。

（2）供给方能力建设

普惠金融主要服务的是长尾客户，其不良率较高、风险较大，因此普惠金融服务供给方的能力建设也是关键因素。传统的贷前调查、贷中审查和贷后检查的金融风险控制措施不足以满足普惠金融风控要求，普惠金融服务供给方需深入了解客户，提出针对弱势群体的风险识别机制和商业模式，并设计一套针对小微客户的信用评级体系和信贷业务流程，构建适合普惠金融服务的业务管理架构，培育良好的组织文化，重视培养和激发小微客户的还款意愿。在数字经济时代，普惠金融的发展还应充分发挥金融科技公司的优势。金融科技服务供给方能通过互联网平台高效收集和处理各种交易和行为信息，分析借款人特征，减少普惠金融信息不对称问题。

（3）政府能力建设

政府普惠金融能力建设包含建设诸如征信、信用评级、支付清算体系、金融服务的法律体系等的金融基础设施，以及培育适宜金融发挥作用的外部环境。普惠金融的发展不是短期的、功利的，而是动态的、折中的，对其成效的评估须渐进、多维度，要有立足久远的长效机制，注重支持政策的目标性和直达性，注重支持政策的差别化和统筹性，着力健全小微企业全生命周期的融资支持政策，同时还要避免行政权力违反经济金融市场的规律最终损害消费者的利益。

政府肩负着提升全社会普惠金融能力的责任，包括金融教育、金融扫盲和预防金融欺诈等。例如，政府机构应该建立专门的金融教育网站等数字工具及载体，利用数字技术向社会公众传递金融知识，发布风险提示，增强客户自我保护意识。

政府还需准确把握普惠群体的客观规律，完善直接融资制度，组合运用股权、债券、信贷等直接和间接融资方式，推动普惠金融融资“扩面，增量，降价，提质，防风险”。小微企业天然的高风险性和银行内在的风险规避偏好存在一定的对焦失准。对于初创期和成长中的小微企业来说，到北京证券交易所上市融资可能是更好的选择。对于受不公平待遇的小微企业，政府可运用政策性金融或开发性金融，来解决其资金缺口。总之，政府在顶层设计上需建立包括直接融资和间接融资的全方位资金来源体系，综合运用股权、贷款、债权、担保、融资租赁等多元融资工具，扶持各种类型的普惠群体。

第二节　普惠金融纾困小微企业融资

中小微企业在国家经济和社会发展中扮演着至关重要的角色，是稳经济、稳就业的重要支撑。长期以来，小微企业面临融资难和融资贵的问题，大大制约了其持续发展。为发挥小微企业在稳增长、促发展和改善民生方面的积极作用，为经济高质量发展注入强劲动力，必须破除小微企业的融资困境。

一、小微企业的作用及融资特点

（一）小微企业的主要作用

1. 增加就业率

小微企业因其独特的优势，如准入门槛相对较低、创办速度快、经营灵活等，已成为我国创造就业岗位的主体组成部分。它们广泛分布于各行各业，从服务业到制造业，从城市到乡村，为大量劳动力提供了就业机会。特别是在经济转型升级的过程中，小微企业展现出强大的生命力和创新能力，不断催生新的就业增长点。通过扶持小微企业的发展，可以有效促进就业率的提升，缓解就业压力。政府和社会各界应加大对小微企业的支持力度，提供政策优惠、资金扶持、技术培训和市场开拓等方面的帮助，为其创造更加宽松和有利的发展环境。这样，小微企业不仅能够持续健康地发展，还能进一步发挥其就业“蓄水池”的作用，为社会稳定和经济发展做出更大贡献。

2. 促进经济增长与经济结构调整

自 20 世纪 80 年代改革开放以来，小微企业在我国经济中迅速崛起，并广泛分布于大多数行业。从具体实例来看，诸如在浙江省义乌市，众多小微型企业如义乌市宏远商贸有限公司，从事着小商品批发与零售，不仅带动了当地商贸服务的繁荣，还逐渐形成了全球知名的小商品市场；在广东深圳，众多小微科技企业聚焦于智能硬件、软件开发等新兴技术领域，如深圳大疆创新科技有限公司，该企业从无人机研发起步，逐渐成长为全球领先的无人机及飞行影像系统提供商，展现了小微企业在高新技术领域的巨大潜力。

为了增强市场竞争力，小微企业积极引进新技术、新设备和新工艺，促进了自身的发展，并推动了高新技术成果的产业化。例如，苏州汇川技术有限公司作为一家专注于工业自动化和新能源领域的小微企业，通过持续的技术创新和产品研发，成功提升了自身在市场上的竞争力，并推动了相关产业的升级。如今，许多掌握先进技术的小微企业已涌现出来，如北京旷视科技有限公司，该企业专注于人工智能领域的技术研发和应用，为众多行业提供了智能化的解决方案，推动了经济结构的优化调整。

3. 有利于形成集群化的产业链

小微企业的所有者通常拥有卓越的个人能力，并通过实践积累了丰富的企业管理经验。这些企业的健康发展不仅促进了所有者的成长，也为我国经济的进一步繁荣作出了重要贡献，成为经济体制改革中的中坚力量。实际上，许多大型企业的生产链条依赖于小微企业的支持。以汽车制造业为例，根据中国汽车工业协会的数据，众多大型汽车制造商在生产过程中，需要与数以千计的小微企业合作，这些小微企业涉及零部件供应、物流配送、技术研发等多个环节。如华为、比亚迪等知名企业，它们的供应链体系中就包含了大量的小微企业，这些小微企业为它们提供了关键的零部件、技术创新和灵活的物流服务，共同构建了完整的产业生态。这种紧密的合作关系不仅提升了整个产业链的竞争力，也促进了小微企业的快速发展。小微企业与大企业之间形成了战略合作伙伴关系，这种关系不仅增强了信任，还有助于在大企业周围形成产业集群。以浙江省的“块状经济”为例，根据浙江省人民政府网及多位经济学家的研究，该省众多小微企业围绕大型龙头企业，如阿里巴巴、吉利汽车等，形成了特色鲜明的产业集群，如杭州的电子商务产业集群、宁波的家电产业集群等。这样的产业集群化可以有效地减少交易成本。大企业稳定的订单需求帮助小微企业稳定了供应订单，节省了推销时间，使它们能够更专注于生产和研发。此外，与大企业的合作还促进了小微企业在产品创新和研发上的投入。以华为与众多小微企业的合作为例，华为通过开放其技术平台和研发资源，与小微企业共同开展技术创新和产品研发，不仅提升了小微企业的技术实力，也进一步增强了整个产业链的竞争力。

小微企业在推动经济发展和优化产业结构方面发挥了关键作用。通过与大企业的战略合作，这些小微企业和大型企业形成了互利共赢的局面，共同推动了经济的繁荣与进步。大企业与小微企业是互为依托的，有些科研投入大的项目一般可以由大中型企业承担，而像一些小型的商业的和服务业的项目，鉴于小微企业具有一定的优势，因此完全可以由小微企业来承担。[①]

（二）小微企业的融资特点

融资是资金的调剂与融通，涉及融资主体从储蓄者手中获取资金的过程。融资机制由融资主体、融资方式和融资环境等要素共同构成，这些要素相互

① 史凡玉．小微企业融资困难的原因及对策分析［J］．商讯，2020（3）：125.

作用，形成了一个完整的融资系统。融资机制的核心作用在于资金的筹集、供给以及配置，旨在将储蓄有效地转化为投资。这种机制的优化对于促进经济发展至关重要。小微企业的融资需求由于其特有的特点，对传统银行经营模式提出了挑战。这些企业通常面临更高的融资成本和更复杂的融资环境，需要银行在融资方式和服务上进行相应的调整。传统的银行业务模式可能无法完全满足小微企业的需求，这要求金融机构在融资机制上进行创新，以便更好地支持这些企业的成长和发展。

1. 融资成本较高，主要依靠内源融资

小微企业数量众多且发展迅速，这些企业在快速成长过程中对资金的需求量大。尽管它们渴望发展成为中小企业或大企业，但资金短缺却严重限制了它们的成长。小微企业面临融资渠道狭窄和融资成本高的问题，这些挑战进一步制约了它们的发展潜力。小微企业的成长和扩展受到资金短缺的显著限制。

小微企业因信息透明度低、治理结构简单、抵押资源短缺、生产不确定性大和经营风险难以控制等因素，很难在直接资本市场上通过发行债券、股票解决资金短缺问题，而商业银行因贷款规模和风险等原因，设置了较高门槛，如果不在国家政策支持和约束下，较高的融资成本很难使其成为小微企业融资的重要渠道和平台。①

小微企业通常选择内源融资而非外源融资，其原因在于它们通常成立时间较短，缺乏信用记录和标准财务信息，同时信用担保能力较弱。外源融资通常要求企业具备良好的信用记录等条件，小微企业往往不符合这些要求。由于这些条件的缺乏，小微企业通常依靠企业内部积累的资金来支持其发展。

2. 债务融资以短期贷款为主

小微企业在债务融资方面面临着显著的挑战。由于其规模较小且融资需求频繁，小微企业往往依赖于短期流动性贷款来支持日常运营。与大型企业相比，小微企业具有更高的流动资金使用比率，这与其快速灵活的业务特点密切相关。这些企业主要依赖银行借贷用于生产和原材料采购。由于缺乏足够的抵押品和复杂的贷款手续，小微企业在获得银行贷款时面临困难，贷款机会有限且风险较高。当正规银行渠道无法提供贷款时，小微企业往往转向中介机构融资、民间融资以及其他非正规融资途径。这些企业在维持生产运

---

① 李艳丽. 探析“互联网 +”背景下小微企业融资模式创新 [J]. 中国集体经济，2020（2）：88-89.

营的过程中，常常需要依赖利率较高的非正规融资方式。由于正规银行贷款渠道的限制，小微企业不得不借助成本更高的融资方式来支持其运营。

小微企业与大企业相比，小微企业的融资模式表现为更偏好内源融资，同时也更依赖于债务融资，尤其是经常性的短期的小额银行贷款，以及第三方中介机构和非正规渠道等特征。分析小微企业的这些融资方式，能够反映出自身的特点，即快速性和风险性。①

二、普惠金融纾困小微企业融资约束的现状

（一）小微企业融资难的制约因素

1. 小微企业融资需求与金融机构难匹配

小微企业的融资需求通常具有期限短、额度小、用款急、频率高和时效强等特点。这些企业的数据分散且质量参差不齐，使得金融机构难以提供匹配的金融产品。小微企业往往缺乏有效的担保物和商誉，这进一步加剧了其获得信贷支持的难度。由于这些因素，小微企业面临较高的融资成本，融资难度显著增加。

2. 银行对小微企业的贷款意愿较低

银行对小微企业的贷款意愿较低，主要由于几个因素。首先，小微企业的获利相对较低，加之其坏账率较高，使得银行面临较大的财务风险。其次，小微企业通常规模较小，内部管理不规范，财务信息不透明，这使得银行在评估企业的实际经营状况时面临困难。由于信息不对称，银行难以构建准确的风险画像，从而使得风险溢价上升。这种情况导致了融资成本的增加，使得小微企业的融资约束加剧。信息不对称加重了银行对小微企业贷款的风险，降低了其放贷意愿，进一步推动了融资成本的上升。

3. 小微企业的融资渠道单一

小微企业的融资渠道十分单一，主要依赖银行信贷。银行对小微企业设立了高准入门槛和严格的审批程序，使得这些企业在融资过程中面临诸多困难。为了应对银行融资的困难，一些小微企业被迫转向非正式金融渠道，但这些融资方式通常伴随较高的成本。银行之所以设置高准入门槛，主要是为

① 黎霞，龚晓利. 小微企业融资模式与融资对策 [J]. 四川职业技术学院学报，2019，29（5）：37-40.

了防范风险，但这一做法无形中进一步提高了融资成本，导致小微企业的融资困境加剧。银行对小微企业的严格要求不仅限制了其融资渠道，还使得这些企业陷入了高成本的融资恶性循环。

（二）普惠金融纾困小微企业融资的现状

1. 金融科技驱动普惠金融效率不断提高

普惠金融在技术驱动下迅速发展，依托大数据、云计算、人工智能和移动互联网等数字技术实现了创新。通过打破传统金融服务的时空限制，这些技术显著提高了信息共享的效率，并降低了金融服务的成本和门槛。金融服务的对象逐渐向小微企业倾斜，缓解了融资约束。普惠金融通过技术创新，不仅提升了服务效率，还降低了成本和门槛，有效缓解了小微企业的融资难题。例如，建设银行重庆市分行推出的“稳岗云贷”产品，就是依托大数据和人工智能技术，为稳定经营、稳岗扩岗的小微企业提供的专属可循环贷款产品。该产品通过线上申请、审批、放款等流程，大大提高了贷款效率，降低了小微企业的融资门槛。又如，邮储银行重庆永川分行推出的“吉之汇商圈产业贷”，是针对吉之汇国际农贸物流城内的个体工商户及小微企业主提供的经营性贷款。该产品通过走访调研和数据分析，为商圈内的商户提供了精准的贷款支持，缓解了其融资难、融资贵的问题。

2. 金融支持小微企业的政策不断加大

近年来，我国对小微企业的金融支持政策力度不断加大。如 2018 年，央行等五部门联合印发《关于进一步深化小微企业金融服务的意见》，提出多达 23 条具体措施，提高小微企业融资可得性。2019 年，国务院印发《关于实施小微企业普惠性税收减免政策的通知》，进一步加大税收优惠幅度以支持小微企业发展。2021 年末，国务院办公厅印发《加强信用信息共享应用促进中小微企业融资实施方案》，提出以信用信息助力中小微企业融资。2022 年，国务院促进中小企业发展工作领导小组办公室《加力帮扶中小微企业纾困解难若干措施》要求，“2022 年国有大型商业银行力争新增普惠型小微企业贷款 1.6 万亿元”，测算来看相当于同比增速不低于 24%。这一系列举措标志着普惠金融工作的稳步推进，小微企业金融服务的政策保障不断加强，融资可得性得到了显著提升。

三、普惠金融纾困小微企业融资约束存在的问题

（一）普惠金融体系仍需完善

在普惠金融体系的建设过程中，仍存在一些不足之处。

一是金融服务触达深度不够。尽管我国金融服务覆盖面持续扩大，但在部分偏远地区和农村地区，金融服务的触达深度和广度仍有待加强。国家金融监管总局的数据显示，截至 2023 年 10 月底，全国银行机构网点已覆盖 97.9% 的乡镇，但在某些深度贫困地区，金融服务的实际可获得性仍然较低，影响了当地居民和企业的融资便利性。

二是信用体系建设不完善。小微企业和个体工商户的信用信息体系建设相对滞后，仍有大量小微企业和个体工商户未纳入征信系统，导致金融机构在评估其信用状况时面临信息不对称问题。信用信息的归集共享机制也需进一步完善，以提高信用数据的可获得性和透明度。

三是风险管理体系不健全。普惠金融服务的对象多为信用记录不完善、经营风险较高的小微企业，对金融机构的风险管理能力提出了更高要求。然而，当前部分金融机构在普惠金融风险识别、评估、监控及处置等方面仍存在不足。部分金融机构在普惠金融风险管理中过于依赖传统方法，对新兴风险识别能力不足，导致风险管理效率和质量有待提升。

（二）创新能力及产品开发力度有待提高

其一，小微企业处在不同的生命周期时具有不同的融资需求。例如，初创期的小微企业可能更需要天使投资或创业贷款来支持产品研发和市场开拓；成长期的小微企业则可能寻求扩大生产的资金，如设备贷款或运营资金贷款；而成熟期的小微企业可能更需要优化资本结构，考虑股权融资或长期债务融资。不同领域、不同区域的小微企业融资需求也具有异质性，如科技型企业可能更偏向于知识产权质押贷款，而传统制造业则可能更需要供应链融资或应收账款融资。然而，目前业内竞争以及金融产品同质化严重，产品种类过于单一，如大多数金融机构仅提供标准化的短期流动资金贷款，难以满足小微企业从初创到成熟各阶段，以及跨领域、跨区域的多层次融资需求。

其二，普惠金融的发展离不开计算机与数字技术。然而，目前仍然存在数字技术不成熟、对市场预测不充分及金融机构运用技术成本高等制约。因

此，尽管一些金融机构尝试通过数字化来进行小微金融业务创新，但由于制度和技术不完善，导致金融服务程序依旧复杂，新产品难以被广泛应用，普惠金融市场金融产品供需仍不匹配。例如，中国工商银行四川省分行联合国家税务总局四川省税务局，基于大数据技术打造了“税务贷”服务，高效快速响应小微企业的融资需求，截至 2023 年 9 月，已投放贷款 10 万余笔，金额超 610 亿元。尽管服务取得了显著成效，但在数据整合、风险模型构建等方面仍存在挑战，且需要持续优化线上服务流程以提升用户体验。同样，中国农业银行四川省分行也运用大数据赋能普惠金融服务，实施“数据驱动 + 生态驱动”的战略，截至 2023 年 9 月，已累计服务小微客户 1700 余户，授信额度 15.77 亿元，贷款余额 13.78 亿元。但是在数据共享、专业人才储备以及数字普惠金融服务精准性方面仍有提升空间。成都农商银行则打造了基于数字化实践的“优业贷”产品，通过引入外部数据并进行整合加工与风控模型决策，截至 2023 年 12 月底，已累计服务客户超 1 万户，放款 2 万多笔，金额超 175 亿元。在外部数据使用标准化管理、隐私计算技术应用以及数字化触客手段丰富性方面仍需加强。平安普惠融资担保有限公司也聚焦前沿技术创新和服务升级，将科技嵌入小微融资服务各环节，推动金融行业向数字普惠金融演变，2023 年第一季度新增贷款资产质量企稳，累计服务借款人 1940 万，小微企业主增值服务平台注册用户约 190 万。尽管这些金融机构在数字化方面取得了一定成效，但仍面临数字技术不成熟、对市场预测不充分及运用技术成本高等制约因素，导致金融服务程序复杂、新产品难以广泛应用以及金融产品供需不匹配等问题依旧存在。

（三）普惠金融服务不均衡

尽管政府多次强调要通过发展普惠金融破解小微企业融资难题，然而由于相关法律法规不完善、政策执行力度较差等问题，普惠金融的“普惠”程度仍然相对不足，表现出明显的结构性排斥问题。

一方面，金融服务覆盖不均衡。在我国，经济发展水平较低的区域，如中西部地区的农村和偏远地区，由于网络设备工具相对落后、数字化水平较低、配套设施极不完善，导致金融机构设置网点较少。以西部地区为例，相较于东部沿海地区，其小微企业贷款余额和金融机构网点数量均明显偏低。这种区域差异使得这些区域内的小微企业由于地理位置偏远、信息不畅等原因，常常被排斥在金融服务之外，金融活动受到抑制。

另一方面，金融机构在提供金融服务时具有偏向性。当政策激励不足或缺乏有效监督时，商业性金融机构出于利润最大化的考虑，往往更倾向于为大中型企业提供服务。根据银保监会发布的数据，尽管近年来普惠小微企业贷款余额有所增长，但小微企业仍面临融资难、融资贵的问题。国家金融监督管理总局官网 3 月 28 日发布的《关于做好 2024 年普惠信贷工作的通知》披露，截至 2023 年末，普惠型小微企业贷款余额达到 29.06 万亿元，占全部贷款的比重仍然较低。同时，小微企业贷款的不良率相对较高，反映了金融机构在提供金融服务时的偏向性以及小微企业融资的困境。

（四）普惠金融机构缺乏商业可持续性

小微企业在我国普惠金融体系中占据了关键位置，但由于缺乏有效的抵质押物、融资特点复杂以及信息不对称等问题，普惠金融机构在服务这些企业时面临较高的风险和成本。商业银行等大型金融机构在提供小微企业贷款时常常面临“不愿贷、不敢贷、不能贷”的困境，这一局面导致普惠金融的进展缓慢，支持力度不足。尽管初期推动普惠金融服务小微企业需要政策支持，但现行政策多具强制性，可能促使金融机构过度强调公益性，影响其可持续性。以国家金融监管总局印发的《关于做好 2024 年普惠信贷工作的通知》为例，该政策旨在推动普惠金融服务小微企业的发展，其中明确提出了对金融机构的贷款额度要求。政策指出，银行业金融机构要聚焦小微企业经营性资金需求，合理确定信贷投放节奏，力争实现普惠型小微企业贷款增速不低于各项贷款增速的目标。对于未达到监管目标的金融机构，可能会面临一定的处罚或差异化安排。然而，这种强制性的政策导向可能促使金融机构在追求完成监管目标的过程中，过度强调公益性，而忽视了自身的盈利性和可持续性。具体来说，金融机构可能会为了达到政策要求的贷款额度，而放松贷款审批标准，增加对小微企业的信贷投放。但这种做法可能会带来信贷风险，导致不良贷款率上升，进而影响金融机构的盈利能力和可持续性。

政策性金融机构主要依赖财政拨款，缺乏有效的激励措施和针对性，这同样制约了普惠金融的可持续发展。从事普惠金融业务的服务机构通常缺乏长远规划，业务属性复杂，进一步影响了服务的可持续性。要提升普惠金融对小微企业的支持力度，亟需改进政策支持，增强金融机构的可持续性，同时提高服务机构的业务针对性和长远规划。

四、普惠金融纾困小微企业融资约束的对策

（一）积极完善普惠金融体系

1. 增强金融服务触达深度与广度

加强基础设施建设。在偏远和农村地区，应加大对金融基础设施的投资，包括增设银行网点、ATM 机、POS 机等，同时推广移动支付和数字金融服务，利用互联网技术打破地理限制，提高金融服务的便捷性和可达性。

实施差异化政策激励。政府可通过财政补贴、税收减免等措施，鼓励金融机构在贫困地区设立服务点，特别是支持那些能够提供低门槛、高效率金融服务的机构，确保金融服务真正惠及每一个角落。

开展金融教育与宣传。加强对农村地区和小微企业主的金融知识普及，提升其利用金融工具的能力，同时增强其对正规金融服务的信任度，促进金融服务的有效需求。

2. 完善信用体系建设

扩大征信系统覆盖范围。加快将小微企业和个体工商户纳入国家征信系统，确保信用信息的全面性和准确性，为金融机构提供可靠的信用评估依据。

促进信用信息共享。建立跨部门、跨地区的信用信息共享机制，打破信息孤岛，提高信用数据的透明度和利用率，降低金融机构的信息收集成本。

强化信用奖惩机制。建立健全信用奖惩制度，对信用良好的小微企业给予贷款优惠、政策扶持等激励，对失信行为实施联合惩戒，营造良好的信用环境。

3. 健全风险管理体系

引入先进风险管理技术。金融机构应引入大数据分析、机器学习等先进技术，提升风险识别、评估和监控的能力，特别是对新兴风险的敏感度和应对能力。

建立多元化风险分担机制。政府、金融机构、担保公司等多方合作，建立风险共担机制，如设立风险补偿基金、提供信贷保险等，分散金融机构的信贷风险。

加强内部风险管理。金融机构应完善内部风险管理制度，强化风险意识培训，确保风险管理的各个环节都能得到有效执行，同时建立风险预警机制，及时发现并处置潜在风险。

（二）鼓励普惠金融创新发展

普惠金融创新涉及金融产品创新、技术创新等。

1. 金融产品创新

结合小微企业短、小、频、急的融资需求，为小微企业打造适宜的、具有针对性的金融创新产品。建立多层次金融综合服务体系，满足小微企业的多样化需求。首先，通过数字化手段提供账户管理、支付结算、基础理财等基础金融服务，确保所有小微企业都能享受到便捷、低成本的金融服务。其次，根据小微企业的行业特性和发展阶段，提供定制化的特色金融服务，如知识产权质押贷款、外汇风险管理服务等，以满足其特定的融资需求。再次，对于有潜力、成长快的小微企业，体系还提供投资顾问、资本运作咨询、上市辅导等高端金融服务，助力其实现快速发展。最后，通过与政府部门的紧密合作，利用财政补贴、税收优惠、信贷担保等政策措施，为小微企业提供增信支持，降低融资成本，并建立小微企业金融服务信息平台，整合各方资源，提供一站式服务，从而全面促进小微企业的健康发展。

2. 金融技术创新

注重科技赋能，推动普惠金融数字化，积极运用大数据、互联网技术等现代科技手段，完善信贷服务。对技术进行改进创新与再造，缓解银企间的信息不对称，为客户提供更便捷、更高效的优质金融服务。首先，持续加大科技投入，充分利用大数据、云计算、人工智能等前沿技术，对信贷业务流程进行智能化改造。通过构建先进的数据分析模型，实现对小微企业信用状况的快速精准评估，有效缓解因信息不对称导致的融资难问题。这不仅能提升审批效率，还能降低运营成本，使更多小微企业受益。其次，优化线上服务平台，打造一站式、全天候的金融服务体验。整合账户管理、支付结算、贷款申请、理财投资等功能于一体，让客户通过手机或电脑即可轻松完成各项金融业务操作，极大提升服务的便捷性和可及性。注重用户界面设计，确保操作简单易懂，降低使用门槛。再次，深化与第三方数据平台的合作，拓宽数据来源渠道，丰富企业画像。通过合法合规的方式获取税务、工商、水电煤气等多维度信息，增强对小微企业经营状况的全面理解，为信贷决策提供更为坚实的数据支撑。最后，强化数据安全与隐私保护，建立健全的数据治理体系。在推进数字化的过程中，必须严格遵守相关法律法规，确保客户信息的采集、存储、处理和使用全程安全可控，增强客户信任，为数字普惠金融的可持续发展奠定坚实基础。

（三）推动区域协同发展

建立金融补偿机制与政策倾斜的激励机制，通过相应的税收减免、财政补贴、定向降准等来降低普惠金融的风险，降低落后地区支付结算等金融服务的价格与成本，调动普惠金融机构服务于小微企业的积极性。

政府应加强对省域差异的调节，着力改善金融资源投放的区域均衡性。充分发挥政策强制性和引导性，一方面对县域内的金融机构设置任务，强制性地扩大对普惠金融小微企业的服务边界，一定范围内保障小微企业融资可得性，避免存款分流；另一方面鼓励银行等机构在县域内进行普惠金融扶贫试点。对县域内的小微企业大力宣传普惠金融，加强小微企业的普惠金融知识储备，鼓励小微企业向金融机构获取普惠金融帮助，从而扩大生产。制定并完善相关法律法规，创造良好的金融环境，为普惠金融发展提供法律支持与保障，也为普惠金融机构扶持小微企业提供法律依据。

（四）强化普惠金融机构的可持续发展能力

在推动小微企业发展的过程中，短期和长期政策的协调作用至关重要。

1. 短期政策

短期内，为了激励金融机构服务于小微企业，应采取奖励和补贴措施，如：①提供税收优惠。对积极服务小微企业且扶贫效果显著的金融机构，政府可以给予一定的税收优惠，如减免部分税款或提高税收起征点，以降低其经营成本，鼓励其持续为小微企业提供金融服务。②给予财政补贴。政府可以设立专项财政补贴资金，对符合条件的金融机构进行补贴，以补偿其在服务小微企业和扶贫过程中可能产生的额外成本或风险，从而激励其更加积极地投身于这项事业。③设立专项奖励基金。政府可以设立专项奖励基金，对在服务小微企业和扶贫方面表现突出的金融机构进行奖励，以表彰其贡献并激励其他金融机构效仿。④提供贷款担保或利息补贴。政府可以为小微企业提供贷款担保，降低金融机构的贷款风险，或者为小微企业提供利息补贴，降低其融资成本，从而激励金融机构更愿意为小微企业提供贷款服务。这些措施可以促进金融机构增加对小微企业的贷款总额，同时规范资金的管理与使用，以最大化资金的效用。此外，需要对小微企业的贷款进行适当规范，以确保资金能够有效流向需要的地方。

2. 长期政策

在长期改革方面，应重点推进普惠金融的供给侧结构性改革，建立健全小微金融服务的长效机制。为了提高服务质量和效率，必须推动数字化普惠金融的发展。这包括增加物理网点的数量，同时积极发展线上业务，以实现服务的增量、扩面、降本、增效。这样的举措不仅能够拓宽服务范围，还能降低服务成本，从而提高整体服务水平。加大建设普惠金融专业机构的资金投入并鼓励产品创新，增加物理网点的同时，积极推进线上业务的发展，切实引导普惠金融服务增量、扩面、降本、增效。极力推进多层次资本市场的构建，推动普惠金融的可持续发展。普惠金融机构应明确自身服务对象，采取差别化支持措施，为小微企业提供精细化产品与服务。

总之，短期内需要通过政策奖励和补贴来激励金融机构服务小微企业，并规范贷款资金管理；长期则应着重推进普惠金融的结构性改革，发展数字化服务，并加大资金投入，推动其可持续发展。金融机构应提供多元化的服务支持，以提升对小微企业的综合支持力度。

第三节　普惠金融支持农村经济发展

一、普惠金融对农村经济发展的作用分析

（一）有利于提高资源配置效率

资源的有效配置是经济社会发展的关键，金融则是资源配置的重要杠杆。通过扩展银行网点和支付服务至村级行政区，金融覆盖率得到了显著提升，进一步触及了“金融排斥”群体。数字通信技术和移动互联网的应用打破了空间限制，不仅减少了运营成本，还降低了金融服务的门槛。线上线下服务模式的共同推动，使得金融服务能够更有效地渗透到农村地区，激活了闲散资金，促进了农业和农村的发展。通过缓解信息不对称，拓宽了融资渠道，金融机构能够根据实际需求和政策导向合理分配贷款资金，优化资源分配和提高资金使用效率，也有效地调整了农村产业结构。普惠金融通过扩大服务覆盖范围和利用技术手段降低成本，实现了金融服务的下沉和资源的有效利

用，推动了农业农村的发展和产业结构的调整。

（二）有利于提振农村地区的消费能力

普惠金融的发展对提升农村消费水平具有重要作用。根据中国国家统计局发布的数据，普惠金融通过提供便捷的金融服务，有效缓解了市场主体的流动性约束，释放了农村地区的消费能力。数字普惠金融在农村地区的快速发展，使得农户能够更加方便地获得贷款服务。数字化交易技术的应用，如线上购物和支付，满足了消费者的多样化需求，进一步推动了消费水平的提升。据中国互联网络信息中心（CNNIC）发布的第 54 次《中国互联网络发展状况统计报告》显示，截至 2024 年 6 月，农村网民规模持续扩大，达 3.04 亿人，线上购物和支付成为农村消费的新趋势。此外，通过实施农业保险和大病保险等风险分散措施，降低了市场主体的风险和损失，这也为促进消费发挥了积极作用。据国家金融监督管理总局 2024 年公布的数据，2023 年我国农业保险保费收入达到 1204 亿元，同比增长 20%，参保农户 1.4 亿户次，提供风险保障 3.72 万亿元，有效降低了农户因灾损失，稳定并提升了其消费能力。

（三）有利于促进农村业态多样化

普惠金融通过为农村主体提供金融支持，显著提高了居民的金融素养，并激发了农民的创业热情。根据农业农村部发布的数据，金融资金的支持不仅提升了创业机会，还显著提高创业的成功率。这种支持有助于生产要素的有效调动，提升了农村的全要素生产率。进一步而言，全要素生产率的提升促进了农村市场业态的创新，推动了经济的发展。例如，在浙江省的农村地区，普惠金融的支持下，特色农业、乡村旅游等新兴产业蓬勃发展。根据浙江省农业农村厅 2023 年发布的数据，这些新兴产业的增长率年均超过 15%，为农村经济的增长贡献了重要力量。普惠金融通过综合性的金融支持和素养提升，成功地促进了农村市场的创新和经济的全面发展，为农村经济的繁荣注入了新的活力。

二、我国农村地区普惠金融发展存在的问题

（一）普惠金融在农村的可持续发展有待加强

在农村地区，普惠金融的可持续发展面临着挑战。由于经济发展水平相对较低，普惠金融业务的成本和风险普遍较高，且农村金融机构规模小分布不均衡，这对普惠金融的“商业可持续性原则”构成了不小的挑战。

尽管政府已经通过政策优惠来减轻金融机构的服务成本，并鼓励普惠金融的发展，但这些措施并未能完全解决金融机构缺乏内生动力和可持续商业运作模式的问题。例如，虽然普惠小微贷款余额从 2019 年末的 11.6 万亿元增至 2023 年末的 29.4 万亿元，年均增速超过 26%，显示出普惠金融信贷在数量上的显著进步，但农村地区的普惠金融发展仍然滞后。一是大多数农村金融机构体量小，平均资产规模偏小，有的资产规模只有数亿元，营业收入不足千万元，影响农村金融的可得性。二是我国农村地域辽阔，经济发展、人口分布不均衡，农村地区的金融服务渠道和服务能力存在触达半径小、覆盖面窄等问题，仍有一些乡镇面临金融服务空白空心化，乡村金融服务的“最后一公里”尚未完全打通。特别是贫困地区，金融服务资源不足，金融服务的可获得性和便捷性还有较大提升空间。此外，金融服务供给方主要围绕农村地区的头部客户开展业务，对长尾端客户覆盖有限。银行投入农村的信贷产品呈现额度小、期限短的特点，无法匹配农业周期长、季节性变化明显的需求。因此，实现普惠金融的可持续发展任重道远。

（二）农村金融机构差异化定位与协同、信息数据共享有待加强

我国农村地区的金融机构以农村信用社和农村商业银行为主，其他类型金融机构为辅，缺乏多元化和差异化特征，难以满足农村经济多样化、差异化需求。根据金融监管总局的数据，2023 年 9 月末，全国农村金融机构共有 3.1 万家，其中农村信用社占 51.6%，农村商业银行占 38.7%，农村合作银行占 6.5%，村镇银行占 3.2%，农村资金互助社和农村金融服务中心合计占比不足 0.1%。除农村信用社和农村商业银行外，其他类型金融机构占比较低，对于服务于“三农”的保险机构、期货公司更是缺乏。因此，农村金融机构的差异化及协同效应不足。

另一方面，农村金融机构对交易数据的利用率不高。现阶段各农村部门间信息数据共享不畅，且金融机构对数据分析的技术投入远远不够，对设计

有针对性、个性化的金融产品服务开发不足，存在金融产品和服务同质化。

（三）数字普惠金融在农村地区的推广有待加强

数字普惠金融作为金融科技发展的重要成果，旨在通过数字化手段，为更广泛的人群提供便捷、高效的金融服务。然而，在农村地区的推广过程中，却面临着多方面的挑战，这些挑战不仅制约了数字普惠金融的深入发展，也影响了农村地区金融服务的普及和质量。

首先，我国基础设施建设的不均衡问题在农村地区尤为突出。农村地区人口分布分散，地域辽阔，这导致互联网基础建设的成本高昂，同时银行网点服务设施的更新也需要巨大的投入。与城市相比，农村地区在基础设施上存在天然的差距，这种差距不仅体现在硬件设施的缺乏上，更体现在网络服务的质量和稳定性上。这种基础设施的不足，制约了数字普惠金融在农村地区的推广和应用。

其次，农村地区群体的金融素养和网络技术水平普遍较低。由于历史和文化等原因，农村地区的居民往往缺乏必要的金融知识，对数字普惠金融产品的理解和运用存在困难。他们的网络技术操作水平也不高，难以适应复杂的数字金融产品操作。更为严重的是，由于缺乏对数字诈骗的辨别能力，农村地区居民在遭遇金融诈骗时往往损失惨重，这不仅损害了他们的经济利益，也让他们对数字普惠金融产生了抵触心理。

最后，数字普惠金融的风险防控问题也是其在农村地区推广的一大挑战。数字普惠金融涉及金融、网络以及科技等多个领域，这使得不同市场、不同行业、不同机构之间的界限变得模糊，风险也随之变得隐蔽和复杂。一旦风险暴露，其传播速度极快，危害范围广泛，农村地区的主体往往难以抵挡这种损失。而我国目前仍未实现从传统的“分业监管”到“穿透式监管”的完全转变，监管错位或重叠的问题依然存在，这不利于风险防范和数字普惠金融的创新发展。因此，如何加强风险防控，保障农村地区数字普惠金融的安全稳定，是当前亟待解决的问题。

三、加快农村地区普惠金融发展的对策

（一）加强农村金融基础设施建设

在推动农村数字普惠金融发展的过程中，加强基础设施建设无疑是最为

关键的一环。这不仅关乎金融服务的可达性与便捷性，更是实现农村经济全面振兴的重要支撑。

首先，加快建设脱贫地区的通信基础设施。通信是现代社会的血脉，对于农村地区而言，更是连接外界、获取信息、享受服务的重要桥梁。因此，政府应加大对移动通信供应商的政策激励力度，通过财政补贴、税收优惠等措施，鼓励其加快在农村地区的网络布局，提升网络覆盖率和信号质量充分利用互联网技术与大数据的发展，加快农村地区移动支付体系的建设。

其次，加强信用信息平台建设是提升农村数字普惠金融服务效率的关键。农村地区由于信息不对称、数据缺乏等问题，往往导致金融机构在提供信贷服务时面临较大风险。因此，我们必须充分利用大数据、人工智能等先进技术，加大数据的采集和处理力度，特别是要补充农村地区“长尾”群体的征信信息，对他们的信用状况进行客观、全面的评估。这不仅有助于金融机构更好地识别风险、控制风险，还能为农村居民提供更加个性化、精准化的金融服务。

最后，加强金融征信、市场征信和政府公共征信的信息归集与共享，是打破信息壁垒、促进农村数字普惠金融健康发展的重要保障。当前，由于各部门、各机构之间信息孤岛现象严重，导致农村地区的征信信息无法有效整合和利用。因此，必须建立统一的涉农信息归集和共享机制，实现金融征信、市场征信和政府公共征信的互联互通，让信息在合法合规的前提下自由流动。这样，金融机构就能更加准确地了解农村居民的信用状况，为他们提供更加优质的金融服务；政府也能更好地监管市场、防范风险，确保农村数字普惠金融的稳健发展。

（二）提升农村居民的金融素养

提升农村居民素养，特别是在金融知识领域，是推动农村经济持续健康发展的关键一环。为了营造良好的金融知识学习氛围，可以采取多维度、多层次的策略。一是开展线下活动。通过定期举办大型讲座、设置金融知识宣传栏、利用广播进行日常宣传等形式，我们可以面对面地向农村居民传授基础的金融知识和理财技巧。这种方式直观、互动性强，有助于加深农村居民对金融概念的理解。二是利用线上方式。我们可以利用直播平台、微信公众号等新媒体工具，进行全方位的金融知识科普。这些平台覆盖面广，传播速度快，能够迅速将最新的金融政策和产品信息传递给农村居民。三是加大农村教育投入。政府应积极引导优质教育资源向农村地区倾斜，支持建立金融知识教育基地，为农村居民提供系统、持续的金融教育。四是建立长效反馈机制。通过定期收集农村居民对金融知识学习的反馈意见，可以及时了解建设情况，调整教学策略，确保金融知识普及工作取得实效。

此外，在金融机构提供金融服务的过程中，也应重视对金融知识的讲解和普及。政府和金融机构可以与农业机构等联动合作，通过金融机构人员和农业专业人员的深入走访，将金融理念与农业现代化技术相结合，帮助农村居民更好地掌握金融知识及金融产品的应用，并培养他们将金融与农业结合运用的能力。这种综合性的教育方式，将为农村经济的持续发展奠定坚实的基础。

（三）加强普惠金融产品与服务创新

金融机构需根据自身特点和市场定位，创新金融产品和服务，以提升普惠金融服务的质量。大型金融机构应充分利用其资金和技术优势，借助数字技术深入挖掘金融排斥群体，并加强对农村地区的支持。与此同时，中小金融机构，特别是农村金融机构，应提升核心竞争力，聚焦农村金融市场，推出针对性金融产品，如针对农村地区的农户推出的农业贷款、针对小微企业的微小企业贷款、针对特定行业的行业专属贷款、探索推进“整村授信”等，这些产品根据目标客户的需求和特点进行设计，更加贴合市场实际，有助于促进农村经济的发展。对保险产品的创新也需要加大力度，推出针对农村地区的特色保险产品，如农作物保险、家禽家畜保险等；或者针对特定人群的定制保险，如老年人健康保险、儿童教育保险等，以增强金融风险的缓冲能力。丰富农产品期货品种，发挥期货市场价格发现和风险分散功能。金融机构应结合自身优势和市场需求，通过创新产品和服务、利用数字技术、增强对农村的支持，并提升保险产品来强化金融风险管理，从而提高普惠金融服务质量，推动农村经济的进一步发展。

（四）加强风险识别和风险防控

农村金融机构在推动金融服务深入农村、助力乡村振兴的过程中，应充分利用数字技术的优势，不断强化风险管理能力。一方面，农村金融机构应加大对风险监控的覆盖面，通过数字技术实现实时监测与预警，确保各类风险隐患能够及时发现并得到妥善处理。另一方面，农村金融机构应加强对采集数据的处理和分析能力，运用大数据、人工智能等技术手段，对客户进行精准的信用评级，以减少信息不对称现象，有效防范逆向选择和道德风险。

监管部门也应积极适应金融行业的发展趋势，加快从“分业监管”向“穿透式监管”的过渡速度。通过充分利用数字技术，监管部门可以更加全面、深入地掌握金融机构的风险状况，避免监管空白地带藏匿金融安全隐患。为了保障普惠金融的健康发展，还需加快促进普惠金融立法进度，明确普惠金融供给双方的权利和义务，对普惠金融的发展边界进行合理规制；明晰各级政府及金融管理部门的职责和权力，确保普惠金融服务对象的基本金融权力得到有效保障，从而推动普惠金融事业在农村地区的稳健发展。

第六章　数字金融赋能数字经济高质量发展

第一节　数字金融的概念变迁及发展历程

一、数字金融的概念变迁

数字金融的概念提出较晚，目前国内外学者尚未对其形成统一定义，而且对数字金融、电子金融、互联网金融、金融科技等概念的界定与区分比较模糊。随着时间的推延，数字金融在不同阶段的侧重点也有所不同。

（一）随着实践扩展出现的相关概念

国内数字金融实践萌芽较早，但正式概念的提出却是近几年的事。从早年的金融电子化、互联网化到近年的互联网金融、金融科技、数字金融，技术和金融的融合发展呈现上升态势，范畴不断扩展，实践不断丰富，相关概念也逐步出现。

我国数字金融的萌芽，可追溯至起步于 20 世纪 70 年代末的金融电子化，银行等机构采用各种电子化设备、通信技术、网络技术等现代化技术手段以实现各类金融业务处理自动化的过程。在实践中，呈现操作电子化、系统联网化、标准统一化特征。

2012 年之后，阿里巴巴和腾讯等互联网平台公司进入金融领域，以支付宝、微信支付等第三方支付为代表的新金融业态兴起，互联网金融概念出现。互联网金融被认为是借助于互联网技术、移动通信技术实现资金融通、支付和信息中介等业务的新兴金融模式。

2016 年 3 月，金融稳定理事会发布了《金融科技的描述与分析框架报告》，对金融科技做出概念解释：通过技术手段推动金融创新，形成对金融市场、机构及金融服务产生重大影响的业务模式、技术应用以及流程和产品。

2016 年，数字金融概念在学术界出现，但受到广泛重视则是在 2021 年 7 月原国务院金融稳定发展委员会提及之后。实际上，在 2020 年 4 月世界银行发布的《数字金融服务报告》中，便已将互联网金融、金融科技、数字金融统称为数字金融。

（二）从技术赋能到服务数字经济

近年来，业界与学者提出了多种数字金融的概念，但都离不开业务主体、数字技术、改善金融服务三个维度，侧重点也逐步从技术赋能金融业务，转向提供高质量金融服务、更好地服务数字经济。

2018 年，北京大学数字金融研究中心主任黄益平，给出了“数字金融泛指传统金融机构与互联网公司利用数字技术实现融资、支付、投资和其他新型金融业务模式”的初步定义，后在 2023 年又补充了“数字金融是数字技术应用于金融领域并改善金融服务”的表述。

2021 年，中央财经大学中国互联网经济研究院等发布的《数字金融蓝皮书：中国数字金融创新发展报告（2021）》中，将数字金融定义为：持牌金融机构运用数字技术，通过数据协作和融合打造智慧金融生态系统，精准地为客户提供个性化、定制化和智能化的金融服务。该书 2023 年版在定义中增加了与数字经济相匹配的金融形态的措辞。

2023 年 12 月，中国社会科学院特约研究员在《推动我国金融高质量发展》中明确表述：发展数字金融，巩固和提升我国数字经济优势。发展数字金融，能够提高金融服务交付速度、透明度和安全性，降低交易成本，促进金融资源要素实现网络化共享、集约化整合、精准化匹配，推动数字经济与实体经济深度融合。

（三）不同部门、学者对数字金融的定义

黄益平、黄卓认为数字金融是指通过数字技术，传统金融机构与互联网企业实现投融资、支付、借贷等新型金融业务模式，其中既强调了其科技属性，又强调了其金融属性，相较于互联网金融突出交易渠道和金融科技侧重科技特征，数字金融所覆盖的内容更广。①

2020 年 4 月世界银行发布的《数字金融服务报告》中对数字金融的定义

① 黄益平，黄卓. 中国的数字金融发展：现在与未来 [J]. 经济学（季刊），2018（4）：1489-1502.

为：数字金融是传统金融部门和金融科技企业利用数字技术进行金融服务的金融模式。在麦肯锡公司的报告中，数字金融被定义为“通过移动电话、互联网或卡片提供的金融服务”。

《数字金融蓝皮书：中国数字金融创新发展报告（2021）》提出：持牌金融机构运用数字技术，通过数据协作和融合打造智慧金融生态系统，精准地为客户提供个性化、定制化和智能化的金融服务。

2023 年 8 月，北京大学数字金融研究中心特约高级研究员肖翔在《北大金融评论》撰文指出，数字金融尚未有统一的定义，但各方对其基本构成要素已有初步共识：一是参与主体既包括传统金融机构，也包括数字平台企业金融科技公司等新兴市场主体；二是主要依托数字技术，数字渠道和数字基础设施实现金融产品和服务供给；三是促进金融产品服务、业务流程、商业模式等方面的数字化创新。

中国社会科学院特约研究员在《推动我国金融高质量发展》中明确表述：发展数字金融，能够巩固和提升我国数字经济优势。发展数字金融，能够提高金融服务交付速度、透明度和安全性，降低交易成本，促进金融资源要素实现网络化共享、集约化整合、精准化匹配，推动数字经济与实体经济深度融合。

综合各方观点，本书认为，数字金融是各类持牌金融机构以数据为关键要素、以数字技术融合应用为关键动力，进行金融业务模式的数字化创新，最终实现与数字经济全面适配的金融形态。

二、数字金融的特征与分类

（一）数字金融的特征

数字金融本质上是将移动互联、大数据、人工智能、云计算、区块链等各类数字技术与传统金融服务业态深度融合发展的一种新型金融服务，其中数字是手段，金融是本质，主要特征是信息化、网络化和智能化。

1. 信息化

大数据、移动互联网技术、区块链技术等先进的信息技术是数字金融的发展基础和依据。在基础技术层面上，移动互联网解决了触达的问题；生物识别可以解决远程风险鉴别问题；大数据解决了信息不匹配的问题；人工智能既保证了数据处理的效率，也拓展了技术边界；云计算可以降低技术和创新的成本，实现社会经济可持续发展；区块链可提供透明可信的数据，追溯计算机算法。这些先进的信息技术手段进一步明确了数字金融的信息化特征。通过不断优化其信息化的特征，进一步提高了数字金融的高新技术水平，为数字金融的发展提供强劲的技术基础。

2. 网络化

网络化是指金融服务在网络的基础上运行，它能够简化管理，能快速给用户提供最佳的解决方案，能够快速解决金融服务过程中出现的问题，通过网络技术让办公和运营维修的终端合为一体，企业使用网络技术减少运营成本，也让数据交换更为方便。

3. 智能化

传统的金融服务已经不能满足人们的需求，人们希望得到更贴心、更智能的服务，数字金融的智能化能够让业务的办理流程更加简洁、顺畅，过程更加智能，用户通过智能化节省了时间，办理业务更加方便，同时能够享受到乐趣。对于企业来说，智能化降低了运营成本，提高了办公效率，推动发展模式转变。

（二）数字金融的分类

数字金融是数字科技与金融业的融合，一方面是传统金融机构利用数字科技将传统金融服务中的人、资金、信息、场景全面数字化，表现为对传统金融业务的优化升级；另一方面是科技企业挖掘数字技术的应用领域，将其运用于金融领域实现投融资、支付、借贷等业务模式的创新，衍生出全新的金融服务模式和业态，所以数字金融总体上可以分为传统金融的数字化和数字金融新兴业态两大类。

1. 传统金融的数字化

（1）银行业务数字化

数字银行是指银行及其所有活动，计划和职能的全面数字化。区别于传统银行，数字银行并不依赖于实体分行网络，而是以数字网络作为银行核心，通过大数据、区块链等前沿技术实现在线金融服务，服务趋向定制化与互动化，银行结构趋向扁平化。数字银行是网上银行、手机银行、手机钱包、网上开户、网络营销等一系列事物的总称。数字银行更依赖于大数据，分析和采用所有新技术来改善客户体验。

（2）保险业务数字化

在金融科技的浪潮下，互联网保险公司、互联网巨头等市场主体纷纷加入保险市场中，以技术作为驱动力，给原本稳定发展的保险行业格局带来冲击。面对金融科技的冲击，传统保险业纷纷转变经营战略，主动投身于数字时代。在顶层设计方面，各保险公司都把数字营销作为公司战略的重中之重，制定了数字化和创新驱动发展战略。在各大上市保险公司年报中，“数字化”“金融科技”已经成为关键词。在科技能力建设上，各大保险公司投入大量资源进行数字化建设，打造以科技为驱动的动能模式。保险科技的应用已渗透全业务链条，大幅提升了保险公司的经营效率；科技为公司创造了新的业务模式并打造了数字保险生态体系，为保险公司带去新的发展机遇。传统保险公司凭借着自身的规模优势、牌照优势、资金优势，在保险科技的浪潮中抢占先机。随着保险行业参与主体的数字化，以及投保人行为的数字化，保险行业也会进入数字生态阶段。

（3）证券业务数字化

随着数字化浪潮的兴起，券商之间的竞争已逐渐演变为金融科技水平之间的竞争。现代券商的核心竞争能力，由其数字化支持能力决定：一方面，提高数字化的支持能力与反应速度，以满足客户不断发展和快速变化的需要；另一方面，深入挖掘现有数据，拓展金融服务覆盖范围，发现新的商机与营销对象。数据显示，自 2018 年以来，国泰君安证券、海通证券、银河证券、招商证券等数 10 家券商与腾讯等进行合作，在互联网证券业务场景创新、AI 智能应用等领域提升证券服务的凝聚力，进一步提升行业服务的质量与效能。

（4）财富管理数字化

随着互联网金融受到越来越多的关注，互联网金融平台根据自身的用户基础，为不同用户提供不同理财需求的理财产品。互联网金融让投资理财的人群能够更好地享受互联网所带来的便捷理财优势。互联网理财让沉积在个人账户的资金发挥出更大的效益，为理财人带来更高的回报，实现了全国富裕地区的资金向二、三线城市的转移，无论是宏观还是落实到个人，互联网金融理财都会成为未来的金融界主导，惠及更多的人。

（5）其他金融业务数字化

除了银行、保险、证券等行业在积极迎合时代发展趋势，全面推动数字化转型，其他各种金融业态、金融业务也同样在顺势而为，创新金融产品和业务模式，加快推进数字化转型。

2. 数字金融的新兴业态

（1）第三方支付

第三方支付是指具备一定经济规模与信誉保障的独立机构，通过与银联或网联对接的方式，促成双方完成交易的网络支付模式。在第三方支付模式下，买方选购商品后，在第三方平台提供的账户上，将货款支付给第三方，第三方告知卖家货款已到账、应完成发货；买方收到货物，检验货物，确认无误后，通知第三方付款；第三方再将款项转至卖家账户。

（2）网络借贷

网络借贷是指在网上完成借贷，在网络平台上借入者与借出者均实现借贷的"在线交易"。网络借贷借助互联网的优势，可以足不出户地完成贷款申请的各项步骤，包括了解各类贷款的申请条件，准备申请材料，一直到递交贷款申请，都可以在互联网上高效地完成。

（3）数字货币

数字货币（Digital Currency，DC）是电子货币形式的替代货币，数字金币和密码货币都属于数字货币。数字货币是指一种基于节点网络与数字加密算法的虚拟货币。数字货币的核心特征为以下三个方面：①由于源自某些开放的算法，数字货币无发行主体，因此缺少人或机构控制其发行；②由于算法解的数量确定，所以数字货币总量固定，从根本上解决了虚拟货币滥发导致通货膨胀的问题；③交易过程需要网络中各节点认可，因此数字货币交易过程具备足够的安全性。

（4）区块链技术及应用

区块链技术作为一种去中心化的分布式账本，其核心特征体现在其链式数据结构上，这一结构确保了信息的不可篡改性和防伪性。该技术以去中心化、去中介信任、高度的开放性及可靠性为显著特点，最初在比特币系统中得到应用，展现了其在处理信用相关业务方面的独特优势。通过区块链，传统上依赖专业金融机构和硬件系统的需求得以降低，从而蕴含了促进金融脱媒的潜能。尽管当前区块链的应用主要聚焦于数字货币、供应链管理、智能合约、身份认证及数据存储等五大领域，但尚未出现技术成熟度与商业模式均完善的典范案例。

（5）众筹融资

众筹融资是一种通过网络众筹平台向公众筹集资金的融资模式，通常通过转让部分股权来实现。该模式的适用范围非常广泛，尤其适合资本不足的中小型企业及新兴产业，特别是在具有创新性和发展潜力的专利技术领域中表现尤为突出。与传统融资方式相比，众筹融资对企业的要求较低，使得资金筹集变得更加便捷。在投资者方面，众筹融资的门槛相对较低，普通公众均可参与其中。这一模式允许即便缺乏专业知识和投资经验的人群也能够参与投资，这种开放性大大增加了投资者的多样性。值得注意的是，投资回报形式也表现出高度的多样化。例如，投资者可以获得产品或服务，这种多样化的回报形式不仅减轻了融资方在资本回笼方面的压力，还促进了市场的健康发展。众筹融资作为一种创新的融资模式，具有对企业要求低、覆盖面广的特点。它不仅有助于解决中小型企业和新兴产业的资金问题，还通过多样化的投资回报形式，推动了市场的健康和可持续发展。

（6）智能金融

智能金融是人工智能与金融的全面结合，以人工智能、大数据、云计算、区块链等高新技术为基础，全方位赋能金融机构，提高服务效率，拓展金融服务广度与深度，推动全社会获得平等、高效、专业的金融服务，实现金融服务智能化、个性化、定制化。智能金融主要应用包括智能获客、身份识别、大数据风控、智能投顾、智能客服等。

（7）产业数字金融

2022 年 1 月，原中国银保监会发布的《关于银行业保险业数字化转型的指导意见》中提出了“数字金融”概念，提出“构建适应现代经济发展的数字金融新格局”，“积极发展产业数字金融”。在此背景下，孕育出了产业链金融、农村数字金融、科创金融等新模式、新业态。产业链金融借助云计算、数据处理、光学字符识别（OCR）等技术手段的支持助力产业链中的中小企业融资。农村数字金融依托互联网、云计算等数字化技术，助力“三农”领域普惠性金融发展，推动农业产业数字化升级。科创金融以赋能“专精特新”为代表的科创企业为目标，通过金融科技创新与服务机制及制度创新提供全生命周期金融服务的新业态，直接融资及间接融资是科创金融的主要功能。

三、数字金融的发展背景与历程

进入数字经济时代，数据资源已经成为继自然资源、金融资本、人力资源及技术创新之后的又一核心生产要素。数字资源的创新与构建、集聚与整合、转移与流通，使传统生产要素的供给缺陷得以补充，也就是“生产要素结构”得以完善。数字金融创新之处在于将传统金融服务与前沿科技深度融合，并以现代计算机信息技术为基础，提升金融服务效率，扩大普惠金融服务范围。

（一）数字金融的发展背景

1. 技术背景

互联网技术的发展为数字金融奠定了技术基础，互联网技术与金融功能的深度结合造就了互联网金融。互联网技术包括 Web 2.0、社交网络、移动互联网、大数据技术、云计算、区块链技术及人工智能 AI 大模型。Web 2.0、社交网络、移动互联网的兴起，为数字金融提供了强大的技术支持。这些技术不仅增强了金融服务的普惠性，还通过开放性、交互性等特点，推动了互联网金融的普及进程。根据相关报告和观察，互联网技术的应用使得金融服务更加便捷、高效，降低了金融交易的成本，扩大了金融服务的覆盖面。大数据技术能够处理和分析海量的金融数据，为金融机构提供精准的风险评估、客户画像等服务。而云计算则提供了强大的计算能力和存储资源，支持金融机构进行高效的数据处理和业务运营。这些技术的应用，极大地提升了金融服务的效率和质量。区块链技术通过分布式账本、加密算法等技术手段，实现了金融交易的透明性、安全性和可追溯性。区块链技术的应用，有助于降低金融交易的风险和成本，提高金融服务的可信度和效率。人工智能 AI 大模型通过深度学习等算法，从海量数据中学习并提取出有用的信息。在数字金融领域，AI 大模型可以应用于欺诈检测、信用评估、市场风险分析等多个方面，帮助金融机构提高风险管理能力和客户服务水平。例如，一些金融机构已经利用 AI 大模型构建了反欺诈系统、信用评估模型等，取得了显著的效果。这些技术的应用和创新，不仅推动了数字金融的快速发展，还为金融行业的转型升级提供了强大的动力。

2. 经济背景

20 世纪 90 年代以来，随着冷战的结束，以信息技术革命为中心的高新技术迅猛发展，不仅冲破了国界，缩小了各国各地区之间的距离，使世界经济越来越融为一体，全球化的概念得到普遍认可，并让人类社会迎来了 10 多年的经济高速增长。然而 2008 年，美国爆发的经济危机几乎席卷了西方世界。这次经济危机也标志着新自由主义的经济模式已经行不通而归于失败，全球经济中心开始由欧美为中心向亚太为中心转变。中国历经 40 多年的改革开放与现代化建设实践，形成了独具特色和优势的中国发展模式。

当今世界，各国经济已高度相互依赖，人类经济交往比过去任何时候都更为深远，各国联系比过去任何时候都更频繁紧密，全球化的利益已经惠及大量国家、大量企业、大量劳动者和消费者，客观上，经济全球化仍然是人类社会发展的主流趋势。在“三期叠加”[①]的背景下，以中国为代表的新兴市场经济主体，正成为世界发展、人类文明进步的一支重要力量。

当前，全球经济正处于深刻变革之中，数字经济已成为继农业经济、工业经济之后的更高级经济阶段，成为推动全球经济增长的新引擎。中国经济已由高速增长向高质量发展调整，雄厚的经济基础为金融业的创新发展奠定了坚实基础，金融资源的配置效率也决定着整个经济社会的运行效率和经济增长质量。数字金融作为金融创新与科技创新叠加融合形成的一种高级金融形态，具有数字与金融的双重属性，能够加速资金、信息、数字等要素的自由流通与有效配置，为实体经济发展提供金融活血。

（二）我国数字金融的发展历程

数字金融是我国数字经济发展中最为活跃的领域之一，也是产业数字化的代表性行业之一，在其发展过程中，金融信息化、互联网金融、金融科技、数字金融等概念在不同场合出现，这也代表着数字金融发展所经历的不同阶段。

1. 金融信息化时代：传统金融触网（20 世纪 70 年代至 2012 年）

金融信息化是把现代信息技术运用到金融业的重要进程，它是建立在由信息网络、计算机、信息资源和人力资源构成的国家信息基础框架上，由统一技术标准，以不同的速率传输数据、语音、图像、视频和图像的信息网络，将各种以计算机为主体，具备智能交换、增值服务的金融信息系统进行连接，构建一个新的金融经营、管理和服务模式的系统工程。相较于发达国家，中国从 20 世纪 70 年代开始建立金融行业信息系统，起步较晚，发展历程较短，但发展速度较快。中国金融信息化由 20 世纪末起步，已历经 20 多年，在众多金融科技从业人员的努力下，初步建成了日趋成熟完整的金融信息体系，实现了从无到有、从有到精。中国金融行业信息化的发展大致分为以下五个阶段：

① 三期叠加是指我国经济面临的速度变化期、结构调整期和动力转换期三个阶段叠加在一起的现象。

（1）起步阶段（20 世纪 70 年代）

20 世纪 70 年代，以中国银行引进第一套理光 -8 型（RICOH-8）主机系统为标志，中国金融行业信息系统进入起步阶段。鉴于计算机效率高、准确性强、功能丰富的优势，主要目标为用计算机代替人工，处理银行部分业务，如对公业务、储蓄业务、联行对账业务等业务的自动化处理。本阶段的主要处理方法是脱机批处理的方式。

（2）推广应用阶段（20 世纪 80 年代）

20 世纪 80 年代，我国银行业在大中城市推广各类柜面业务处理系统，各行分别建立了自身联网系统，实现了同城银行间的活期储蓄通存通兑，各行、各网点间业务的联网处理。计算机已应用于银行门市业务、资金清算业务、信贷管理等多项业务中。1985 年中国银行率先加入了 SWIFT 环球金融通信网络系统，我国银行业网络信息系统同国际接轨取得重大进步。

（3）完善提高阶段（20 世纪 90 年代）

20 世纪 90 年代，各大银行选择升级信息系统主机，扩大业务处理范围、提升业务处理能力。1991 年 4 月 1 日，中国人民银行卫星通信系统上电子联行的正式运行，标志着我国银行网络信息系统进入了全面网络化阶段。各大银行先后加入中国人民银行的电子联行系统，在部分城市建立了自动化同城票据交换系统，解决了之前资金清算时间长、可靠性差的问题，推动异地资金清算高质高速完成。其他各大银行也纷纷加入 SWIFT 系统，提高自身国际结算业务的水平。在中国人民银行卫星通信系统上还开发应用全国证券报价交易系统，推动全国形成统一、公平、合理的证券交易市场，揭开计算机在金融领域应用的新篇章。

在应用水平提升，网络系统完善的技术支持下，除了传统金融业务外，各行推出了新型自助银行，以便随时随地提供服务，形成了全方位、全开放式、多层次，并与国际接轨的新型金融服务体系。

（4）传统金融行业互联网化阶段（20 世纪 90 年代末到 2005 年）

1993 年，电子商务这一全新商务运作模式的诞生，带领人类商务活动进入全面电子化时代。银行等传统金融机构为应对金融业网络化新形势，开始转变传统经营观念、支付方式和运营模式，网上转账、网上证券开户等互联网金融业务相继出现，预示着互联网金融时代到来。在全球互联网信息技术高速发展，且我国已加入 WTO 的背景下，中国金融市场出现了新竞争格局。

基于此，金融企业利用信息技术加强客户关系管理、金融产品创新，内部信息化建设，以求得市场优势。

在电子商务时代新形势下，金融企业要求将其支付系统与企业网络、政府网络以及消费者网络进行对接，推出网上支付系统。中国银行首先推出网上银行系列产品。随后中国建设银行总行正式推出了网上银行业务、线上个人外汇买卖等服务。信息技术的应用水平、网络化成为衡量“新世界、新金融、新银行”的一个重要标准。

2005 年，中国已出现互联网金融萌芽，然而此时尚未真正形成互联网金融形态，传统金融机构仅是简单地将金融业务搬到互联网上。

（5）第三方支付蓬勃发展阶段（2005—2012 年）

2005—2012 年，是中国由金融信息化转型至互联网金融发展时期，金融与互联网的融合由技术层面逐步深入到业务领域，第三方支付、P2P 网贷等真正的互联网金融业务相继出现。由于电子商务中货款支付不同步，存在较大的信用问题，第三方支付平台以信用中介的身份出现，并迅速发展。随着移动通信的普及，其应用范围逐步拓展到了生活服务领域。

2. 互联网金融时代：互联网 + 金融兴起（2013—2016 年）

1995 年，美国安全第一网络银行（Security First Network Bank，SFNB）成立，标志着互联网金融出现，揭开了金融发展新篇章。中国互联网金融发展主要有以下两个阶段：

（1）互联网实质性金融业务发展阶段（2013—2015 年）

2013 年被称作互联网金融发展元年，“余额宝”的出现，标志着中国互联网金融进入高速发展模式。随着第三方支付的逐渐成熟，P2P 网贷的迅猛发展，众筹平台兴起，互联网保险、互联网银行等获批经营，同时券商、基金等利用互联网开展业务，网络金融超市和金融搜索出现，提供了整合式服务，我国互联网金融进入高速发展期。2013 年起，互联网科技公司、传统金融公司，都在利用数字技术进行金融创新。“余额宝”的成功，让金融行业大吃一惊，也让中国传统金融的基础受到了极大的冲击。《政府工作报告》中正式载入了 2014 年 3 月的互联网金融。2015 年，中国十大部委联合发布《促进互联网金融健康发展指导意见》，将互联网金融视为一种全新的金融商业模式。

（2）互联网规范性金融业务完善阶段（2016 年）

2016 年，互联网金融行业监管多措并举，监管政策与行业自律规范陆续出台。2016 年 9 月 9 日，由中国互联网金融协会组织建设的“互联网金融行业信用信息共享平台”正式开通，中国互联网金融协会与 17 家会员单位集中签署了《中国互联网金融协会互联网金融服务平台信用信息共享合作协议》。

2016 年 8 月 24 日，银监会颁布《网络借贷信息中介机构业务活动管理暂行办法》，10 月 13 日银监会印发《P2P 网络借贷风险专项整治工作实施方案》，11 月银监会、工信局和工商总局印发《网络借贷信息中介机构备案管理登记指引》，同时专项整治各项工作稳步推进。这些规章制度的出台，使网络借贷风险整体呈现下降态势，风险案件高发、频发的势头初步得到遏制。

3. 金融科技：金融和科技强强联合（2017—2019 年）

根据金融稳定理事会（FSB）于 2016 年提出的定义，金融科技是基于大数据、云计算、人工智能、区块链等的一系列技术创新，全面应用于支付清算、借贷融资、财富管理、零售银行、保险、交易结算等六大金融领域，是金融业未来的主流趋势。

在这一时期，互联网、移动互联技术将作为新兴技术的基础存在，而不再是推动金融即时化发展的主要力量。金融市场环境的巨大变化，迫使金融业与科技加速融合，提升自身的金融服务能力和效率，使得金融科技以大数据、云计算、人工智能等为代表的前沿技术，在理财、支付、融资、平台建设等多个领域得到了广泛应用。金融服务打破了时间和空间的限制，与客户保持 7×24 小时的实时在线，惠及更多的长尾群体。计算机和带宽成本的持续降低，加快了云计算时代的来临；物联网的不断完善，增强了设备互联的可能性。这些硬件条件的升级也使得科技有了一次跨越式发展的机会。

2017 年后，金融业中，大数据、区块链等技术更广泛地应用于保险、供应链、支付领域甚至是货币领域，以求更为合理科学地配置金融资源。如在支付领域，由于第三方支付的迅猛发展，用户的支付习惯发生了变化，金融中介商业银行在支付清算领域的地位被动摇；在贷款方面，P2P 等数字金融技术延伸金融服务范围，整合金融资源；在供应链方面，数字化技术以其高效率、高精度，让产业与金融机构的联系变得更加紧密，推动金融为实体经济赋能增效，同时促进实体经济反哺金融业。在货币领域，随着数字技术的不断发展，其信用体系会通过区块链等技术来重建。相较于传统的社会信用体系，这种去中心化的信用体系更高效安全。金融科技阶段的发展特征主要表现为传统金融公司和互联网科技公司共同成为发展主力。

4. 数字金融时代：智慧金融生态系统（2020 年至今）

在新一轮技术革命迅猛发展的今天，数字经济已成为全球经济发展的必然趋势。金融领域在此背景下，不断被大数据、区块链等数字技术渗透，数字金融也随之出现，覆盖了传统金融的数字化、移动化、互联网金融等领域，带动我国经济社会高质量发展、提升国家竞争力。

2016 年 9 月在杭州举行的二十国集团（G20）峰会上，由我国推动并参与制定的《G20 数字普惠金融高级原则》中，第一条原则就是利用数字技术推动普惠金融发展，努力消除数字金融服务发展的障碍，可以说是数字金融提法的开始。从 2016 年开始，金融监管层推动金融科技和电子商务深度融合，评估互联网金融风险，建立数字金融的监管体系和市场准入体系，实现数字金融标准规范与金融监管的有机结合。2016 年 11 月 18 日，时任央行副行长潘功胜在世界互联网大会上表示，“中国央行正在评估互联网金融的风险，中国将建立数字金融的监管体系和市场准入体系”。此讲话中，监管层既用了“互联网金融”的概念，也用了“数字金融”概念。此后，党和政府对数字金融的认识不断加强。从提出“数字金融”概念以来，主要有三个阶段。

（1）第一阶段，提出“数字金融”概念，视同金融数字化

2019 年 10 月 24 日，习近平总书记在中共中央政治局就区块链技术发展现状和趋势进行第十八次集体学习时指出：“区块链技术应用已延伸到数字金融、物联网、智能制造、供应链管理、数字资产交易等多个领域”，要求“推动区块链和实体经济深度融合，解决中小企业贷款融资难、银行风控难、部门监管难等问题”。这是中央高层第一次使用“数字金融”的概念。2021 年 7 月 6 日，国务院金融稳定发展委员会召开会议强调，当前及未来一段时期，“发展普惠金融、绿色金融、数字金融，建设中国特色资本市场，促进金融、科技、产业良性循环等重大课题”。国家层面再次提及“数字金融”。这个阶段对“数字金融”的认识，是把其当作金融数字化，或者金融数字化转型看待，与金融科技是同义语。

（2）第二阶段，数字金融纳入数字经济，发展与数字经济相适应的金融服务能力

2022 年 1 月，国务院印发的《“十四五”数字经济发展规划》将金融放在了“全面深化重点产业数字化转型”部分，提出“全面加快商贸、物流、金融等服务业数字化转型”。在“着力强化数字经济安全体系”中要求“规范数字金融有序创新，严防衍生业务风险”的要求，明确使用了“数字金融”概念，把数字金融看作一种金融业务形态，并以加强监管为主导方向。2022 年 1 月，原中国银保监会发布的《关于银行业保险业数字化转型的指导意见》中提出了“数字金融”概念，提出“构建适应现代经济发展的数字金融新格局”，“积极发展产业数字金融”。中国人民银行印发的《金融科技发展规划（2022—2025 年）》，要求将数字元素注入金融服务全流程，将数字思维贯穿业务运营全链条，注重金融创新的科技驱动和数据赋能，部署高质量推进金融数字化转型，健全适应数字经济发展的现代金融体系。

（3）第三阶段，数字金融上升为国家战略，成为金融五篇大文章之一

在产业数字金融兴起之前，数字金融主要面向消费端客户，提供线上化、场景化的移动支付、个人信贷、理财等。随着产业互联网发展，企业端数据被采集起来，从而将实体经济引入数字金融生态，产业数字金融应运而生，开辟了新的市场。近年来，金融机构积极发展产业数字金融，打造数字化金融服务平台，推进开放银行建设，加强场景聚合、生态对接。金融机构依据各地发展机遇与比较优势，探索打造绿色产业数字金融、跨境产业数字金融、科创产业数字金融、乡村产业数字金融等特色模式，实现了差异化市场竞争。2023 年召开的中央金融工作会议，把数字金融作为金融五篇大文章之一，对数字金融高质量发展提出了新要求，成为数字中国建设和发展数字经济的重要组成部分。

从金融信息化到互联网金融，再到金融科技，最后到数字金融，概念演变背后的逻辑有四点：一是价值回归，金融要把为实体经济服务作为出发点和落脚点；二是技术驱动，尤其是随着 5G 时代的到来，物联网、虚拟现实 / 增强现实等将加速发展应用；三是风险防控，防止发生系统性金融风险是金融工作的永恒主题；四是监管趋紧，2016 年 4 月开始互联网金融风险专项整治，2020 年 11 月开始加强金融科技监管。《中华人民共和国数据安全法》《中华人民共和国个人信息保护法》等法律出台，将进一步促进金融科技、数字金融规范健康发展。

第二节　数字金融服务实体经济高质量发展的内在机理及现实意义

一、我国数字金融正在蓬勃发展

近年来，我国数字金融发展势头强劲，逐渐成为推动金融创新和经济增长的重要力量。

从数字金融的规模上来看，我国数字金融市场的用户规模和交易额呈现爆发式增长的态势。具体而言，根据中研普华产业院的研究报告，截至2023年，中国互联网金融市场规模已超过18.8万亿元人民币，显示出强大的增长动力。

从数字金融的应用领域来看，我国数字金融已经覆盖了支付、融资、投资、保险、征信等多个领域，在移动支付领域，已经领跑全球，成为全球金融交易最活跃、支付最便利、成本最低以及效率最高的国家之一。2023年中国移动支付业务达到1851.47亿笔，总金额达到555.33万亿元，分别较去年同期增长了16.81%和11.15%。移动支付的普及率已达到86%，居全球首位。截至2023年6月底，数字人民币的交易额已达1.8万亿元，流通中的数字人民币总额为165亿元，累计交易笔数达到9.5亿，已开通的数字人民币钱包数量达1.2亿个。

从数字金融创新上来看，我国金融科技和数字金融技术的相关专利技术不管是数量还是增速都远高于其他主要国家。其中，大数据和云计算技术最为突出。这些技术创新不仅推动了移动支付、大科技信贷、互联网银行等领域的技术水平位居世界前列，而且为数字经济的蓬勃发展提供了有力支撑。我国在央行数字货币（DC/EP）的研发上处于世界领先地位，数字人民币的试点和应用不断拓展，为数字时代的金融基础设施建设打下了坚实基础。

二、数字金融服务实体经济高质量发展的内在机理

数字金融将打破企业内部不同环节、不同模块、不同部门之间的“数据孤岛”，缓解银企信息不对称问题，降低企业融资约束。推动企业资源配置

高效化，推动企业全要素生产率提升。数字金融的丰富融资工具将有助于企业选择更适合自身的技术创新最优路径，驱使企业生产管理智能化、企业营销管理精准化、企业资源管理高效化，从而带来企业管理范式乃至管理制度的创新，推动产业结构稳步升级，助力经济高质量发展。

（一）数字金融推动数据互联互通，提高全要素生产率

通过与数字技术融合，数字金融将提供更为低价且高效的金融支持与配置，促进产业链发展。主要通过降低信息数据成本和降低融资约束水平两方面实现。

数字金融推动信息“四流合一”，降低信息数据成本，优化企业资源配置模式。相比于传统金融，数字金融能够利用数字技术推动企业数据透明化和信息化，实现企业商流、物流、资金流、信息流的“四流合一”，降低企业信息搜寻成本、交易成本和议价成本，提高企业资源配置效率，推动企业实现降本增效。拓宽金融机构信息获取渠道，扩大信息共享范围，促进要素实现网络化共享，提升资源要素配置效率。

数字金融推动软信息“硬”化，降低融资约束水平，提升企业信贷资源配置效率。首先，数字金融将结合云计算、大数据等数字技术有效处理实时、海量的企业交易行为数据，快速准确评估企业信用信息，推动各类软信息“硬”化，弥补传统金融结构中企业硬信息不足的劣势。其次，通过缓解银企信息不对称问题，使原本受到金融排斥的中小微企业、民营企业等长尾客群跨越融资约束门槛，在数量上降低企业融资约束水平，在质量上提升信贷配置效率，纠正传统金融机构信贷资金的定价偏差。最后，随着企业融资约束缓解，企业资金链流动能力提升，企业内部资源配置优化，为企业生产管理变革、商业模式创新、研发技术活动等提供资金保障。

（二）数字金融拓展金融服务渠道，提高实体经济运行效率

通过数字化变革，数字金融将提供更为简洁且匹配的金融模式与服务，支撑产业链发展。主要通过盘活金融资源和推动金融产品精准对口两方面实现。

数字金融简化金融服务模式，高效盘活金融资源，提高服务企业效率。一方面，数字化金融服务模式不断涌现，极大简化了原有繁杂的手续办理模式，提高了金融服务效率。另一方面，金融机构竞争环境的改变将释放低效

金融机构手中的金融资本，盘活市场游离的金融资源，缓解传统金融机构的金融资源结构错配问题。区块链等技术的发展也使得金融机构摆脱对实体网点的依赖，减少金融机构的地域限制，推动金融资源跨时空配置。金融资源被高效盘活，资源配置效率提升，进而推动产业链协同高效发展。

数字金融拓宽金融服务模式，推出精准对口的金融产品，助力企业发展优化。其一，随着数字金融提供更为丰富多样的金融产品和融资渠道，企业可根据自身发展情况匹配更优、更适合的金融工具和融资模式，选择更高效的生产技术创新决策，实现企业全要素生产率高质量提升。其二，金融服务的精准化如专项贷款、精准扶贫等，也将减少长尾群体融资排斥现象，提高金融机构服务的触达能力。其三，传统金融机构金融评估模式单一，风险评估体系不完善，风险甄别能力不足，难以精确评估企业金融风险，不利于产业可持续发展。数字金融可利用数字技术精算手段，有效识别企业金融风险，保障产业稳定、可持续发展。

（三）数字金融平衡区域经济差异，缩小城乡发展差距

数字金融的兴起缓解了中西部地区金融资源缺乏的现状。通过大数据、区块链、人工智能等技术，能够迅速识别经济效益良好且具有发展潜力的企业，解决了金融机构与融资企业之间的信息不对称问题，优化了社会资源的配置，提高了企业金融资源的可获得性，推动了中西部地区调整产业结构、优化产业布局，平衡了我国地区经济发展的差异。因此，数字金融在支持产业结构调整和经济结构优化方面发挥着重要作用。

数字金融的发展、普及为城乡居民提供了相同的金融服务体验，缩小了城乡发展差距。数字金融服务促进了农村种植业、畜牧业等产业的发展，拓展了农民的收入渠道，提高了收入水平和消费能力。随着数字金融的普及，农村居民的消费意识、能力、水平和结构逐渐接近城市居民，释放了更多的消费潜力。数字金融的发展提升了农村经济活力，促进了城乡共同富裕。

三、数字金融对经济社会的影响与现实意义

（一）数字金融是经济与社会发展的重要驱动力

1. 数字金融能够提升资金配置效率，为实体经济发展提供金融活血

在当今经济环境中，金融资源的配置效率成为推动经济增长和社会运行

效率的关键因素。传统金融体系因其“嫌贫爱富”的特性，往往导致金融资源向大企业和高信用客户集中，形成金融排斥现象。这种现象限制了中小企业和经济弱势群体获得必要的资金支持，从而影响了整体经济的健康发展。然而，数字金融的出现，凭借其独特的技术优势，正逐步缓解这一问题。数字金融通过整合企业的信息流与现金流，运用先进的风险分析和定价技术，有效地应对了传统金融体系中的信贷市场失灵现象。具体而言，数字金融利用大数据、人工智能和云计算技术，能够实时分析企业的财务状况和市场环境，做出更加准确的风险评估和贷款决策。这种精确的风险分析不仅降低了金融服务的门槛，还大幅度提升了金融服务的普惠性，使得更多中小企业和个人能够获取到所需的金融支持。

2. 数字金融降低服务门槛，推动金融市场发展和创新

数字金融的优势在于其显著降低了金融服务的门槛，扩展了普惠金融的覆盖率，并提升了市场主体获取金融服务的便捷性。这一过程不仅让更多的企业和个人享受到金融服务的便利，还推动了金融市场的进一步发展和创新。数字金融通过大数据和云计算技术的运用，加速了金融业的数字化转型。通过优化信贷流程，降低运营成本，数字金融在提高金融服务效率的同时，也促进了整体经济的增长。数字金融与科技创新之间存在着密切的互动关系。它不仅支持了科技创新，还促进了金融、科技和产业之间的良性循环发展。在微观层面，数字金融为企业的基础研究和科技研发提供了匹配的融资支持，使得科技创新能够获得必要的资金保障。在中观层面，数字金融通过整合产业链数据，提供长期低息资金支持，进一步推动了产业链和供应链的融合。而在宏观层面，数字金融则推动了数字、科技、创新要素向高生产效率的科技产业集中，促进了区域经济的创新驱动发展。数字金融通过优化金融资源配置、降低运营成本、支持科技创新和产业升级，显著提升了经济效率和推动了高质量经济的发展。它不仅在缓解金融排斥、提升金融服务普惠性方面发挥了重要作用，还在推动经济结构转型和提升整体经济发展质量方面展现出了巨大的潜力。随着数字金融技术的不断发展和应用，未来其对经济社会的推动作用将会更加显著。

3. 数字金融促进资金均衡配置，保障经济协调发展

数字金融可以促进资金均衡配置，为经济协调发展提供保障。长期以来，我国区域间、城乡间的金融资源配置存在异质性差异，金融资源的不平衡分布会加速经济发展的“马太效应”。数字金融能够弥合区域间、群体间的“数

字鸿沟”，促进资金的公平分配和经济的包容性增长。一方面，大数据、区块链、人工智能算法等数字科技会改革优化金融机构的信贷偏好，增强信息的溢出效应，降低金融机构的服务准入门槛，这有利于缓解小微企业、个体户、居民等面临的融资约束；另一方面，移动互联网支付等数字金融能够基于真实有效信息进行跨主体、跨区域、跨时期的资金配置，引导金融机构将东部地区富裕的金融资源配置到中西部地区急需资金支持的项目中去，减少区域间金融服务的可得性差距，从而有助于构建全国统一的金融大市场和促进区域协调发展。

4. 数字金融加快经济转型步伐，优化资源配置

数字金融可以加快经济转型的步伐。数字金融基于数据、以技术驱动，通过信息流和技术流加速资金流和产业流，可以有效地调动各种市场主体的积极性，有效地将资源分配到科学技术领域的研发、生产、分配、流通和消费各个环节，推动供给和需求之间的动态平衡，加快经济的转型升级，促进我国经济社会朝着低碳、绿色、高效、集约的方向发展。

5. 数字金融推动高水平对外开放，重塑世界经济格局

数字金融推动了我国高水平对外开放。以金融创新支付、金融基础设施升级、数字货币发行等方式，有效地将国内外市场连接起来，帮助企业方便地开展对外投资，加快推动跨国技术转移，吸引高端创新成果落地，进而重塑世界经济格局。

6. 数字金融有效防范系统性风险，提供科学决策支持

数字金融可以有效地防范系统性风险。运用大数据、云计算等先进技术，构建数字化、智能化、透明化、精细化的“穿透式”数字金融安全网，建立健全防范、预警、处置和问责体系，可有效防范跨行业、跨市场、跨地域的风险传导，从而为监管部门提供更加科学精准的决策支持。

（二）数字金融能够极大提升金融服务人民群众的便捷度

借助现代信息技术、大数据和云计算，数字金融在金融生态圈中的应用范围大幅拓宽，无实体网点、低门槛、24 小时营业等优势，使得数字金融平台提高了金融服务的覆盖面，与电子商务紧密合作降低了数字金融平台获取企业信息的成本。通过使用计算机，大多数的数字理财平台都可以进行大量的交易，从而大大提高了交易的效率。要把群众的需求和需要放在首位，建立健全便利性、调控性和透明度的数字金融服务系统，才能加速优化分配结

构、提高居民收入、挖掘消费潜力，不断增强人民群众的获得感、幸福感、安全感。

第三方支付以其便携性、低成本性和安全性迅速被大众所接受，使得消费者在网上便捷购物，不需要面谈付款，而是通过第三方支付平台，保障资金安全，让消费者可以在全球范围内自由购物。移动支付使居民只需要一部手机就能进行所有的消费、交易，使消费者随时随地都能获得所需要的物品和服务，既省去了随身携带现金的麻烦，又解决了交易过程中的各种费用和不安全问题，提高了消费的支付与转用效率，提高了居民的生活品质。网络信贷的发展可以为那些没有受到传统金融保护的群体提供服务，并为其提供一定的融资支持。网上保险具有跨地域服务的技术优势，可以让客户在谈判、签约时没有时间限制，降低成本，最终让消费者受益。网络众筹使众多无法从正规金融机构获得资金支持的中小创业者获得低成本资金支持，拓宽了小微企业的融资渠道，也为更多有创业想法却不具备资金规模以传统融资方式募集资金的投资者解决了融资难的问题。

（三）数字金融倒逼传统金融机构转型发展

1. 数字金融催生运营模式与产品创新

近年来，数字金融作为金融行业与现代信息技术深度融合的产物，正以前所未有的速度改变着金融业的格局和运营模式。数字金融，包括互联网金融和金融科技时代下的创新，以其高效、便捷、普惠的特性，迅速成为推动金融行业创新发展的重要力量。

在运营模式上，数字金融打破了传统金融服务的时空限制，实现了金融服务的去中心化、去中介化。通过互联网平台，用户可以随时随地进行金融交易和服务，如在线支付、网络借贷、智能投顾等，这些服务不仅极大地提高了金融服务的便利性和效率，还降低了交易成本。大数据、云计算、区块链、人工智能等技术的应用，使得金融服务的边界不断拓展，金融产品和服务的个性化、定制化成为可能。例如，智能投顾系统可以根据客户的风险偏好和投资目标，提供定制化的投资组合建议；区块链技术则通过去中心化、不可篡改的特性，提高了金融交易的安全性和透明度。

在产品创新方面，数字金融同样表现突出。第三方支付、P2P 网贷、众筹、互联网保险、互联网基金等新型金融产品和服务层出不穷，这些产品通过互联网技术实现了金融服务的创新，满足了用户多元化的金融需求。以第三方支付为例，它不仅为电商交易提供了安全、便捷的支付通道，还逐渐渗透到日常生活的各个角落，如水电煤缴费、公共交通、餐饮娱乐等，极大地提高了金融服务的普及率和便捷性。

2. 数字金融对传统金融机构的冲击

数字金融的快速发展给传统金融机构带来了多方面的冲击。首先，在客户资源方面，数字金融凭借其便捷性和普惠性吸引了大量长尾客户，尤其是小微企业和个人用户，这些客户在传统金融服务中往往难以获得充分的满足，从而对传统金融机构的客户基础造成冲击。其次，在业务模式方面，数字金融的去中心化、去中介化特点削弱了传统金融机构在金融中介和交易领域的地位，迫使传统金融机构不得不重新审视自身的业务模式和服务流程。此外，数字金融在风险管理、产品创新、服务效率等方面的优势，也使得传统金融机构面临巨大的竞争压力。

3. 传统金融机构拥抱数字金融加速转型

面对数字金融的冲击，传统金融机构纷纷拥抱数字金融，加速数字化转型。这一转型不仅是对外部竞争的回应，更是自身高质量发展的内在需求。

在转型过程中，传统金融机构通过引入大数据、人工智能、云计算等先进技术，优化业务流程，提升服务效率。例如，通过大数据分析，银行可以更加精准地描绘客户画像，提供个性化的金融服务；通过人工智能技术的应用，银行可以实现对客户需求的快速响应和智能决策。传统金融机构还积极探索开放银行模式，强化与生态伙伴的合作，拓展服务范围。例如，通过与电商平台、科技公司等合作，银行可以为用户提供更加丰富的金融产品和服务。

在转型成效方面，多家传统金融机构已经取得了显著成绩。以工商银行为例，该行通过数字化转型，推动金融资源网络化共享、集约化整合、精准化匹配，为客户提供个性化、定制化和智能化金融服务。截至目前，该行数字经济核心产业贷款明显增长，个人手机银行月均活跃客户数量也大幅增长。

传统金融机构面对数字金融兴起的冲击，不断推进自身的数字化转型，随着数字金融的日益深化发展，倒逼传统金融机构广泛进行数字技术在运营模式、金融产品等方面的全面数字转型。

第三节　数字金融赋能数字经济高质量发展的路径

一、数字经济的概念、内涵与特征

（一）数字经济的概念发展

数字经济一词首次出现于美国学者唐·泰普斯科特（Don Tapscott）1996年所著的《数字经济：网络智能时代的前景与风险》中。1998 年、1999 年、2000 年美国商务部先后出版了名为《浮现中的数字经济》（I，II）和《数字经济》的研究报告，数字经济的概念出现、传播，并被广泛接受。目前国内外关于数字经济的定义还没有统一定论。早期的定义侧重于涵盖数字技术生产力，强调数字技术产业及其市场化的应用。随着数字技术及应用的不断发展，数字经济的关注点逐渐转移到对数字技术经济功能的解读以及数字技术对生产关系的变革。

经济合作与发展组织（OECD）将数字经济视为一种广义的数字技术集群，从生态系统视角对数字经济的范围进行了界定：数字经济是一个由数字技术驱动、在经济社会领域发生持续数字化转型的生态系统，该生态系统至少包括大数据、物联网、人工智能和区块链。

美国经济分析局从商业化运作层面解读数字经济，认为数字经济可以从三个方面理解：一是与计算机网络运行相关的数字化基础设施，二是基于网络实现商业往来的电子商务业务，三是由数字经济使用者所创造和使用的数字媒体。美国经济分析局主要从互联网和相关信息通信技术（ICT）的角度来定义数字经济。

G20 杭州峰会发布了《二十国集团数字经济发展与合作倡议》（2016），其中将数字经济定义为：以使用数字化的知识和信息作为关键生产要素、以现代信息网络作为重要载体、以信息通信技术的有效使用作为效率提升和经济结构优化的重要推动力的一系列经济活动。

国务院《“十四五”数字经济发展规划》对数字经济的定义是数字经济是继农业经济、工业经济之后的主要经济形态，是以数据资源为关键要素，以现代信息网络为主要载体，以信息通信技术融合应用、全要素数字化转型为重要推动力，促进公平与效率更加统一的新经济形态。

中国信息通信研究院《全球数字经济白皮书》（2017）对数字经济的定义是：以数字化的知识和信息作为关键生产要素，以数字技术为核心驱动力量，以现代信息网络为重要载体，通过数字技术与实体经济深度融合，不断提高经济社会的数字化、网络化、智能化水平，加速重构经济发展与治理模式的新型经济形态，而且还将“数字经济”分为四部分：

一是数字产业化。数字产业化是指数字技术形成产业的过程，为数字经济整体进步提供了基础的技术、产品、服务和解决方案等，数字产业化是指数字技术形成产业的过程，它为数字经济的整体发展提供了基础技术、产品、服务和解决方案。作为数字经济的基础支撑，数字产业化主要体现在信息通信产业领域，具体包括电子信息制造业、电信业、软件和信息技术服务业、互联网行业等。

二是产业数字化。产业数字化是指传统产业的数字化过程，主要是应用数字技术带来了产出增加和生产效率的提升等，包括但不限于工业互联网、两化融合、智能制造、车联网、平台经济等融合型新产业新模式新业态。

三是数字化治理。数字化治理是指应用数字技术进行治理，包括但不限于多元治理，以“数字技术＋治理”为典型特征的技管结合，以及数字化公共服务等。

四是数据价值化。数据价值化包括但不限于数据采集、数据标准、数据确权、数据标注、数据定价、数据交易、数据流转、数据保护等。

国家统计局发布的《数字经济及其核心产业统计分类（2021）》，对数字经济做了一个基本界定：数字经济是指以数据资源作为关键生产要素、以现代信息网络作为重要载体、以信息通信技术的有效使用作为效率提升和经济结构优化的重要推动力的一系列经济活动。《分类》把数字经济分为两部分，一是数字产业化，这部分是数字经济的核心产业，是数字经济发展的基础，包括数字产品制造、数字产品服务、数字技术应用、数字要素驱动；另一是产业数字化，指应用数字技术和数据资源为传统产业带来的产出增加和效率提升，是数字技术与实体经济的融合。

（二）数字经济的内涵、特征

尽管数字经济有不同的表述，但都绕不开其共性的核心内涵。从生产函数看，数字经济的研究主要集中在生产技术、生产关系、生产要素三个方面；从产业分类看，数字经济的研究主要分为两大类，一是与信息通信本身直接相关的行业，即数字产业化；二是各个传统行业与数字技术的融合，即产业数字化。从经济部门看，数字经济的研究则涵盖了数字技术在企业部门、居民部门、金融部门、政府部门的融合与应用。分析数字经济定义的不同表述，总结数字经济有四大内涵、三大特征。

1. 数字经济四大内涵

数字经济的内涵及核心内容见表 6-1。

表 6-1　数字经济的四大内涵分析表

内涵要点	核心内容
关键生产要素	数字化的知识＋信息。图、文、声音等被储存在一定虚拟载体上并可以多次使用的信息和知识。
重要载体	现代信息网络。诸如电子商务平台等由互联网构成，搭载市场组织、传递关键生产要素的载体。
核心推动力	数字技术。包括大数据、云计算、区块链等在内的，能够将数字化信息和知识进行收集、分析及处理的新一代信息技术。
数字经济产物	新型经济模式和业态。主要表现为将数字技术融入传统实体经济中，旨在提升效率、优化经济结构去推动一系列经济活动，如个体经济、共享经济等。

2. 数字经济三大特征

（1）数据支持

数字经济的本质特征在于数据资本逐渐取代实体资本成为核心驱动力。数据资本作为海量信息经过精密分析与深度处理后所形成的集成化信息资产，其在现代经济体系中的地位日益凸显。随着信息技术的不断渗透与融合，各行业通过数字化手段积累大量数据，这些数据在共享与汇聚后，有力推动了行业的智能化转型。在此过程中，充分利用数据资本深入挖掘消费者需求成为企业竞争的关键所在。数字技术的持续进步显著提升了数据搜索的效率，并大幅度降低了数据使用的成本，为数字经济的蓬勃发展奠定了坚实基础。

（2）开放融合

新一代信息技术的迅猛发展，使得创新过程不再局限于传统线性模式，而是呈现出一体化的特征。在这一背景下，数据的开放与共享成为驱动创新的关键因素，极大地促进了大规模协作与跨界融合的实现。随着数字经济时代的到来，各类数字化平台如雨后春笋般涌现，逐渐构建起平台经济的新生态。这些网络平台不仅为传统经济注入了新的活力，还通过优化资源配置、降低交易成本等方式，加速了产业间的融合与集聚。它们作为连接不同行业、领域与市场的桥梁，正深刻改变着经济社会的运行逻辑与发展格局，为构建开放、协同、共赢的创新生态系统奠定了坚实基础。

（3）互惠共享

数字技术的迅猛发展显著提升了知识分享与合作的效率。在这一进程中，多样化的创新主体积极适应数字化技术的变革，通过灵活应用新技术，实现了产品和服务的快速迭代与持续优化。数字技术还促进了松耦合系统的形成，这一系统降低了不同主体间的协调成本，有效突破了传统合作模式中的时空界限。信息基础设施与服务平台的不断完善，进一步降低了经济活动的参与门槛，为更广泛的社会群体提供了平等的机会，从而形成了普惠性的发展格局。

二、我国当前数字经济的发展概况

当前，数字经济已经成为经济发展中创新最活跃、增长速度最快、影响最广泛的领域，对培育发展新质生产力、提升产业链供应链韧性具有强大支撑作用。

中国信息通信研究院发布的《中国数字经济发展研究报告（2024 年）》（下称“报告”）显示，2023 年，我国数字经济规模达到 53.9 万亿元，较上年增长 3.7 万亿元，数字经济占 GDP 的比重达到 42.8%，对 GDP 增长的贡献率达 66.45%。我国数字经济规模由 2012 年的 11.2 万亿元增长至 2023 年的 53.9 万亿元的 11 年间，数字经济规模由 10 万亿元增长至 30 万亿元用了约 6 年时间，由 30 万亿元增长至 50 万亿元，仅用了约 4 年时间，我国数字经济已进入加速发展周期。

发展数字经济，要协同推进数字产业化和产业数字化。数字经济与实体经济深度融合的产业数字化，是数字经济发展的“主战场”。

报告显示，数字产业化与产业数字化的比重由 2012 年的约 3 ∶ 7 发展为 2023 年的约 2 ∶ 8。2023 年，数字产业化、产业数字化占数字经济的比重分别为 18.7% 和 81.3%，数字经济的赋能作用、融合能力得到进一步发挥。

具体来看，2023 年，我国数字产业化规模为 10.09 万亿元，同比名义增长 9.57%，高于同期数字经济名义增速。这表明，数字产业化为数字经济持续高质量发展积累了强大的技术产业支撑能力。数字产业化占 GDP 的比重达到 8.01%，数字产业化支撑数字经济核心产业进一步靠近“十四五”发展目标。2023 年，我国产业数字化规模为 43.84 万亿元，同比名义增长 6.9%，略低于同期数字经济名义增速，产业数字化占 GDP 比重超过三成，为 34.77%。

2023 年以来，各地数字经济发展呈现出一些新的特征，经济基础较好、科技创新能力较强的地区，数字经济实现了更快、更好、更有韧性的发展。

2023 年，广东、江苏、山东、浙江、上海、福建、北京、湖北、四川、河南、河北、湖南、安徽、重庆、江西、辽宁、陕西、广西等 18 省份数字经济规模超过 1 万亿元。从占比看，2023 年，北京、上海、天津、福建、浙江、广东等省份数字经济占 GDP 的比重已超过 50%，北京、上海数字经济发展接近美欧等发达国家水平。从增速看，2023 年，浙江、上海、北京、山东、江苏、广东等经济基础较好、创新能力较强的地方数字经济增速均超过全国平均水平。

三、数字经济发展中的金融需求

数字经济的蓬勃发展使得金融机构不仅要抓紧做好数字技术与金融业务的融合，还要面对众多数字化企业的金融服务需求。因此，作为数字经济重要组成部分的数字金融，其发展不仅要注重金融业自身的数字化转型，还承担着服务数字经济发展的使命。通过构建服务数字经济的金融体系，创新服务数字经济金融产品，完善服务数字经济的金融基础设施和监管，为数字经济发展提供强有力的金融支持，赋能数字经济高质量发展。因此，数字金融发展本身包含着支持数字经济发展、促进数字经济与实体经济深度融合的内涵。

数字金融支持和服务数字经济发展，必须契合数字经济发展中的金融需求，明确并疏通金融服务数字经济发展的渠道，提升数字金融的服务水平。中国信息通信研究院《全球数字经济白皮书》（2017）对数字经济的界定中，认为数字经济包括数据价值化、数字产业化、产业数字化等内容。不同内容的数字经济发展对金融支持和服务提出了新的需求。为此，应对数字经济生态体系中的金融需求进行梳理。

（一）数据价值化中的数据资产估值和资本化需求

数据作为数字经济时代的基本生产要素之一，必须通过自由流通实现其价值化，数据要素价值化是数字经济的基础。2022年底，中共中央、国务院发布的《关于构建数据基础制度更好发挥数据要素作用的意见》强调，要探索数据资产入表新模式。而财政部于2023年8月印发《企业数据资源相关会计处理暂行规定》，将数据纳入企业报表的资产项以体现其业务贡献与真实价值，并将于2024年1月1日起正式实施。这意味着企业的数据资源将成为资产被计入资产负债表。《暂行规定》首次明确了数据资源的适用范围、会计处理标准以及披露要求等内容。随着企业数字化转型的持续推进，数据作为数字经济的生产要素，其资产化已成为数字时代不可逆转的趋势。

对于企业的数据资源，一是要形成产品，二是产品要标准化，三是产品能够在市场中形成流通和交易，只有经过这三道环节，数据资源才能真正形成价值化的数据资产。首先，要将杂乱的原始数据通过采集、整理、聚合和分析等过程变成有序、有使用价值的数据资源，实现数据资源化；其次，要将数据资源确权、估值定价、流通交易，使数据资源成为一种可以入表、互通、可信的资产，完成数据的资产化；最后，为发挥数据要素在经济社会发展中的流通效应，要将数据资产打包成金融产品进入资本市场，完成数据的资本化。数据要素经历资源化、资产化、资本化，完成数据资源向数据资产、数据资产向数据资本两次跃升之后，数据价值化才会得以实现。在数据价值化的过程中，数据确权和数据资产定价是关键，尤其是数据资产定价是决定数据要素资产化和资本化能否实现的基础。但是，数据要素具有的无实体性、可复制性、排他性、非竞争性等特征极大地增加了数据估值和流通的难度，使得数据资产的估值定价不同于实物资产和传统金融资产的定价。因此，在数据价值化的过程中，除需要建立数据产权、流通交易、收益分配、安全治理等数据基础制度外，还需要构建相应的金融体系，为数据要素的资产化和资本化提供科学的估值方法和实现路径。

（二）数字产业化中的金融供给渠道不畅

数字产业化是数字经济发展的重要内容，也是数字经济高质量发展的必然表现。数字产业化主要体现为电子信息制造业、电信业、软件和信息技术服务业、互联网行业等拥有前沿数字技术的战略性新兴产业的快速发展。近年来，我国数字产业保持了较快增长的态势。中国信息通信研究院发布的《中国数字经济发展研究报告（2024年）》显示，2023年，我国数字产业化规模为10.09万亿元，数字产业化占GDP比重达到8.01%，数字产业化为数字经济持续高质量发展提供强大的技术产业支撑能力。但是，数字产业化需要大量资金投入。与传统产业的企业相比，数字技术的企业在产业化初期具有规模小、轻资产、未来现金流分布不确定不稳定、投资风险高等特征。这些特征使得数字企业在初创期难以通过传统的抵押融资获得商业银行信贷资金的支持，也较难获得资本市场的融资支持。数字技术企业发展和产业化面临融资渠道不畅、金融有效供给不足的问题。因此，从推进数字产业化的角度而言，深化金融供给侧结构性改革，增加支持数字经济产业化的金融产品和服务供给，是数字金融发展必须解决的问题。

（三）产业数字化转型中的金融约束

实现数字经济与实体经济的深度融合是我国发展数字经济，建设数字强国的根本目标。利用数字技术促进实体经济产业的数字化是发展数字经济的重要载体。当前，我国各行业数字化转型不断加快，数字经济的产业渗透率不断提升。根据中国信息通信研究院发布的《中国数字经济发展报告（2024年）》，2023年，我国一、二、三产业数字经济占行业增加值的比重（数字经济渗透率）分别为10.78%、25.03%和45.63%；一、二、三产业数字经济渗透率同比分别提升0.32、1.03和0.91个百分点。第二产业数字经济渗透率增幅首次超过第三产业。从整体的行业层面来看，各行业产业都处于数字化的快速转型中，但就微观层面而言，不少企业，尤其是中小企业却面临“不想转”“不敢转”“不会转”等突出问题。对于大多数中小企业而言，其信息化、专业化程度较低，数字技术与生产经营活动融合的技术能力差，数字化转型面临资金需求量大、成本高、转型不确定性高、阵痛期较长等制约因素。由于中小企业在实体经济中量大面广，占据了企业数量的很大部分，成为产业数字化转型的重点和难点。因此，从金融服务实体经济的角度而言，创新数字金融服务体系，助力中小企业数字化转型也成为做好数字金融大文章的任务之一。

四、数字金融赋能数字经济高质量发展的路径

（一）建立适应数字经济发展的数字金融机构体系

在确立数字金融服务数字经济发展定位的前提下，发挥好数字金融的功能，必须加快推进金融供给侧结构性改革，构建包括银行、证券、保险、信

托等分工合理、相互协同支撑的数字金融机构体系。

第一，要发挥商业银行，特别是大型国有控股和全国性股份制商业银行在支持和服务数字经济发展中的主体作用。大型商业银行可设置专门的数字经济服务部门，利用互联网、大数据、人工智能等数字技术专注于开发、创新数字信贷产品和服务，做好信贷风险管理，为数字企业产业化和产业数字化转型提供专门的信贷资金供给。中小商业银行及互联网银行则应发挥服务中小微企业的天然优势，为中小企业数字化转型提供数字化的技术服务和资金支持。

第二，证券业中的投资银行和投资基金管理公司等机构要发挥其在资产价值评估、资产管理和风险投资等方面的优势和功能，推进数据要素的资产化和资本化，并为数字企业产业化过程中不同周期阶段提供耐心资本投入。

第三，保险业要发挥安全保障功能，缓解数字经济发展中面临的数据安全问题，积极探索开发数据资产安全保险产品，针对数据收集、存储、处理和分析过程中可能存在的数据泄露、数据损毁、数据侵权等风险提供相应的经济补偿和管理服务。

第四，信托业要针对数字经济发展中数据资源持有权、数据加工使用权、数据产品经营权分置的产权运行特征，充分利用信托产品具有的财产所有权与使用、收益、处分权分离的风险隔离结构优势，创新数据信托产品，推动数据要素流通。

（二）创新支持数字经济发展的数字金融产品和服务体系

形成支持和服务数字经济全产业链的多样化、专业性数字金融产品和服务，对于提升数字金融服务数字经济的效率至关重要。各类金融机构要根据自身的定位和特点，结合数字经济的特征及产业类型，创新数字金融产品和服务，为数字经济相关主体提供全方位、多元化、个性化和专业化的金融支持。首先，创新金融产品。银行业金融机构可考虑将数字企业增长潜力、核心技术等因素纳入信贷准入参考标准，创新性地推出数字产业化和产业数字化转型贷款，也可以在数据确权的基础上，创设以数据资产为质押物的数据信贷产品，满足数字产业化和产业数字化过程中经济主体的融资需求；证券业金融机构应大力推进数字资产证券化，开发设计以数据资产为标的物的股票、收益权和衍生品等新型数字经济金融产品，利用资本市场风险共担、利益共享机制，引导更多资本投向数字经济的产业领域；保险业金融机构则可以开发数据要素流通安全保险，为数据交易主体提供全周期的数据安全风险管理保险产品。其次，提升数字金融服务数字经济的专业化水平。数字产业化和产业数字化的金融需求均具有长周期、高风险、高科技的特点，单一的融资渠道难以覆盖数字经济产业发展整个生命周期不同阶段的融资需求，因此，应加强顶层设计，从政策上引导金融机构积极探索建立多元化接力式的金融服务模式，保障金融服务贯穿数字企业发展的全生命周期和数字产业的全产业链。

（三）数据要素和数字技术双轮驱动推进金融数字化转型

传统金融业的数字化转型本身属于数字经济的重要组成部分，也是提升数字金融服务数字经济效率的前提和保障。发挥数字金融优势，助力数字经济发展与实体经济相融合，需要传统金融业不断深化数字新思维、新理念，强化数字金融产品和服务创新，推进金融业务的线上化、数据化、智能化和开放化，促进线上线下渠道的融合，开发数字化金融服务的新业态、新模式和新场景，推动数据要素与数字技术的结合应用，从而提升数字金融服务数字经济的能力和水平。例如，利用大数据和人工智能技术优化贷款审批流程，提高审批效率和准确性，通过区块链技术保障金融交易的安全性和透明性等。

金融业一直是数字化转型的标杆行业，但目前各类金融机构数字化水平参差不齐，比如传统金融机构中的大型商业银行、全国性股份制商业银行数字化转型走在了前列，但中小银行的数字化转型相对滞后，还需后起直追加快进程，不断提高金融服务数字化中小企业的能力与水平。

（四）加强数字金融风险防控体系的建设

数字经济的发展会对传统产业的企业生产、经营、管理和服务模式等带来深刻影响，进而催生出新的企业生产和经营风险；金融业向数字化转型中也会随之出现新的金融风险，比如长尾群体的信用风险、欺诈风险、技术风险等。因此，金融机构在服务数字经济发展的过程中，应积极利用大数据技术深入分析数字化经营环境下客户群体的行为特征，运用 AI 风控大模型有效识别和评估数字经济客户群体可能带来的风险冲击，不断优化风险管理策略。现代信息技术的广泛应用会增强金融机构内部和金融机构之间的网络结构和业务关联，放大金融风险在不同市场、机构和产品间的溢出效应。为此，金融监管部门要加强对数字金融创新和数字技术应用的监管，防范数字金融创新带来的系统性金融风险，平衡好创新与风险的关系。

第七章　金融赋能新质生产力推动经济高质量发展

第一节　新质生产力的内涵及其形成条件

生产力是指人类在生产实践中形成的改造和影响自然的能力。作为马克思主义政治经济学和历史唯物论的最基本范畴，生产力既是人类历史的物质基础，也是推动社会进步的革命性要素。新质生产力是由技术革命性突破、生产要素创新性配置、产业深度转型升级而催生的当代先进生产力，实现以新质生产力推动经济高质量发展，需深刻理解其内涵、思想及形成的实践。

一、新质生产力的内涵阐释

（一）新质生产力理论的实践依据与思想来源

创新性社会科学理论的形成源于对社会发展实践及规律的深刻总结，以及对现有理论的批判性继承和创造性发展。新质生产力理论的科学性在于对其实践来源和理论依据的准确把握。这一理论既是对当代世界经济和中国新时代经济发展新特征的总结，也是对马克思主义生产力理论和中国共产党生产力思想的继承与发展。新质生产力理论通过结合现实经济特征的总结与传统理论的创新，体现了社会科学理论的不断进步和完善。

1. 揭示了数字化时代社会生产力和经济发展的特征与趋势

21 世纪以来，全球正经历一场新一轮科技和产业革命。这场革命不仅引发了重要科学问题的探索，也带来了关键技术的革命性突破。在基础科学领域，如物质构造、意识本质和宇宙演化等方面，研究取得了显著进展。同时，应用科学领域，包括信息、生物、能源、材料、海洋和空间等学科，也获得了显著的发展。这些进展标志着科学技术的跨越式发展，推动了各行各业的变革和创新。

数字技术、人工智能和生物技术的广泛应用，催生了新的行业和经营模式，推动了经济的深刻变革。这些新技术的应用改变了企业的运作方式，使其在决策效率、生产灵活性和市场适应能力方面获得了显著提升。尤其是数字化技术的应用，不仅改变了全球价值链的格局，还显著提高了生产效率，降低了生产成本。这一切都表明，新技术的推动作用已成为现代经济发展的重要动力。

当代科技和产业革命带来了深刻的经济变革，数字化和新技术的应用无疑是推动生产力提升和经济发展的关键因素。新质生产力理论不仅明确了创新在当代经济中的核心地位，还为新时代的经济发展提供了科学指导。这些理论和实践成果，为未来经济的持续发展和科技进步奠定了坚实的基础。

2. 揭示了中国新时代经济发展新特征、新趋势和方向

改革开放以来，中国深入实施创新驱动发展战略，并同时推进教育强国和人才强国战略，人才驱动使中国在科学技术研究和应用领域取得了显著的进展。基础研究和先进技术的蓬勃发展，包括移动互联网、人工智能、大数据、云计算、区块链和智能机器人等新兴领域的研究与应用，不仅促进了新产业、新产品的出现，还推动了新业态和新模式的发展。这些科技进步对产业结构的优化升级和绿色转型发挥了重要作用，使得中国经济在面向未来的道路上焕发出前所未有的生机与活力。

科技进步与应用的加速发展，使得社会生产方式和生活方式发生了深刻变革。先进技术的广泛应用提升了经济发展的效率与效益，增强了中国的国际竞争力，也推动了新型工业化进程，促进了城市化和城乡融合的发展，实现了区域的协调发展。科技的进步不仅改变了生产方式，也深刻影响了日常生活的方方面面，形成了多元、互联和高效的现代化社会结构。

尽管中国在科技和经济领域取得了明显的成就，推动了经济的快速增长和社会的深刻变革，但在迈向高质量发展的过程中依然面临诸多挑战。中国的科技水平、创新能力、产业高科技含量等方面仍有提升空间。此外，全社会劳动生产率和整体经济效益尚需进一步优化，城乡及区域之间的发展不平衡问题也亟待解决。要实现更高质量的经济发展，中国必须在这些领域持续发力，推动各项改革和创新深入开展。在这一背景下，新质生产力理论应运而生，成为新时代推动中国经济社会高质量发展的基础和支撑力量。该理论总结了中国在发展实践中所展现的新特征和新态势，明确了高质量发展的方

向，为全面推进中国现代化进程提供了科学的指导。新质生产力理论的提出，是对生产力理论的重大创新，深刻揭示了新时代背景下生产力发展与经济社会转型之间的互动关系。

（二）新质生产力理论的丰富内涵与核心要义

新质生产力这一概念在现代经济学中具有重要的地位，其内涵复杂而丰富。其形成和发展既有复杂机理，也有系统性和完整性，因而需要从多个维度综合认识新质生产力的理论体系，准确把握新质生产力的核心要义。

1. 揭示了新质生产力范畴的多层次内涵及其内在联系

首先，需要区分新旧生产力的本质差异。传统生产力往往以资源的利用和生产工具的进步为核心，新质生产力则强调创新驱动、知识积累和科技进步。这种差异并不仅仅体现在生产方式上，还涉及生产要素、生产关系以及生产目的等方面的深刻变化。生产力本身的概念，是对人类整体生产能力的一种概括，也可以具体到对某一社会、国家或经济体物质生产能力的描述。生产力不仅仅是所有生产单位的简单总和，它还受到社会分工的制约，以及各部分之间的内在联系所影响。生产力的发挥需要协调好各类生产要素的配置，才能形成有效的生产合力。这种系统性特征使得生产力的理解不能仅停留在单一层次，而是需要多维度、多层次的思考。

其次，有必要从微观、中观、宏观和国际层面来进行系统性思维。微观层面涉及个别生产单位，如企业、家庭或集体经济组织的创新能力，这些单位是创新的主体，是形成现实物质生产力的主要承担者。中观层面则指向某一行业或区域的先进生产力，其表现为在特定领域中技术领先、效率高、竞争力强的生产能力。宏观层面涉及国家或整个经济体的总体生产力，这一层次强调生产要素的最优配置和整体经济结构的合理性。在国际层面，生产力的理解需要放眼全球，考量各国之间的经济联系、技术转移和国际分工，尤其在当今全球化背景下，这一层次的重要性更为突出。

新质生产力的多层次性决定了其各个层次之间存在着复杂而紧密的联系。微观层面的创新生产力是中观层面先进生产力的基础，只有当个别企业和单位具备强大的创新能力，才能推动整个行业或区域的技术进步和生产效率的提升。反过来，中观层面的进步又是宏观层面总体生产力发展的前提，只有当特定行业或区域的生产力实现突破，才能带动整个经济体的竞争力提升和经济增长。宏观层面的总体生产力发展则为微观和中观层面的持续创新和进步提供了良好的宏观经济环境和政策支持。新质生产力的各个层次之间是相辅相成、互为依托的，不可偏废其中任何一环。

从全球视角来看，新质生产力不仅是一个国家内部的问题，更具有全球性特征。特别是在中国提出构建人类命运共同体的背景下，如何通过国际合作和经验借鉴，推动全球新质生产力的发展，已经成为一个重要的议题。各国可以通过加强技术交流、推动自由贸易、促进国际投资等方式，共同提升全球生产力水平。全球生产力的发展也需要考虑到各国的具体国情和发展阶段，采取差异化的发展策略，以实现互利共赢和可持续发展。

2. 揭示了新质生产力形成和发展的内在机理

新质生产力的来源主要包括技术革命性的突破、生产要素的创新性配置，以及产业的深度转型升级。这种生产力的基本内涵涉及劳动者、劳动资料、劳动对象及其优化组合的全面提升，其核心标志是全要素生产率的大幅提升。要理解新质生产力的形成，必须从系统论的视角出发，全面分析技术革命、生产要素的高效配置和优化组合，以及产业布局和结构调整升级之间的相互关系。

（1）技术的革命性突破在新质生产力形成中起着核心作用，是推动生产力质变的关键因素

在历史的发展进程中，生产力的演变并非一成不变，而是一个新质生产力不断形成并迭代的动态过程。旧的生产力范式随着时间的推移和新技术的出现，逐渐被更高级的新质生产力取代，从而实现社会生产力的飞跃和质的转变。生产力的增长可以分为两种形式：线性增长和质变。线性增长通常是通过增加生产要素的投入，如劳动力、资本和资源等，来逐步提高生产效率。线性增长的效用有限，其最终能够达到的上限由现有技术条件和资源禀赋决定。单纯依靠要素投入的增加，无法突破生产力增长的瓶颈。要实现生产力的质变，就需要革命性的技术突破。质变是一种非线性的、跨越性的增长，其关键在于通过引入颠覆性的新技术，彻底改变生产方式和效率，从而推动生产力实现飞跃式发展。历史上，几次重大的技术突破如工业革命以来的机器替代手工、蒸汽机的发明、电动机的应用、计算机的普及、互联网的兴起、数字技术的扩展以及人工智能的崛起，都是推动生产力飞跃的革命性技术。这些技术不仅改变了特定行业的生产模式，更在宏观上深刻地影响了整个社会的生产结构和生活方式。它们打破了原有的技术壁垒，创造了全新的生产和生活方式，从而推动了经济和社会的整体进步。革命性技术突破的特征在

于其原创性和颠覆性。原创性是指这种技术能够开辟新的方向，带来全新的解决方案或生产方法；颠覆性则意味着这种技术具有广泛的应用潜力，能够在多个领域发挥效用，全面改造和升级产业结构。革命性技术的成功应用往往需要跨学科的知识积累和高难度的技术创新，其影响不仅限于单一行业，而是能够推动整个经济结构的调整和优化，带来新质生产力的发展。

（2）科技的进步与社会需求息息相关，新技术的发明和应用通常是为了更好地满足社会的需求和解决生产与生活中的问题

伴随着科技的发展，社会对技术的需求不断演变，这种需求演变推动了技术的创新和应用，使科技进步与社会发展的步伐相一致。当代技术的发展跃迁特征明显，计算机技术、互联网、移动通信、人工智能和新能源等领域的进步，不仅推动了生产力的质态转化，也重塑了社会的生产和生活模式。例如，计算机技术的飞速发展带来了信息处理能力的巨大提升，互联网的普及则改变了人们的沟通方式和信息获取渠道，移动通信技术的进步使随时随地的信息交流成为可能，人工智能则在多个领域展示了其强大的数据处理和决策能力，新能源技术的应用为应对全球气候变化和实现可持续发展提供了新的解决方案。新技术在解决现实问题方面发挥了重要作用，智能技术的普及不仅取代了那些可以数字化和编程化的智力劳动，还催生了新产业，提高了传统行业的生产效率。例如，智能制造系统和自动化设备的应用显著提升了生产线的运转效率，推动了工业生产的现代化。新技术的广泛应用还提升了社会劳动生产力，催生了诸如电子商务、共享经济等新业态，丰富了人们的生活内容，提高了生活质量。新能源技术在应对全球气候变化方面也发挥了重要作用，提供了更多绿色能源选择，有助于实现环境保护和资源可持续利用。太空和深海技术的突破则开拓了新的生产空间，推动了尖端技术的研发，进一步促进了科技进步。数据化和数字化的普及改变了物质生产、生活、社会交往和治理的方式，使社会各方面的运行更加高效和智能化。

（3）孤立的技术或生产要素只有与其他生产要素有效结合，才能转化为现实生产力

技术突破的实现不仅依赖于技术本身，还需要与新型素质的劳动者、新技术要求的劳动资料、新特性劳动对象以及资源系统进行有效耦合。这就要求新技术、新质劳动力、新质生产资料和新质劳动对象必须高效配置，避免出现“木桶效应”，即一个方面的不足限制了整体生产力的提升。系统耦合的关键在于将这些要素进行有机整合，实现资源的最佳配置，从而推动生产

力的形成和发展。新质生产力的形成和发展不仅需要技术的突破，还需要生产方式和组织方式的创新。只有通过各要素的有机耦合和高效配置，才能实现生产力的全面提升。单一的技术突破或新增的生产要素是远远不够的，必须通过系统性的创新来实现要素的有效整合，从而推动新质生产力的全面发展。

（4）新质生产力的形成需要从多层次的产业及其相互联系出发，系统推进技术升级和附加值提升

社会经济作为一个有机系统，其各部分之间具有内在的联系。在现代市场经济中，企业生产呈现出复杂的社会分工关系，形成了产业链和产业网。根据马克思的社会再生产理论，各产业之间必须相互适应并保持一定的比例，否则可能导致经济危机。新质生产力的形成需要从多层次的产业及其相互联系出发，系统推进技术升级和附加值提升。实现社会范围的新质生产力必须确保产业链和产业网的技术升级和附加值提升，以全面提高社会生产的质量和效率，从而提升整体社会生产率。

（5）新质生产力的提升既是技术发展的结果，也是在科学成果转化为技术的过程中实现的

技术是将科学原理或劳动经验应用于生产的手段、方法和技能的总和。它不仅包括物质形式，还涵盖了劳动者的技能及生产要素的新组合。技术的发明和突破往往源于社会生产的需求，并依赖于科学原理的发展水平。新质生产力的提升既是技术发展的结果，也是在科学成果转化为技术的过程中实现的。为了加快新质生产力的形成，必须推动技术革命的突破和基础科学研究，特别是在基础科学领域保持全球领先地位。中国在关键核心技术上的不足，根源于基础科学发展相对滞后，改革教育和科研体制，推动基础科学的发展，对新质生产力的提升具有重要的战略意义。要实现新质生产力的提升，必须全面理解科学、技术与生产之间的关系，这不仅需要推动基础科学研究和技术突破，还要深化相关体制改革，以避免片面化的认识。

3. 指明了发展新质生产力的重大意义

发展新质生产力被视为推动高质量发展的核心要求和重要着力点。自党的十八大以来，中国的主要社会矛盾已经转变为人民日益增长的美好生活需要和不平衡不充分的发展之间的矛盾。在新时代背景下，解决“发展不平衡不充分”成为经济工作的核心任务。全球大变局带来了外部压力、风险挑战

和不确定性，进一步加剧了发展环境的复杂性。高质量发展战略明确要求经济发展从高速增长转向中高速增长，从规模速度型增长转向质量效率型增长，经济结构进行深度调整，发展动力从传统增长点转向新增长点。推动高质量发展需要以新发展理念为指导。这一理念强调，要深入理解高质量发展与新质生产力的逻辑关系，推动经济发展从传统的高速增长转向中高速增长，优化经济结构，转变增长动力。通过贯彻新发展理念，能够有效应对当前的社会矛盾和外部压力，促进经济高质量的发展。

4. 指明了发展新质生产力的根本路径和战略重点

新质生产力的本质和形成机制揭示了其系统性特点，其发展被视为一个复杂的系统工程。这一发展过程不仅涉及技术和产业的更新，还要求全面的体制改革和优化的新型生产关系支持。改革开放为中国的发展奠定了坚实的基础，使其能够在全球化的背景下实现经济跃升。面对当前的全球科技竞争和复杂的国际局势，中国必须在改革中不断前行，以推动新质生产力的突破。新型生产关系的建立，包括新型所有制、分配制度和经济体制，是实现这一目标的关键。只有通过这些创新，才能有效支持新质生产力的发展，并形成适应新时代要求的经济结构。尽管中国的社会主义市场经济体制已经基本成熟，但体制改革和开放仍需不断深化。当前的经济环境要求在现有基础上进一步优化和调整，以适应新的发展需求和挑战。例如，在原创性技术创新领域，我国面临西方国家实施的遏制打压政策，技术攻关阻力重重；同时，创新激励机制尚不完善、成果转化风险防控机制不健全等复杂问题也亟待破解。这些挑战表明，必须在体制改革方面取得实质性进展，才能为技术创新提供更加有利的环境。全面深化改革的战略任务是加快发展新质生产力的核心目标之一，只有改革创新，才能充分调动社会各方面的积极性，优化资源配置，提高效率，并利用国内外资源实现高质量发展。这不仅是对当前经济形势的应对，也是对未来发展的战略布局。发展新质生产力是一个系统工程，要求在体制改革和对外开放方面取得突破。通过优化新型生产关系，应对技术创新挑战和复杂机制问题，为高质量发展提供新的动力和保障。只有通过持续的改革创新努力，才能在全球竞争中保持领先地位，实现经济的持续健康发展。

5. 指明了发展新质生产力必须遵循的重大原则和方法论

新质生产力的概念体现了生产力的层次性、形成机理、量变与质变的关系、区域差异及发展原则。这些关键点帮助我们理解新质生产力在现代经济中的重要作用及其发展方向。

新质生产力的层次性表现在微观、中观、宏观和世观不同层次上，这种层次性确保了新质生产力能够适应人类生产和生活的多样需求，成为生产力生态系统的一部分。在微观层面，新质生产力表现为具体的技术和产品创新；在中观层面，涉及产业结构和市场变化；在宏观层面，新质生产力关乎国家经济政策和全球经济环境；在世观层面，新质生产力与全球技术变革和经济趋势相互关联。新质生产力在不同层面发挥作用，发挥不同层次的协同效应，推动生产力的全面提升。新质生产力的形成机理源于现有技术、产业和生产要素之间的矛盾，科技创新、技术突破、新兴产业和经营模式的出现是其主要推动力。例如，人工智能、大数据和绿色技术的崛起，都是新质生产力形成的重要驱动力。这些新兴因素通过解决传统生产方式中的瓶颈和不足，推动了生产力的质的飞跃。

新质生产力的发展是一个关于量变与质变的关系辩证的过程。量变和质变的辩证关系体现在新质生产力并不会完全取代旧质生产力，而是在一些领域与之共存。旧质生产力仍然发挥着重要作用，但新质生产力通过提升效率、创新和改进，逐渐成为主导力量。例如，传统制造业中引入先进的自动化和数字化技术，既保留了传统生产的优点，又引入了新质生产力的优势，形成了新的生产模式。

区域差异和发展条件是新质生产力发展的重要考量因素。中国的地域广阔，各地区的经济发展水平差异显著，这要求在发展新质生产力时，需要充分考虑不同地区的基础条件。例如，东部沿海地区经济发达，科技基础较强，适合推动高技术产业的发展；中西部地区则可能需要更多的基础设施建设和技术支持。发展新质生产力时必须因地制宜，处理好新旧生产力之间的关系，以实现区域经济的协调发展。

在发展新质生产力的原则上，应坚持以人民为中心的发展思想。综合考虑投资回报、企业利润、员工收入和政府税收等多重因素，确保经济效益与社会效益的平衡。发展新质生产力需要全面规划和顶层设计，制定科学的策略，既要培育和发展新质生产力，又要保护和利用已有的生产力资源，避免盲目发展和破坏有价值的旧质生产力。

（三）新质生产力的关键特征

新质生产力的本质在于创新驱动，这一观点强调了科技、人才与创新的重要性。在全球经济发展的背景下，新质生产力代表了一种全新的生产力模式，其核心在于通过科技创新推动生产力的跃升。这种生产力的形成不仅依赖于科技的进步，还包括对人才资源的充分利用以及创新机制的有效激发。

第一，新质生产力主要来源于新一轮科技革命和产业变革，这些变革涉及战略性新兴产业和未来产业，如信息技术、新能源、新材料和人工智能等领域。这些领域的崛起不仅是新质生产力的重要载体，还与现代化产业体系紧密相关。例如，信息技术的进步推动了大数据和人工智能的发展，新材料的突破促进了新能源的应用，这些都为新质生产力的发展提供了强大的支撑。

第二，新质生产力的技术含量非常高，它体现了科技创新的高度集成和突破。人工智能、大数据、基因组学等领域的技术进展不仅提升了生产效率，也改变了生产方式。技术的交叉融合和基础研究是新质生产力形成的关键。人工智能技术的应用使得生产过程更加智能化；大数据的利用使得决策更加精准；基因组学的发展推动了生物技术的进步。这些技术的结合，推动了生产力的全面升级。

第三，在要素配置方面，新质生产力的形成依赖于科技、金融、人才和数据等生产要素的优化组合。提升要素配置的效率和全要素生产率，是新质生产力的重要特征。科技创新的推进需要大量的金融支持和高水平的人才储备。金融资源的有效配置促进了科技项目的顺利实施；人才的引进和培养推动了创新能力的提升；数据的应用和分析为决策提供了科学依据。只有在这些要素的优化配置下，新质生产力才能够得到充分发挥。

第四，新质生产力还具有显著的生态属性，强调绿色发展和可持续性。这与传统生产力的单纯追求经济效益不同，新质生产力注重绿色技术的研发和环境保护。绿色技术的应用不仅减少了生产过程中的资源消耗和环境污染，还促进了生态系统的平衡。可持续性的发展目标要求在生产力提升的同时，保护自然资源和环境，实现经济、社会和环境的协调发展。

新质生产力代表了创新驱动下的生产力变革，具备技术含量高、要素配置优、环境友好的特点。其主要领域包括战略性新兴产业和未来产业，技术创新和生态平衡是其核心内容。要实现新质生产力的全面发展，需要优化生产要素配置，推动科技创新，同时注重绿色发展和可持续性。通过这种方式，新质生产力将能够在全球经济中发挥更加重要的作用，为经济社会的持续发展提供强大动能。

二、新质生产力的形成条件及其现状

（一）新技术持续涌现和群体性突破带来新赛道

新质生产力的本质在于创新驱动，这种驱动不仅源自于新技术的不断涌现，更体现在群体性突破的推动力上。各主要发达国家为了抢占科技制高点，纷纷采取了多种国际举措，以开辟新的技术赛道。美国通过《无尽前沿法案》，大力支持人工智能、量子计算和半导体等前沿科技领域的创新。这一政策旨在维持和巩固美国在全球科技领域的领导地位。欧盟则实施了“新欧洲创新议程”，着力于加强创新生态系统的建设，并优化融资渠道，以激发欧洲科技发展的潜力。日本制定了《第六期科学技术创新基本计划》，重点支持智能社会 5.0 的科技需求，期望通过技术创新推动社会发展。中国也积极推进科技自立自强，取得了在多个领域的重大进展。

中国在科技进展方面，人工智能领域已经实现了技术突破，从全场景支持到超大规模 AI 应用，技术水平不断提升，显示出中国在全球 AI 领域的领先地位。量子科技方面，中国的投入逐年增加，专利储备已跻身世界前列，量子通信技术也处于国际领先水平。在 5G 通信技术方面，中国不仅拥有全球最多的专利，还建成了全球最大规模的 5G 网络，展现了在该领域的明显优势。在空间技术领域，载人航天工程顺利推进，空间站的全面建造，标志着中国在国际空间技术领域的进一步崛起。在生物领域，生物制药专利申请数量位居全球第二，展示了中国在生物科技领域的强劲发展势头。新质生产力的形成依托于创新驱动和科技突破，主要发达国家通过各自的政策措施推动前沿技术的发展，中国在多个科技领域的显著进展为新质生产力的形成奠定了坚实的基础。可以预见，未来科技领域的竞争将更加激烈，科技创新将继续成为推动全球经济发展的核心动力。

（二）数据等新生产要素进入生产函数

当今的数字化时代，数据已成为国家基础性战略资源和关键生产要素，其重要性不亚于传统的资本和劳动力。数据作为战略资源的崛起标志着数据生产力的形成，为经济发展和企业竞争提供了新的动力。数据的价值在现代经济中愈发凸显，并成为推动新质生产力的重要因素。数字化技术的进步，使得企业能够通过挖掘和分析数据预测市场趋势、洞察业务机会，形成独特的竞争优势。数据不仅是单纯的信息集合，更是推动生产力变革的核心要素。通过有效的数据分析，企业能够优化运营流程、提升决策效率，从而在竞争激烈的市场中占据领先地位。数据的价值与算力的提升密切相关，算力的不断增强，数据处理能力和效率得到了显著提升，对数字经济和国内生产总值（GDP）的增长产生了积极影响。数据生产力的出现标志着数据在生产函数中扮演着关键角色，成为与资本、劳动力等传统要素共同推动生产力发展的核心驱动力。

大数据产业的迅猛发展进一步推动了生产力的变革。大数据产业涵盖了数据生成、存储、分析等多个环节，这些环节的协调运作大大提升了生产效率。生成式预训练变换模型（如 GPT-4 等）依赖于海量数据和强大的算力，展示了其强大的智能生产力潜能。这些模型能够处理复杂的任务，如自然语言生成、图像识别等，极大地拓展了人工智能在各个领域的应用范围。数据显著的乘数效应，通过提升配置效率和激励效率，指数级推动生产力的提升。未来，数据的作用可能会像石油和电力对工业经济的发展一样重要，通过乘数效应加速创新、提高生产效率，为各个行业带来深远的变革。有效利用数据将成为企业和国家竞争力的关键因素，推动经济的全面发展。在中国，数据产量和存储量在全球范围内名列前茅，数字经济规模持续增长，显示出数据在推动经济高质量发展中的重要作用。中国在数据资源的积累和数字经济的建设方面取得了显著进展，这为国家的经济发展提供了强大的支持。但不容忽视的是，数据价值释放过程中仍面临诸多挑战。例如，数据授权运营不足、数据质量问题、数据流通保障不完善以及标准不统一等问题制约了数据的全面利用。数据确权和应用发展尚未成熟，也影响了数据潜力的发挥。因此，为充分释放数据的潜力，国家和企业需解决数据质量、流通保障和确权等方面的问题，以实现数据资源的最大化利用，推动新质生产力的形成和数字经济的发展。

（三）较为顺畅的“科技—产业—金融”循环

顺畅的“科技—产业—金融”循环，是科技创新成果和数据要素进入生产力系统后，加快科技成果产业化，促进创新链、产业链、资金链深度融合，激发经济活力，释放新质生产力的必由之路。面对世界百年未有之大变局加速演变，我国需要强化科技创新与产业的深度融合，不断开辟发展新领域新赛道，发挥好科技创新引领作用和金融“加速器”的强大推动作用，通过“科技—产业—金融”循环，构建富有活力、竞争力强的现代化产业体系，增强国民经济循环的内生动力和引领发展能力，重塑经济发展新动能新优势。[①]近年来，我国不断夯实科技、金融、产业发展基础与交叉融合，推动多种力量参与“科技—产业—金融”循环，循环基础不断夯实、循环动力日益增强、循环通道逐步拓宽、循环效能和循环效率持续提升。[②]

我国当前的金融领域，存在着诸多复杂相互交织的矛盾和问题，金融系统存在风险隐患，金融服务对实体经济的效率普遍不高。主要表现为循环范围有限、支持力度不足、协同低效、信息不对称以及跨区域合作不足等问题。这些问题使得金融服务在促进经济发展方面的作用受到明显制约。银行对创新型企业的支持问题尤为突出，许多银行在提供信贷支持时要求企业提供抵押物，这对那些以轻资产为主要特征的创新型企业形成了融资阻碍，大大影响了创新和发展的潜力。资本市场的发育情况也存在不足，当前的资本市场在股票发行和退市机制方面尚未成熟，信息披露不够充分，投资机构的稳健性也不尽如人意，这些因素共同导致了资本市场的低效运作，无法充分发挥其应有的功能和效益。国内的风险投资机构力量薄弱，支持政策不完善，使得金融机构进入风险投资市场的难度加大，导致金融与科技、产业之间的联系逐渐弱化，进而制约了金融支持科技创新的能力。

解决上述问题，需要改进金融服务质量，扩大金融循环范围，提高跨区域合作，完善资本市场机制和风险投资政策，促进金融与科技的有效结合。只有这样，才能提升金融系统对经济和科技创新的支持力度，促进新质生产力推动经济的可持续发展。

（四）强大国内市场的有力支撑

当今的全球经济环境中，市场的稀缺性与消费作用成为至关重要的议题。市场的稀缺性不仅体现在其供给的有限性，还在于消费作为社会再生产的终点与新一轮社会再生产的起点之间的重要作用。消费与生产相互作用，通过

---

① 涂永红. 推动“科技—产业—金融”良性循环 [J]. 人民论坛，2023（6）：52-57.

② 盛朝迅，周晓阳. 新发展格局下畅通“科技—产业—金融”循环的思考与建议 [J]. 农村金融研究，2023（6）：11-20.

消费反馈，生产模式和经济结构得以调整和优化，从而推动经济的持续发展和转型升级。消费需求的拉动和有效供给的推动是经济增长的动力来源，发达经济体往往依赖内需来主导经济增长，通过提高消费水平来刺激生产和投资，带动经济的稳步增长。中国作为全球第二大消费市场，其经济增长的动力同样受到消费需求的强烈拉动。中国国内市场在经济循环中的主导作用日益突出，作为全球最大的发展中国家，中国拥有超大规模的市场，为前沿技术的产业化提供了丰富的早期应用场景。这种市场优势不仅推动了新质生产力的发展，还加速了技术的普及和应用，为经济注入了新的活力。

（五）拥有良好产业基础和一批高素质劳动者

新质生产力的形成不仅依赖于新兴事物的推动，也需要传统生产力的支撑。传统生产力的升级和创新，即“老树发新枝”在新质生产力的形成中发挥着至关重要的作用。通过对传统产业的改造与升级，能够将已有的生产力资源转化为推动新质生产力发展的重要力量。这种转型不仅包括技术的提升，还涵盖了管理模式的创新和生产方式的改进。中国拥有全球最完整的产业体系，涵盖了所有制造业门类，从基础原材料到高端制造设备都有涉及，展现了强大的制造能力和配套能力，为新质生产力的形成提供了坚实的基础。近年来，生产效率的不断提高、产业链和供应链的韧性和竞争力不断增强，加速了前沿技术的产业化进程，也推动了新质生产力的形成与发展。例如，电子信息技术、新能源技术和高端装备制造等领域的进步，都是依托于传统产业升级创新的结果。

人才是新质生产力形成中的关键要素，中国正在从人口红利向人才红利转变，我国科技人力资源数量居世界第一，截至 2022 年底，接受过高等教育的人口已超过 2.4 亿人，新增劳动力平均受教育年限达 13.8 年；累计培养超过 6000 万名工程师，数量位居全球第一；每年理工科毕业生数量超过 300 万人，远超其他国家，潜在工程师群体的规模优势明显。华裔科学家和技术工人也在前沿领域表现出色，为新质生产力提供了强大的智力支持和技术力量。人才的质量和专业性优势需要持续保持与提升，为新兴技术的突破和产业升级提供源源不断的动力。

（六）企业活力和企业家才能充分发挥作用

新质生产力的形成依赖于科技创新与产业基础的深度整合，这是提升要素质量和资源配置效率的关键，整合科技创新资源与现有产业基础，企业活力和企业家才能的作用不可忽视。企业活力与企业家才能的充分发挥，以及战略科学家、科技领军人才、青年科技人才、卓越工程师、大国工匠及高技能人才的支持，都是推动新质生产力形成的重要因素。这些人才群体通过引领技术革新、提升工程水平以及推动高技能培训，为生产力的提升奠定了坚实的基础。在此过程中，创新型企业的崛起显得尤为重要。领军企业和创新型企业通过技术研发和全球供应链管理，不仅实现了规则控制和资源整合，还提升了全球产业链的供应链控制力。国际经验表明，只有那些具备强大创新能力和国际视野的企业，才能在全球竞争中脱颖而出，推动新质生产力的形成。通过技术创新，这些企业能够有效整合资源，优化供应链，并在国际市场中占据有利位置，从而提升整体产业链的控制力。

第二节　金融赋能新质生产力发展的内在逻辑

金融是国民经济的血脉，是现代经济的核心。新质生产力促进经济高质量发展需要金融强有力的支持，金融的发展与创新可以多角度地为新质生产力赋能，具体表现为“金融拓宽新质生产力发展空间、金融服务助力新质生产力发展、金融优化新质生产力发展环境”三方面。

一、金融服务助力消费提升，拓宽新质生产力发展空间

金融服务通过提高消费者的消费能力、激发消费意愿、推动消费转型升级，进而拓宽新质生产力发展空间。

数字金融可提供精准匹配消费者需求的消费金融产品及服务，提高社会消费能力，提升新质生产力收益水平。金融机构运用数字技术，通过精准营销、精准服务和精准管理，根据不同收入和类型的消费群体需求偏好，提供相匹配的精准金融服务。对于低收入群体和新市民群体，重点聚焦消费金融可得性，提供普惠性消费金融支持，缓解居民消费流动性约束，提升居民对新质生产力产品服务的消费能力，提高新质生产力收益水平。对于中高收入群体，重点聚焦多样化、个性化新消费场景，开发适配的消费金融服务模式和产品，推动消费增长，扩展高收入、高净值人群对新质生产力产品服务的需求量，提升新质生产力收益水平。

金融通过提供创新型消费金融产品及经营策略，激发社会消费意愿，为新质生产力发展注入动力。由于农村居民收入水平低、社会保障不足、数字鸿沟问题等因素的制约，农村居民消费需求不振。由于新市民群体工作稳定性低、信用数据不足、行业分布差异大，对金融产品与服务的了解程度低，传统金融服务难以满足新市民较大的融资需求，限制了消费意愿。金融机构通过大数据与人工智能技术，把握消费信贷需求端变化，根据农村居民以及“新市民”等不同群体的新消费需求，及时拓宽消费金融产品及服务范围，激发不同群体对发展型消费的意愿，为新质生产力发展注入动力。

金融通过加大新型消费领域支持力度，推动新型消费转型升级，扩大新质生产力创新应用空间。居住消费领域逐步向租购并举、智能化、绿色化转变。金融机构通过为居民改善型住房需求、购房衍生消费需求提供有效金融产品服务，积极参与保障性住房、住房租赁等多层次住房供应体系建设，推动居住消费转型升级。医疗消费领域广泛应用“互联网+”、人工智能等技术，将烦琐的看病流程智慧化、便捷化。金融机构通过有效衔接电子医保卡、无感支付、电子病历、电子票据等，重塑就医流程，并逐步将金融服务的范畴从疾病预防和治疗向健康生活方式、日常家庭护理等方向延展，助力人民群众更好地享受智慧医疗。汽车消费领域加速向绿色低碳、高度智能的产业生态与消费模式转型。金融机构通过为新能源汽车提供汽车生态全链条金融产品和增值服务体系，推动汽车消费升级转型，助推新质生产力发展。

二、发挥金融职能，助力新质生产力发展

（一）金融的融资体系支持新质生产力全生命周期

金融的直接融资和间接融资体系，共同为新质生产力发展提供全生命周期的资金支持。在创新孵化期，科创企业主要通过直接融资渠道获取资金。天使投资、风险投资、股权投资主要服务初创期和成长期企业，可以有效分担企业早期研发和创业风险。新三板与区域性股权交易市场专注于创新型中小微企业，有效拓宽其直接融资渠道。

在产业化发展期，科创企业需要快速扩大生产规模和市场份额，金融机构通过设立产业投资基金、提供定向增发、可转债、金融租赁、知识产权质押贷款等多元化融资方案，支持企业快速成长。金融租赁在科创企业资金不足的情形下，通过融物融资帮助其完成必要的固定资产购置，有效降低科创

企业的融资门槛。知识产权质押贷款，帮助拥有知识产权的创新型企业解决缺乏传统抵押物的融资难问题。

在成熟扩张期，企业商业模式趋于成熟，现金流稳定，可以通过直接融资和间接融资渠道获取研发及生产投资资金。在直接融资方面，上市公司可以通过发行新股、配股、可转债等权益类融资工具，为公司产品研发、技术创新等创新性活动募集资金。在间接融资方面，商业银行通过使用大数据和人工智能技术，针对科创企业迭代快、风险高、轻资产等特点，研发科技贷、知识产权质押贷款等创新信贷产品，为企业科技创新和科技成果转化提供资金支持。成熟扩展期的企业也可以借助金融市场发行公司债券，获取融资支持。

（二）金融的风险管理工具管控新质生产力发展中的各类风险

新质生产力发展过程中面临创新风险、原材料价格波动、利率波动、汇率波动等多重风险。金融通过保险、期货等衍生品、资产证券化等结构化金融工具等方式，可以有效分散、规避、对冲新质生产力发展所面对的各类风险。保险根据创新主体特征，通过精算模型和风险定价，为公司提供具有针对性的保险产品和服务，有效分散和转移创新风险，如保障科技企业产品研发的科技保险产品、针对于新兴技术的责任保险产品、服务于创新型企业的知识产权保险产品等。期货等衍生品工具为创新主体提供风险对冲与套期保值的渠道。创新主体可以通过购买商品期货、利率期权、汇率互换等金融产品，有效规避新质生产力发展过程中商品价格、利率、汇率波动风险。资产证券化等结构性金融工具可以将单一创新项目风险分拆，并将风险分散给不同层级的投资者。高精尖技术项目研发投入高、风险高，单一投资者难以承担，可以通过资产证券化等结构性金融工具，将项目风险分散给愿意承担风险的投资者。

（三）金融的价格发现促进新质生产力资源优化配置

金融市场的价格信号、信息优势等机制，可引导创新要素资源在供需双方之间精准对接与高效流动，实现资源在新质生产力领域的优化配置。在价格信号方面，利率是资金的机会成本，若新质生产力领域的预期回报率高于一般投资的机会成本利率，将会吸引更多资金投向该领域之中。证券市场中股价和估值水平反映了投资者对不同产业和企业的预期，引导资金流向高预期的新兴产业和创新型企业。衍生品市场中期货、期权等金融衍生品的合约价格反映相关商品的现货价格预期，引导新质生产力投资实现风险规避与对冲。在信息优势方面，金融机构掌握大量企业经营、技术创新及市场发展信息，可以运用大数据、人工智能等新技术手段，有效评估各新质生产力领域的发展潜力，及时发现具备创新活力的企业，精准匹配创新企业与投资者，实现创新资源供需高效对接。

三、金融服务与监管优化新质生产力发展环境

（一）多元化融资改善新质生产力发展硬环境

金融通过银行贷款、PPP 模式、REITs 等方式投资新质生产力基础设施建设，改善新质生产力硬件条件。商业银行发放以新质生产力基础设施未来预期所产生的现金流为担保的贷款，使企业获得建设资金。政策性开发性金融机构以低息贷款、优惠贷款等形式支持新质生产力基础设施建设，兼顾优惠性与发展性。PPP 模式推动政府、营利性企业和非营利性企业合作投资新质生产力基础设施，政府与私企双方发挥各自优势，节约经营和建设的成本，保证公共服务质量。由于政府分担一部分基础设施项目的风险，PPP 项目承建商与投资商风险降低，有效提升了新质生产力基础设施融资的成功率。REITs 通过募集众多投资者的资金用于投资新质生产力基础设施，并将新质生产力基础设施项目运营产生的收益及时分配给投资者，通过共担风险、共享收益的机制吸收社会资金支持新质生产力发展的硬环境建设。

（二）金融服务与监管优化新质生产力发展软环境

金融通过金融创新、风险投资、金融监管等方式优化新质生产力发展软环境。

在金融创新方面，金融机构通过开展股权交易、债券市场的规范化改革、发展创新金融工具，有效降低新质生产力融资门槛，提升技术应用和转化途径效率，推动新质生产力形成。

在风险投资方面，科技创新企业具有迭代快、风险高、轻资产等特点，传统贷款模式难以满足其融资需求。而风险投资追求高回报，可以为科创企业提供有效的融资支持，为新质生产力发展提供适宜的投融资环境。

在金融监管方面，金融监管通过保护投资者权益、管理金融风险、促进

金融创新和促进金融机构服务实体经济等方式，可以有效降低金融市场的不稳定性和风险传染，为新质生产力提供了公平、透明、稳定的市场环境，增强投资者对新质生产力的信心和投资意愿。

第三节　金融赋能新质生产力发展的难题与破解

一、金融赋能新质生产力发展的现实难题

新质生产力是高质量发展的重要推动力，发展新质生产力离不开金融赋能。当前，我国金融发展水平与结构与新质生产力发展的需求不相协调，存在融资结构、科技创新质量、数据要素供给、金融监管等多方面的难题。

（一）金融赋能新质生产力发展的融资结构难题

目前，我国的融资结构依然以间接融资为主。这种金融体系结构与新质生产力的主要载体科技产业创新间存在风险逻辑上的冲突，成为制约金融赋能新质生产力发展的首要难题。

在间接融资方面，以银行信贷为代表的间接融资与科技创新存在三重矛盾：第一，科技创新的高风险与间接融资的低风险控制模式之间的矛盾。科技创新企业高风险、盈利周期长、轻资产、重研发等特质，使得银行向早期科技创新企业贷款，由于承担的风险高而变得慎重。第二，科技创新的长期性和间接融资的短期性之间的矛盾。比如以芯片、新材料、新能源为代表的硬科技的研发周期长达15—20年，而银行业金融机构贷款期限主要为1—3年，难以满足科技创新的长期资金需求。第三，科技创新早期融资需要的“小体量”资金和间接融资的“大体量”金融供给模式之间的矛盾。早期科技创新企业融资需求规模远小于传统大企业，但其需要银行配置更高水平的人才队伍，处理更为复杂的工作细节，人力、财力成本相对较高。

在直接融资方面，其风险控制逻辑与科技创新内在规律较为契合，但在实际融资过程中也存在难点。第一，对科技型企业投资门槛壁垒较高，金融机构缺乏判断科技企业成长潜力的高素质专门人才。第二，我国大部分风险投资基金投资周期为3—5年左右，明显短于科技研发周期，因而，风险投资机构倾向于投资稳定性高、周期靠后的项目，而使早期的科技型企业融资受

限。第三，在市场化机制下，相较于期限长、收益不确定性高的科研创新项目，风险投资更倾向于投资“短、平、快”项目，缺乏对科创企业投资的耐心资本。

在国家和地方政府引导基金方面，政府引导基金通过鼓励和引导社会资本投资新技术、新产品、新成果，从而推动科技成果转化和产业升级。但由于政府引导基金风险管控和考核标准较为严格，仅有少数基金管理机构可以满足要求，使得政府产业引导基金更多流向投资中后期的子基金，对于实际科技成果转化和早期科技创新项目助力不大。

（二）金融赋能新质生产力发展的科技创新质量难题

目前，我国科技创新的科研成果转化率不高，产业创新竞争能力不足，难以为金融服务和创新应用提供有效载体。虽然随着科研投入的逐年增加，产生了大量的科研成果，但这些成果往往难以有效转化为实际生产力。许多具有市场潜力的科研成果因为各种原因，如与市场需求脱节、缺乏有效的转化机制等，而未能进入市场应用，这无疑是对科研资源的极大浪费。在全球经济竞争日益激烈的背景下，产业创新能力是衡量一个国家经济实力的重要标志。然而，我国在部分关键领域的产业创新能力仍显不足，《2023 年欧盟工业研发投资记分牌》显示，中国仅有华为一家企业进入全球企业研发投入前 10 强，共 679 家企业进入全球企业研发投入 2500 强，研发投资额占比为 17.8%，远低于美国的 42.1%。科研成果转化率不高、产业创新能力不足直接影响了科技与金融的有机结合，限制了金融资本在推动产业创新方面的作用。

这两个问题相互关联，共同构成了金融赋能新质生产力发展的质量难题。科研成果转化率低，导致大量优秀的科研成果无法转化为实际的经济效益，进而影响了产业创新能力的提升。产业创新竞争能力不足，又反过来制约了科研成果的转化应用和金融资本的有效配置。

（三）金融赋能新质生产力发展的数据要素供给难题

数据作为新型生产要素，是金融业数字化转型的重要驱动力和关键支撑力。虽然我国高度重视数据市场建设，全国各地都成立了数据交易所，但目前数据流通交易仍以场外交易为主，高质量数据供给不足是制约当前金融创新发展的一大难题。

在产业数据供给方面，存在产业链数据未能有效采集、产业链数据共享流通不足等问题。产业链数据未能有效采集的主要原因在于数字化设备兼容性不足，协议标准不统一，导致数据统一采集难度大、不兼容。产业链数据共享流通不足的主要原因在于数据确权难、收益分配难。同一数据在各类数据处理者的程序系统中存储并加工，难以明确数据权属与收益归属等问题。

在个人数据供给方面，个人信息包含多类隐私信息，如姓名、身份证、面部信息等，也包含不具有识别个人身份的信息，如消费行为信息等。个人数据供给既需要面对传统的隐私和个人信息保护问题，也需要有效处理数据化发展到深入阶段后，对个人基于数据分析而形成评估判断的公正公平问题。

（四）金融赋能新质生产力发展的金融监管难题

近年来，大数据、区块链、云计算、人工智能等金融科技有力地促进了金融行业的创新发展，提升了金融服务的质量与效率。但是，金融科技创新的融合性、去中心化、风险复杂化等特征也给传统的金融监管体系带来严峻挑战。在融合性方面，金融科技是金融与科技深度融合的产物，充分吸收金融行业与科技行业的内在优势，具有天然的融合性特征。金融科技融合性发展突破了我国传统金融分业监管的规制约束，使得大部分创新金融业态脱离传统金融的监管框架，在金融创新发展与监管套利之间徘徊。在去中心化方面，金融科技脱离第三方机构，直接在金融服务供给方与需求方之间进行交易，是典型的去中心化金融发展模式。金融科技发展与金融监管滞后的脱节问题使得金融科技行业的主要业态脱离传统金融监管范畴。在风险复杂化方面，金融科技是信息技术驱动下的金融创新，兼具复杂的金融风险与众多的信息技术风险。尽管我国金融监管体制正在进行变革以应对金融科技发展带来的这些挑战，但我国目前的金融监管目标仍较为分散，包括防范系统性金融风险、保护公平竞争和金融效率的提高等多重目标，如何有效防范化解金融科技创新的多重风险依旧是金融监管需面对的难题。

二、金融赋能新质生产力的破解路径

金融通过优化金融结构、搭建科创融资平台体系、强化新型要素供给、防范化解创新风险等方式，为新质生产力发展赋能并保驾护航。

（一）优化金融结构，实现融资渠道互补互促

为更好地服务创新企业，培育新质生产力，金融结构调整优化非常必要。

应逐步提升直接融资占比，激发资本市场活跃度，促进债务融资与股权融资相匹配，以适应科技创新企业的融资需求特点。

科创企业无抵押、无现金流、高风险超出银行信贷以及债权投资者所能容忍的范畴。而股权投资者对于企业发展未来的关注远大于对企业过去和当期收益的关注，可以给予创新企业有效的融资支持。对于科创企业而言，直接融资与间接融资均为其重要的融资渠道，两者在互补互促中渐进式地优化调整才能实现金融高效赋能新质生产力的目标。在互补方面，上市公司是各个领域诸多企业中的佼佼者，可以有效利用资本市场筹措资金，为创新研发提供充足的资金支持。而针对于数量更为庞大的非上市企业，则可以通过拓展中小企业私募债券、非公开发行科创债等产品，为非上市企业融资提供支持。银行通过科技创新专项贷款，精准挖掘尚未上市的优质高新技术企业，与资本市场形成合力，推动创新资本流入新质生产力领域。在互促方面，资本市场需要秉承“要强本强基、严监严管”的监管理念，确保监管措施及时有力，为货真价实的科创企业提供直接融资服务。银行需加强资本市场规则的了解，严格把控募集资金专项账户资金流向，监督资本市场违规行为，为监管部门提供处置证据，从而保障创新资本用途的规范性和合理性。银行可以与风险投资资本合作，通过直接融资与间接融资连接的投贷联动，实现不同融资渠道的互补互促。

（二）建立科创融资平台体系，推进“科技—产业—金融”循环

“科技—产业—金融”循环是金融赋能新质生产力的必由之路。针对“科技—产业—金融”循环中存在的障碍，应主要从科技研发、成果产业化、金融支撑、资源优化配置等四个方面多方发力，打造科技创新融资平台体系。

第一，围绕人工智能、先进制造、生命健康等前沿领域，建设一批高端科技研发平台，着力突破产业共性关键技术，有效解决产业化过程中关键核心技术“卡脖子”问题。

第二，鼓励企业联合高等院校和科研院所共建科技成果转化平台，共同开展产业化开发等活动，从源头上推动科技创新成果从实验室走向市场。

第三，完善多渠道、多层次的科技金融投资体系，畅通科技型企业通过风险投资、政府引导基金、天使投资基金、创业投资基金、融资性担保公司等多种融资服务渠道获取创新研发资金，有效解决科技型企业“融资难”问题。

第四，建立产业科技资源共享联盟，鼓励依托联盟搭建科技资源共享平台，推动科技资源在联盟内部共建共享，有效解决科技创新资源“孤岛”问题。

（三）加强新型要素供给，筑牢新质生产力发展基础

在新型劳动者方面，优化开放包容的人才政策，吸纳高水平、高素质、高技能的金融人才。构建全生命周期学习的制度体系，提升金融从业人员的知识储备和技能水平，壮大新型金融人才规模。完善激励和劳动保障机制，保障新型金融劳动者个体权益，激发其开拓创新的动力。

在新型劳动对象方面，完善数据基础设施建设，探索实践公共数据授权运营、数据交易平台规范交易两大模式，拓展数据要素应用场景，充分发挥数据要素乘数效应，有效提高金融应用数据服务新质生产力创新发展的能力。

在新型劳动工具方面，大力发展数字金融，加大人工智能等通用性、基础性、前沿性技术研发攻坚力度，着力提升新型金融劳动工具赋能金融发展的质量与效率。

在新型基础设施方面，充分发挥金融科技驱动作用，依托云计算、大数据、区块链、人工智能等先进技术推进金融基础设施与科技融合联动发展，建成布局完整、技术先进、运行高效、支撑有力的金融基础设施体系。

（四）防范化解创新风险，完善科技金融监管框架

金融监管应当转变监管模式，以动态柔性的监管方式、创新的监管工具应对新的变化，防范化解金融创新风险，给真正有价值的金融创新预留足够的发展空间。

第一，划定刚性底线，确保金融创新活动不偏离正确的航道。首先，明确中央金融监管部门与地方金融监督管理部门各自的职能定位和监管权责的边界，加强各行政主体间协调合作，形成金融监管合力，减少监管盲区。其次，实行穿透式监管，明确金融创新活动实质，确保其不突破法律规范的底线，不偏离合规的发展方向。最后，秉持严格审慎的监管原则，严厉打击各种不正当竞争与以创新之名监管套利的行为，维护市场经济公平秩序和金融市场稳定。

第二，设置柔性边界，动员多元化社会主体的力量参与监督。面对金融科技创新的融合性、去中心化、风险复杂化等特点，仅靠政府监管与市场主

体自治存在一定的滞后性，需要动员社会公众参与监督，提高监管的适配性和有效性。金融消费者可以通过学习金融相关知识，了解金融科技创新服务，理性判断可能的问题与风险，及时向相关监督管理部门投诉反馈。公众媒体通过发布丰富及时的行业动态、舆情讨论等内容，有效缓解监管机构与金融科技公司之间的信息不对称问题，通过舆论作用和声誉机制约束金融科技公司不法行为。

第三，预留创新空间，在守住安全底线的基础上包容合理创新。金融科技公司的创新目的在于突破约束、寻求高效，而在创新过程中风险不可避免。一方面，金融监管部门应当开展金融科技创新辅导，对金融机构和金融科技企业提供“一对一”的专业化监管辅导，提升创新应用安全合规水平。另一方面，金融监管部门应当构建创新试错容错空间，鼓励金融科技企业在严防创新风险外溢的基础上，对金融创新产品、服务、业务模式进行测试，及时发现并弥补潜在风险隐患，有效验证创新价值。

参考文献

一、著作类

[1] 姜法芹，袁凯，贾宪军. 金融学 [M]. 北京：机械工业出版社，2022.

[2] 毛道维，毛有佳. 科技金融的逻辑 [M]. 北京：中国金融出版社，2015.

[3] 裴辉儒. 数字金融学 [M]. 陕西师范大学出版总社有限公司，2021.

[4] 十一届三中全会以来重要文献选读 [M]. 上册. 北京：人民出版社，1987.

[5] 魏文静，牛淑珍. 金融学概论 [M]. 上海：上海财经大学出版社，2010.

[6] 夏振坤. 发展经济学概论 [M]. 武汉：湖北人民出版社，2000.

[7] 徐晓萍. 普惠金融 [M]. 上海：上海财经大学出版社，2022.

[8] 中央档案馆，中共中央文献研究室 . 中共中央文件选集（1949 年 10 月—1966 年 5 月）：第 24 册 [M]. 北京：人民出版社，2013.

二、期刊类

[1] 党洁. 绿色金融推动经济高质量发展策略研究 [J]. 中国农业会计，2024，34（14）：78-80.

[2] 邓志敏. 科技金融驱动经济高质量发展的困境与突破 [J]. 科学管理研究，2019，37（4）：146-150.

[3] 丁崇泰. 政府创业投资引导基金发展及美国经验借鉴 [J]. 地方财政研究，2019（3）：107.

[4] 董敏，卢子甲，孙会然，等. 绿色金融推动经济高质量发展的内在机理和实现路径 [J]. 延安职业技术学院学报，2022，36（1）：46-49.

[5] 董小君，于晓文. 金融服务实体经济高质量发展：逻辑与路径 [J]. 行政管理改革，2024（1）：14-21.

[6] 冯俏彬. 我国经济高质量发展的五大特征与五大途径 [J]. 中国党政干部论坛，2018（1）：59−61.

[7] 付艳华. 我国金融发展对经济增长影响的理论分析与实证研究 [J]. 商展经济，2022（10）：75−78.

[8] 郭峰，程亚欣. 绿色金融助力经济高质量发展的路径选择 [J]. 价格理论与实践，2022（8）：92−95.

[9] 韩俊华，韩贺洋，周全. 科技金融创新的经济增长效应、运行模式和风险管理路径 [J]. 科学管理研究，2018（3）：102−105.

[10] 韩梅. 数字金融发展的现状分析 [J]. 经济研究导刊，2022（11）：113−115.

[11] 何宏庆. 科技金融驱动经济高质量发展：现实困境与路径选择 [J]. 广西社会科学，2018（12）：90−95.

[12] 黄益平，黄卓. 中国的数字金融发展：现在与未来 [J]. 经济学（季刊），2018（4）：1489−1502.

[13] 贾清显. 普惠金融赋能共同富裕：逻辑、测度与政策 [J]. 金融与经济，2023（2）：85−96.

[14] 黎霞，龚晓利. 小微企业融资模式与融资对策 [J]. 四川职业技术学院学报，2019，29（5）：37−40.

[15] 李建军，焦文昭. 金融赋能新质生产力的内在逻辑与实现路径 [J]. 当代中国与世界，2024（2）：21−30.

[16] 李如仟卉. 中国金融市场与实体经济的协调发展研究 [J]. 商场现代化，2024（12）：139−141.

[17] 李申申. 数字金融赋能数字经济高质量发展路径探究 [J]. 市场周刊，2024，37（16）：61−64.

[18] 李喜梅，邹克. 科技金融内涵探讨及政策建议 [J]. 金融理论与实践，2018（3）：1−8.

[19] 李欣悦，陆佳佳. 关于科技金融驱动经济高质量发展的困境及突破的相关研究 [J]. 大众投资指南，2020（1）：15−16.

[20] 李艳丽. 探析“互联网 +”背景下小微企业融资模式创新 [J]. 中国集体经济，2020（2）：88−89.

[21] 李艺敏，林淼. 实现我国经济高质量发展的路径选择 [J]. 中国经贸导刊（中），2020（3）：145−146.

[22] 李毅轩. 我国小微金融的发展现状及问题分析 [J]. 现代营销（信息版），2020（2）：24.

[23] 李芷芸，刘川. 我国金融业发展现状及对策 [J]. 合作经济与科技，2023（14）：58-60.

[24] 林祈倡. 浅谈我国新经济高质量发展的困境及其路径选择 [J]. 经济研究导刊，2020（11）：7-8.

[25] 刘金杭. 数字金融对区域经济高质量发展的影响及对策研究 [J]. 全国流通经济，2023（20）：157-160.

[26] 刘萍萍，钟秋波. 我国农村普惠金融发展的困境及转型路径探析 [J]. 四川师范大学学报（社会科学版），2014，41（6）：33-40.

[27] 刘志慧. 数字金融助力农业经济高质量发展的路径探索 [J]. 甘肃农业，2024（1）：37-40.

[28] 卢亚娟，刘骅. 科技金融协同集聚与地区经济增长的关联效应分析 [J]. 财政金融问题，2018（2）：64-70.

[29] 任保平，何苗. 我国新经济高质量发展的困境及其路径选择 [J]. 西北大学学报（哲学社会科学版），2020，50（1）：40-48.

[30] 任啸宇. 以普惠金融破解小微企业融资困境 [J]. 中国外资，2023（8）：77-79.

[31] 盛朝迅，周晓阳. 新发展格局下畅通“科技—产业—金融”循环的思考与建议 [J]. 农村金融研究，2023（6）：11-20.

[32] 盛朝迅. 新质生产力的形成条件与培育路径 [J]. 经济纵横，2024（2）：31-40.

[33] 史凡玉. 小微企业融资困难的原因及对策分析 [J]. 商讯，2020（3）：125.

[34] 谭志雄，王伟，穆思颖. 数字金融赋能新质生产力发展：理论逻辑与实现路径 [J]. 电子科技大学学报（社科版），2024，26（4）：28-36.

[35] 涂永红. 推动“科技—产业—金融”良性循环 [J]. 人民论坛，2023（6）：52-57.

[36] 王静，全球金融科技发展动因及监管科技发展趋势 [J]. 证券市场导报，2018（2）：10-16.

[37] 王磬，黄彬. 我国农村普惠金融发展路径研究 [J]. 农业经济，2023（3）：112-114.

[38] 王若琳. 金融发展与经济增长的因素分析 [J]. 环渤海经济瞭望，2019（1）：132.

[39] 王向南. 绿色金融风险管控的混合治理模式分析 [J]. 长春金融高等专科学校学报，2017（2）：5-9，64.

[40] 王永泽. 绿色金融对我国经济高质量发展影响的理论分析 [J]. 商讯，2023（24）：88-91.

[41] 王真. 试论绿色金融推动经济高质量发展 [J]. 上海企业，2024（1）：50-52.

[42] 王子冉. 数字金融对商业银行的影响研究 [J]. 现代商业，2022（10）：107-109.

[43] 伍伶俐，罗荷花. 普惠金融缓解小微企业融资约束的运行机理研究 [J]. 商业经济，2017（1）：103-105.

[44] 夏梁省，杨梅，聂艳明. 金融赋能共同富裕：理论逻辑、经验事实与路径依赖 [J]. 经济论坛，2022（8）：107-117.

[45] 薛莹，胡坚. 金融科技助推经济高质量发展：理论逻辑、实践基础与路径选择 [J]. 改革，2020（3）：53-62.

[46] 杨媛媛. 突破融资困局：普惠金融助力小微企业路径探讨 [J]. 中国中小企业，2024（7）：180-182.

[47] 易清娜. 数字金融对经济高质量发展的影响研究 [J]. 中小企业管理与科技，2023（9）：176-178.

[48] 余朝晖. 绿色金融驱动经济高质量发展的路径研究 [J]. 商业经济，2023（5）：174-176.

[49] 张美欣. 绿色金融驱动经济高质量发展实现路径研究 [J]. 商场现代化，2024（13）：146-148.

[50] 张蓉. 普惠金融缓解小微企业融资约束探讨 [J]. 合作经济与科技，2023（16）：48-50.

[51] 张增苗. 金融发展与经济增长之间的关系研究 [J]. 上海商业，2021（9）：52-53.

[52] 张震坤. 金融发展与经济增长的因素分析 [J]. 营销界，2020（51）：160-161.

[53] 郑亚莉，姚星垣. 金融发展支持共同富裕的内在逻辑和路径选择 [J]. 浙江金融，2022（1）：10-15.

[54] 中国人民银行白山市分行课题组. 我国普惠金融支持农村经济发展的问题研究 [J]. 吉林金融研究，2023（10）：49–52.

[55] 邹升平，高笑妍. 经济高质量发展的研究进路与深化拓展 [J]. 宁夏社会科学，2023（3）：82–92.